사죄론 謝罪論

사과는 어떻게 하는가

저자 | 후루타 테츠야

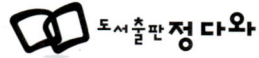

사과의 기술, 관계 회복의 철학

사죄론(謝罪論)

사과한다는 건
무엇을
하는 것인가?

추천의 글

사죄라는 말로 '사과'를 다시 묻다

*강상규(한국방송대학교 일본학과 교수)

　우리는 지금 관계의 회복이 점점 더 어려워지는 시대를 살고 있습니다. 사소한 오해와 갈등이 배려와 용서로 봉합되기보다, 혐오와 배제로 확산되고 무시와 단절로 이어지는 장면을 자주 목격합니다. 특히 SNS와 디지털 공간은 이러한 갈등을 실시간으로 증폭시켜, 일상의 불화가 깊은 불신으로 굳어지고 때로는 고소와 고발로 번지기도 합니다. 무한 경쟁의 시대, 자기중심적인 거친 말들이 유령처럼 떠도는 현실 속에서 '사과'는 더 이상 선택이 아니라 관계를 유지하기 위한 필수 언어가 되었습니다.

　이 책은 바로 그런 현실과 일상을 섬세하게 되짚어 줍니다. 원제는 『사죄론(謝罪論): 사과한다는 것은 무엇을 하는 것인가?』입니다. 단순한 언어사회학적 탐구를 넘어, 우리가 잃어버린 '책임의 언어'를 되살리려는 도전처럼 다가옵니다. 흥미로운 점은, 이 책이 '사죄'에만 머물지 않고 일상 속의 다양한 '사과'의 양상까지 깊게 파고든다는 사실입니다. 가벼운 사과에서 무거운 사죄에 이르기까지 여러 사례가 펼쳐지며, 제목과 내용 사이의 섬세한 긴장이 독자의 사유를 자극합니다.

저 역시 처음에는 왜 '사과론'이 아니라 '사죄론'인지 궁금했습니다. 책을 읽으며 그 이유를 알게 되었습니다. 현재 일본어 일상에서는 '사과(謝過)'라는 한자어는 거의 쓰이지 않습니다. 대신 あやまる, お詫び, すみません, 申し訳ない 같은 표현이 맥락에 따라 쓰입니다. 이런 가운데 저자는 의도적으로 더 무겁고 책임을 분명히 드러내는 '사죄'를 선택했습니다. 이는 가해의 인정, 책임의 수용, 회복의 약속을 담은 단어입니다. 책 제목 자체가 곧 저자의 문제의식이자, 독자에게 던지는 질문인 셈입니다.

특히 이 책은 일본 문화의 특수성이 사과라는 행위를 통해 어떻게 드러나는지를 보여준다는 점에서도 흥미롭습니다. '스미마셍'이라는 말 속에는 '죄송하다'와 '고맙다'가 동시에 깃들어 있습니다. 이 다의성은 갈등을 완화하는 완충 장치가 되기도 하고, 책임을 흐리는 장막이 되기도 합니다. 저자 후루타 테츠야 교수는 이를 섬세하게 분석하며, 일본 사회에서 사과가 단순한 언어 행위가 아니라 관계를 조율하고 유지하는 문화 장치임을 밝힙니다. 더 나아가 이 책은 한국어의 '사과'와 '사죄', 영어의 sorry, apology, regret 등과 비교할 수 있는 시각도 제공합니다. 같은 '미안함'의 표현이 문화와 역사 속에서 얼마나 다른 의미와 무게를 띠는지를 새삼 깨닫게 합니다.

　책장을 덮으며 저는 자연스레 한국과 일본 사이의 끝나지 않은 이야기, '불편한 진실'과 '집합적 책임'을 떠올렸습니다. 양국은 여전히 봉합되지 않은 과거를 안고 있으며, 그 핵심에는 사실에 대한 직시와 성찰을 바탕으로 한 '사과'와 '용서'라는 민감하고 무거운 주제가 자리합니다. 과거를 어떻게 바라보고, 어떤 방식으로 진정성을 담아 대화할 수 있을까요. 어떻게 '사과'의 말을 건네고, 어떤 마음으로 '용서'와 '화해'의 길로 나아갈 수 있을까요. 그리고 함께 더 나은 미래를 모색하기 위해 우리는 어떤 언어와 행동으로 응답해야 할까요. 물론 이 질문들은 결코 한·일 관계만의 문제로 국한되지 않습니다. 개인과 집단, 국가들 사이의 다양한 관계 회복에 있어 보편적으로 성찰해야 할, 불편하지만 피할 수 없는 과제입니다.

　이 책 『사과란 무엇인가』는 단순한 해답을 제시하지 않습니다. 대신 우리가 선택할 수 있는 언어와 행동의 가능성을 보여주고, 책임과 진정성을 담은 대화가 어떻게 가능한지 고민하게 합니다. 혐오와 배제가 일상화된 시대, 따뜻한 마음을 담은 사과와 용서가 가능한 사회를 만들기 위해 무엇을 바꾸고, 무엇을 지켜야 하는지를 독자와 함께 모색합니다. 저는 이 책을 읽으며, 언어가 관계를 바꾸고, 관계가 사회를 바꾸며, 사회가 결국 우리의 미래를 바꾼다는 진실을 다시금 되새겼습니다.

'사과'라는 문제로부터 자유로운 사람은 아무도 없습니다. 이것이 한국 독자 여러분께 이 책을 강력히 추천하는 이유입니다. 가벼운 사과로부터 무거운 사죄에 이르기까지, 그 어려운 이야기를 어떻게 시작할 수 있을지 이 책과 함께 고민해 보시길 바랍니다. 서로 다른 기억과 상처를 가진 사람들이 어떻게 신뢰를 쌓고 손을 맞잡을 수 있을지를, 이 책이 곁에서 깊이 안내해 줄 것입니다.

* 추천인 소개_강상규 :

방송통신대학교 일본학과 교수. 한국동양정치사상사학회장 역임, 서울대학교 외교학과를 졸업하고 일본 도쿄대학교 총합문화연구과에서 국제관계론 분야로 박사학위를 취득했다. 한국과 일본의 건강하고 의미 있는 소통과 상생의 길, 동아시아 역사의 새로운 해석에 관심을 갖고 연구하고 있다. 주요저서로는 『19세기 동아시아의 패러다임 변환과 제국 일본』, 『19세기 동아시아 패러다임 변환과 한반도』, 『19세기 동아시아 패러다임 변환과 다중거울』, 『조선정치사의 발견』, 『동아시아 역사학선언』 등이 있고 동아시아 사랑방 포럼과 함께 『알면 다르게 보이는 일본문화』시리즈도 계속해서 집필하고 있다. 최근 논문으로 "원자력의 평화적 이용신화와 일본의 전후체제", "주권개념과 19세기 한국 근대사", "역사적 전환기 한반도의 국제정치 경험에 관한 연구: 류큐왕국/오키나와 및 대만과의 비교를 중심으로", "샌프란시스코 평화조약의 동아시아적 역설", "21세기 위기 상황과 한일 양국 시민의 연대" 등이 있다.

범례

1. 서양 문헌 인용은 일본어 번역이 있는 경우 그것을 참고하였지만, 모두 원문을 새로 번역했기 때문에 반드시 기존 번역문과 일치하지는 않는다. 번역자분들께 사과와 감사를 드린다. 또 인용(및 참조) 시에는 원문의 페이지 번호와 그것에 대한 일본어 번역본의 페이지 번호를 병기했다.

1. 서양 문헌 인용문에서 위에 방점 등으로 강조한 곳은 따로 설명이 없는 경우 원저자 자신이 이탤릭체 등으로 강조하고 있는 곳이다.

1. 인용문 속의 …은 원문의 일부를 생략했음을 나타낸다.

1. 인용문 속의 꺾쇠괄호 [ ]는 인용자에 의한 보충을 나타낸다.

프롤로그

+ 아이에게 사과하는 것을 어떻게 가르치는가?

어린아이에게 '사과'하는 것을 가르치는 장면을 상상해 보자.

부모는 어느 시기부터 나쁜 짓을 한 아이를 혼낼 때, 이런 때는 "미안해요"라고 말해야 한다고 가르치기 시작한다. 예를 들어 자신의 아이가 집 안에서 뛰어다니며 소란을 피우고 있다고 하자. 그만하라고 몇 번 주의를 줘도 말을 듣지 않는다. 결국 까불다가 물건을 깨뜨린다. 부모는 "거 봐, 내가 말했잖아. 할 말 없어, '미안해요'란 말은?"이라는 식으로 채근한다.

그런 대화가 몇 번 반복되면 아이는 이윽고 "미안해요"라고 말할 수 있게 된다. 하지만 이후에는 그 상황을 모면하고자 "미안해요, 미안해요…"라는 말을 반복하거나 "이미 '미안해요'라고 했잖아!"라면서 오히려 화를 내기도 한다.

"아니야, 아니야! 단지 '미안해요'라고 말하면 되는 게 아니라고" – 그렇게 말한 후에 설명하기가 정말 어렵다. 실제로, 단지 "미안해요"라든가 "죄송합니다"라는 말을 하거나 혹은 고개를 숙이는 것만으로는 안 된다면 무엇을 해야 사과한 게 되는 것일까? 목소리와 태도로 표현할 뿐 아니라, 정말로 미안하게 생각하고 책임을 느껴야 하는 것일까? 하지만

'미안하게 생각한다'라든가, '책임을 느낀다'는 건 어떤 것일까? 그리고 과연 그런 생각과 감각을 상대에게 전달하기만 하면 되는 것일까? 결국 '사과한다'는 건 무엇을 하는 것일까?

+ '사과란 무엇인가?'라는 질문을 받고 설명하려 하면, 우리는 잘 모르고 있다는 것을 알게 된다

이것은 사과란 무엇인가를 아이에게 가르치는 게 어렵다는 문제만이 아니다. 이 질문은 우리 어른들에게도 자연히 되돌아온다. 우리는 사과의 의미를 자기 자신에게 설명할 수 있는가?

물론, 우리는 어떤 의미에서는 사과란 무엇인가를 알고 있을 것이다. 우리는 일상적으로 사과하거나 사과받으며 생활하고 있다. 사과가 어떤 것인지 모른다면 애초에 하루하루 생활하는 것 자체가 불가능할 것이다.

하지만 사과와 관련된 다양한 행위를 할 수 있다는 것과 사과란 무엇인가를 언어로 설명할 수 있다는 것은 일단은 별개의 것이다. 일찍이 성 아우구스티누스(354-430)가 '시간'이란 무엇인가에 대해 "시간이란 무엇인가 – 아무도 나에게 묻지 않을 때 나는 알고 있습니다. 하지만 그런 질문을 받고 설명하려 하면 모른다는 것을 알게 됩니다."(「고백」 제11권 14장)라고 쓴 것이 그 점을 잘 말해 준다.

이제부터 이 책에서 밝혀나 갈 것은 '사과란 무엇인가'를 설명하기는 간단하지 않다는 점, 그리고 그것은 왜인가라는 것이다.

사전에서 '사과'라는 말을 찾아보면 '죄나 잘못을 사과하는(와비루 わびる) 것'([일본국어대사전] 제2판)이라고 되어 있다. 그런데 '사과하다(와비루 わびる)'라는 말을 다시 찾아보면 대략 다음 같은 다양한 해석이 이어지고 있다([일본국어대사전] 제2판).

(1) 기력을 잃고 낙담하다. 낙심하다.
(2) 곤혹스런 마음을 겉으로 드러내다. 폐가 되는 것을 느끼고 꺼려하다. 또 이것저것 고민하다.
(3) 생각한 대로 되지 않아 유감스럽게 생각하다. 괴로워하며 한탄하다. 또 불안하게 생각하다.
(4) 보잘것없는 생활을 하다. 초라한 모습이 되다.
(5) 세속에서 멀어져 가난 속에서 한정(閑靜)한 생활을 즐기다. 한적(閑寂)을 즐기다.
(6) 너무 곤란하여 신신당부하다. 곤란하여 탄원하다.
(7) 곤혹스러운 모습을 하고 과실 등의 용서[1]를 구하다. 잘못을 빌다.
(8) 그 동작이나 행위를 좀처럼 제대로 하지 못해 곤란하다는 뜻을 표현하다.[2]

이런 해석 중 (7)이 사과한다는 말로서의 '와비루 わびる'의 의미를 설명하고 있는 듯이 생각된다. 하지만, 곤란하게도 사과하지 않고도 (7)에 해당하는 행위를 하는 건 가능하다. 그야말로 곤란한 얼굴을 하면서 거만한 태도로 "피차일반이죠. 이제 없던 일로 합시다"라고 부탁함으로써도 '곤혹스러운 모습을 하고 과실 등의 용서를 구하는' 건 할 수 있다는 것이다. (참고로, '사과하다(아야마루 謝る)'라는 말을 사전에서 찾아봐도 '과실의 용서를 구하다. 사과하다(와비루 わびる). 사죄하다'([일본국어대사전] 제2판)라고 기재되어 있을 뿐이다. 즉, '사죄', '사과하다(와비루 わびる, 아야마루 あやまる)' 사이에서 언어 설명이 순환하고 있다는 것이다.)

사전을 찾아봐도 사과란 무엇인지 드러나지 않는다. 따라서 별도의 접근방식이 필요하다. 본서에서는 주로 언어철학 논의를 단서로 하면서 때로는 윤리학과 정치철학, 법학, 언어학, 사회심리학, 사회학 등의 지식도 폭넓게 참조하며, 사과라는 행위의 내용을 탐색해 간다. 동시에 학문적 추상론으로 일관하지 않고 우리가 매일의 생활 속에서 사과하는 구체적 실천에도 주목해 간다.

+ 사과란 무엇인가를 탐구하는 것의 2가지 의의

그 과정에서 본서가 제시하는 하나의 전망을 여기서 미리 대략 말해 두자면 다음과 같다. 사과란 서로 관련되는 다종다양한 행위의 총체와 다름없다. 어떤 종류의 사과에 공통되는 특징이 다른 종류의 사과에는 적용되지 않는다. 어떤 종류의 사과에 관해서는 부족함 없는 설명이 다른 종류의 사과에 대해서는 적당하지 않은 설명이 된다. ─ 다종다양한 행위의 구체적 내용을 설명하고 그 전체를 조망함으로써 비로소 '사과란 무엇인가'라는 커다란 질문에 대답할 수 있다. 본서는 그 실천이다.

하지만 그런 실천에 어떤 의미가 있을까? 우리가 매일 실제로 사과하거나 사과받을 수 있다면 그것으로 충분하지 않은가? '시간이란 무엇인가'라는 심원(深遠)한 질문에 대답하지 못해도 매일의 생활에 지장이 없는 것처럼 사과란 무엇인가를 언어로 충분히 설명할 필요는 없지 않을까?

이 의문에 대해서는 주로 2가지 관점에서 응답할 수 있다. 우선 첫째, 우리는 자기 자신을 반드시 잘 이해하고 있지는 않다는 점이다. 사과라는 행위는 사회 속에서 매우 중요한 위치를 차지하고 있으며, 우리 생활의 구석구석에까지 깊게 뿌리내리고 있다. 그렇기 때문에 사과의 내용은 더 복잡하고 다종다양다고 할 수 있다. 평소에는 눈에 띄지 않고 주목되지 않는 사과의 여러 특징을 새삼 드러내는 것 – 그리하여 이 행위의 상세한 내용과 전모를 파헤치는 것 – 은 꽤 힘든 여정이지만, 우리의 생활과 사회에 관해, 나아가 우리 자신에 관해 더 깊은 이해를 획득하는 것으로 이어질 수 있다. 고대 그리스 이래 사람은 "자신을 알라"고 요구받아 왔다. '사과란 무엇인가'라는 탐구는 적어도 이 목적에 도움이 되는 실천이라고 할 수 있다.

그리고 또 하나는 실제로 우리는 반드시 적절히 사과하고 있지는 않다는 점이다. 때로 우리 자신은 제대로 사과했다고 생각해도 "그것으로는 사과한 게 아냐!"라든가 "그런 건 사과가 아냐!"라는 말을 듣는 경우가 있다. 또 자신은 사과할 필요가 없다고 생각하지만 "왜 사과하지 않는 거야?"라는 말을 듣는 경우가 있다. 사과에 관해 지적받는 건 아이들에게만 한정되는 일이 아닌 것이다.

그리고 사과의 부적절함은 사과를 요구하는(사과를 받는) 쪽에 대해서도 얘기할 수 있다. 예를 들어, 우리는 상대에게 과도한 사과를 요구는 경우가 있으며, 애초에 사과를 요구해서는 안 되는데 요구하는 경우도 있다. 또 반대로 사과를 요구하는 게 당연한 데도 상대나 주위로부터 "그건 지나친 요구이다"라는 등의 말을 듣고 말문이 막히는 경우도 있다. 어떤 경우든 적절한 사과가 행해지지 않는 사태를 피하고, 사과와 관련된 실패가 문제를 더욱 악화시키는 것을 막기 위해서도 사과에 대한 이해를 깊게 하는 것은 큰 도움이 될 수 있다.

우리는 사과하려 할 때 구체적으로 무엇을 하려는 것인가? 또 상대에게 사과를 요구할 때 도대체 무엇을 요구하고, 무엇을 바라고 있는 것인가? 이런 점을 상세하고 명확하게 파악하는 것은 우리가 자신을 알고, 자신의 심정과 사고를 정리하고, 부적절한 사과와 불필요한 사과를 방지하는 것으로 이어질 수 있다. 또 그 상황을 수습하려고만 하는 사과(그 상황을 벗어나고 모면하기 위한 사과)가 만연해 있는 우리 사회에서 현재 상황을 개선하는 발판도 될 수 있을 것이다.

목 차

추천의 글　4
범례　8
프롤로그　9

제1장　사과 분석의 발판 만들기　19
　제1절　〈가벼운 사과〉와 〈무거운 사과〉 – J. L. 오스틴의 논의를 둘러싸고　20
　제2절　매너에서 〈가벼운 사과〉, 그리고 〈무거운 사과〉로
　　　　　– 와츠지 테츠로(和辻哲郎)의 논의를 둘러싸고　35
　제3절　사과와 관련된 언어의 문화 간 비교　46

제2장　〈무거운 사과〉의 전형적 역할 분석하기　61
　제1절　책임, 보상, 인간관계 복원 – '꽃병 사례'를 둘러싸고　63
　제2절　피해자의 정신적 손해 복원 – '강도 사례'를 둘러싸고①　78
　제3절　사회 복원, 가해자 복원 – '강도 사례'를 둘러싸고②　101

제3장 사과의 여러 측면 파고들기　125

　제1절　사과의 정의 시도와 그 한계　126

　제2절　사과의 '비본질적'이면서도 중요한 여러 특징　140

　제3절　성실함 요청과 사과를 둘러싼 회의론　157

제4장 사과의 전모에 도달하기　171

　제1절　비유형적 사과는 무엇을 의미하는가　172

　제2절　사과란 누가 누구에게 하는 것인가　200

　제3절　매뉴얼화의 문제는 무엇인가 – 'Sorry Works! 운동'을 둘러싸고　242

에필로그　265

주　278

문헌표　291

후기　298

색인　301

제 1 장

사과 분석의
발판 만들기

제 1 절

〈가벼운 사과〉와 〈무거운 사과〉

– J. L. 오스틴의 논의를 둘러싸고

+ 행위 수행적 발화, 그 범례로서의 "사과드립니다(I apologize)"

　사과란 무엇인가? 현대를 대표하는 철학자 중 한 명인 J. L. 오스틴은 어떤 의미에서는 이 질문과 맞서기 위한 최초의 발판이 되는 논의를 전개하고 있다.

　오스틴에 따르면, 언어를 발화(發話, 소리를 내어 말을 하는 현실적인 언어 행위)하는 우리의 행위는 사실 확인적 (constative) 발화와 행위 수행적 (performative) 발화의 2종류를 크게 나눌 수 있다. 전자인 사실 확인적 발화의 예로 오스틴이 즐겨 예를 드는 것이 "존은 달리고 있다(John is running)"라는 발화이다. 이 발화는 대개의 경우 실제 존이 달리고 있는 경우에 참이 된다 – 사실을 정확히 기술하고 있는 것이 된다 – 는 특징을 가진다. 즉, 이 종류의 발화는 사실을 확인하는(혹은 사실을 기술하는) 것이라 할 수 있다.

　한편, 예를 들어 내가 "내일은 돈 갚을 것을 약속합니다"라고 말한다고 하자. 이 발화는 보통 무언가 사실을 확인하거나 기술한다기보다 그렇게 말한 것에 의해 그야말로 〈약속한다〉는 행위를 수행하고 있다고 파악하는 것이 적당하다. 오스틴이 행위 수행적 발화라고 부르는 것은 이런 종류의 발화, 즉 "발화하는 것이 곧 무언가의 행위를 수행하는 것"(Austin 1962: 6/21)인 발화이다.

그리고 오스틴에 따르면 "사과드립니다(I apologize)"라는 발화도 후자의 행위 수행적 발화에 속하는 것이며, 또 이런 발화의 범례 내지 전형적 예라고 한다. 그는 다음과 같이 지적하고 있다.

> 보통의 경우 달리기를 예로 들면 그가 달리고 있다는 사실이 "그는 달리고 있습니다"라는 발화를 참이 되게 한다. 다시 말하면, "그는 달리고 있습니다"라는 사실 확인적 발화가 참인지 여부는 그가 달리고 있다는 사실에 달려 있다는 것이다. 그에 비해 지금 문제가 되고 있는 행위 수행적 발화의 경우에는 "사과드립니다"라는 행위 수행적 발화의 적절함이 내가 사과하고 있다는 것을 사실이 되게 한다. 그렇기 때문에 내가 성공적으로 사과하고 있다는 사실은 "사과드립니다"라는 행위 수행적 발화의 적절함에 달려 있다는 것이다(ibid.: 47.79-80)

오스틴이 말하고자 하는 건 이런 것이다. "사과드립니다"라는 말 - 혹은 "죄송합니다"나 "미안합니다", "면목없습니다" 같은 말 - 을 적절한 상황에서 적절한 방식으로 발화했을 때 내가 사과하고 있다는 것이 사실이 된다. 이 종류의 발화는 예를 들어 "나는 사과했다"라든가 "나는 '죄송합니다'라고 말했다"라는 발화처럼 이미 발생한 사실 자체를 확인(기술)하는 행위가 아니다. 그게 아니라 내가 사과하고 있다는 사실 그 자체를 만들어내는 행위인 것이다.

+ "사과드립니다" 등의 발화는 사과 수행에 필수라고 할 수는 없다

이상의 논의에 관해서는 우선 보충해야 할 포인트가 있다. 그것은 "사과드립니다" 등의 말을 발화하지 않아도 사과는 가능하다는 것이다.

사람은 예를 들어 "반성하고 있습니다"라든가 "정말 나쁜 짓을 했습니다"라는 말로써 사과의 마음을 표현하는 것도 가능하며, 또 애초에 언어를 사용하지 않고 자신의 얼굴 앞에 두 손을 모으거나, 고개를 숙이거나, 혹은 무릎 꿇고 조아리는 것으로도 사과는 가능하다. 이것은 당연하다면 당연한 것으로, 물론 오스틴도 이 점을 언급하고 있다.

즉, 사과한다, 경고한다, 명령한다. 항의한다 같은 행위는 "비언어적 수단으로도 가능하다"(Austin 1962: 118/181)는 것이다.

표1. 오스틴에 의한 '사실 확인적 발화'와 '행위 수행적 발화'의 구별

사실 확인적(constative) 발화: 사실을 확인하는 (혹은 사실을 기술하는) 발화	"존은 달리고 있습니다(John is running)" "나는 사과했다" "나는 '죄송합니다'라고 말했다"
행위 수행적(performative) 발화: 발화하는 것이 바로 무언가의 행위를 수행하는 발화	"내일은 돈을 갚을 것을 약속합니다" "사과드립니다(I apologize)" "죄송합니다", "미안합니다" 등

∙ ∙ ∙

단, 그런 비언어적 수단에는 종종 애매성이 따라다닌다. 자신의 얼굴 앞에 두 손을 모으는 것도, 고개를 숙이는 것도, 나아가서는 무릎 꿇고 조아리는 것도 사과의 마음이 아니라 감사의 마음이나 아부의 마음 등을 표현하는 수단일 수 있다. (실제, [코지엔(広辞苑)] 제7판을 펼쳐보면 무릎 꿇고 조아리는 것(도게자 土下座)은 "상대에게 공손한 마음을 표시하기 위해 땅 위에 무릎을 대고 절하는 것"이라고 되어 있다.)

또 "반성하고 있습니다"라든가 "정말 나쁜 짓을 했습니다" 같은 말도 상대에게 사과하고 있는 게 아니라 그때의 자신의 인식이나 심경을 표현하고 있을 뿐인 케이스도 있을 수 있다. 앞서 언급한 분류에 따르면 행위 수행적 발화가 아니라 자신의 인식이나 심경에 대한 사실 확인적 발화인 경우도 있을 수 있다는 것이다.

그렇다면 〈발화하는 것이 바로 무언가의 행위를 수행하는 것이다〉라는 오스틴의 정의에 들어맞는 사과의 말이란 도대체 어떤 것일까? 그것은 사과해야 하는 상황에서 정형적인 사과의 말 – "사과드립니다", "죄송합니다", "미안합니다", "면목없습니다" 등 – 을 발화하는 것일까?

그런 케이스라면 〈발화하는 것이 바로 사과라는 행위를 수행하는 것이다〉라고 할 수 있을까?

+ "사과드립니다" 등의 발화는 사과 수행에 충분하다고 단언할 수도 없다.

아니, 그렇다고 단언할 수는 없다. 앞서 언급한 오스틴의 논의에 따른다면 "사과드립니다"라든가 "죄송합니다" 등의 말을 적절한 상황에서 적절한 방식으로 발화했을 때 내가 사과하고 있는 것이 사실이 된다. 문제는 그 '적절함'의 구체적 내용이다.

우선, 전자의 '적절한 상황'이란 간단히 말하자면 사과해야 하는 상황 – 사과하는 것이 적절한 상황 – 을 말한다. 예를 들어 레스토랑에서 메뉴를 펼치면서 손을 들고 점원을 향해 "죄송합니다(스미마셍 すみません)"라고 말하는 건 사과하는 행위가 아니라 무언가를 주문하는 행위의 일환일 것이다. 즉, 이 상황은 보통 사과해야 하는 상황이 아니라는 것이다. 한편, 예를 들어 상사의 집에 초대받았을 때 테이블 위의 꽃병을 실수로 떨어뜨려 깨뜨린 상황이라면 어떨까? 이 상황은 우선 틀림없이 사과해야 하는 상황이므로 여기서 "죄송합니다"라고 발화하기만 하면 그것만으로 사과한 게 되지 않을까?

아니, 사실은 이것으로도 충분하지 않다. 왜냐하면 그 "죄송합니다"라는 말은 적절한 방식으로 또 적절한 행동과 결합된 형태로 발화될 필요가 있기 때문이다. 예를 들어 히죽히죽 웃으면서 깔보는 듯한 말투로 "죄송해용~"이라고 말하거나, 혹은 장난스런 표정으로 낄낄대면서 "죄~송"이라고 하거나, 혹은 국어책 읽듯이 단지 "죄송합니다, 죄송합니다, …"라고 반복하기만 할 뿐이라면 상대는 좋지 않은 사과라고 판정하기 전에 아마도 애초에 사과한 게 아니다 라고 간주할 것이다[3]. 즉, 단지 사과의 정형적 문구를 발화했다는 것일 뿐이지 사과하고 있다는 사실이 실제로 만들어졌다고 하기는 힘들 것이다. 또 꽃병을 깨뜨렸는데도 태연히 있다가 한참 시간이 지나 파편과 꽃과 물이 다 정리된 후에 갑자기 "죄송합니다"라고 말했다고 해도 이런 너무 늦은 발화는 상대에게 제대로 된 사과라고 받아들여지지 않을 것이다. 혹은 꽃병 깬 직후의 타이밍에 진지한 표정과 어조를 동반해 "죄송합니다"라고 말했다고 해도 치우는 걸 도우려고 하는 등 배려하는 기색을 전혀 보이지 않는다면 결국 제대로 사과하지 않았다고 간주될 것이다.

그리고 이 경우 '제대로 사과하지 않다'라는 것은, 지금 제시한 여러 예시와 관련해 말하자면, 성의 내지는 성실함이 없다, 진지하게 사과하지 않았다 – 정말 미안하다고 생각하고 있지 않다, 자신이 피해를 준 상대를 배려하고 상대를 위해 무언가 하고자 하지 않는다 – 는 것을 대략 의미하고 있다[4].

요컨대, 적절한 상황에서 "죄송합니다"라는 말을 단지 발화하기만 해서는 반드시 (제대로) 사과한 게 되지는 않는다는 것이다. 그 발화가 어떤 타이밍에 어떤 어조로 수행되었는가? 나아가 그 발화 전후의 행동이 어떤가? 상대가 그 발화를 어떻게 받아들이는가? 그런 다양한 요소가 "죄송합니다"라는 말이 사과로서 적절한지 여부 –특히, 성실한 것인지 여부– 의 내용을 구성하는 것이다.

+ "I apologize"나 "사과드립니다" 등은 행위 수행적 발화의 정의에 맞지 않는다

그렇다면 〈발화하는 것이 바로 무언가의 행위를 수행하는 것이다〉라는 오스틴의 정의에 맞는 행위 수행적 발화는 적어도 사과라는 행위에 관해서는 의외로 찾기 어려워진다.

그리고 그렇기 때문에 오스틴은 행위 수행적 발화의 범례로 "I apologize(사과드립니다)"라고 분명하게 말하는 케이스를 다루고 있는 것이리라. 왜냐하면 apology(사과, 사죄)를 하는 케이스 이외에 "I apologize"라는 발화가 행해지는 경우는 일단 없기 때문이다.

이 점에 관하여 그는 다음과 같이 논하고 있다. 예를 들어 영어의 "I'm sorry"라는 말은 (1)유감스럽게 생각하고 있다는 자신의 마음을 나타내는 경우에도, 그리고 (2)사과를 하는 경우에도 이용된다. 그리고 (1)의 경우에 "I'm sorry"는 행위 수행적 발화가 아니라, 사실 확인적 발화로 이해하는 게 자연스럽다. 한편 "I apologize"라는 말에는 "I'm sorry"와 같이 사실 확인적 발화가 되는 경우도 있고, 행위 수행적 발화가 되는 경우도 있다(혹은 양자가 섞여 있는 경우도 있다)는 애매함은 존재하지 않는다는 것이다.

> 그가 "I apologize"라고 말했다면 우리는 그것은 틀림없이 행위 수행적 발화이며 사과라는 의례(the ritual of apologizing)가 성립했다고 생각할 것이다. … 순수하게 행위 수행적임이 명백한 발화와 기술적(記述的)임이 명백한 발화 … 그 양자(兩者)가 존재하는 케이스를 우리는 종종 발견할 수 있다. 하지만 또 한편 양자 중 어느 쪽인지가 불명료한 중간적 케이스도 많이 존재한다. (Austin [1956] 1970: 246-247/400-401 ※강조는 인용자)

즉, 여기서 오스틴은 "I apologize"라고 발화하기만 하면 사과라는 행위는 수행되고 완료됨을 주장하고 있는 것처럼 생각된다. 하지만 발화의 적절함을 강조하는, 앞서 언급한 그 자신의 논점에 비추어도 그렇게 주장할 수는 없다. 다시 말해, "죄송합니다"라는 말을 단지 발화하기만 한다고 해서 반드시 사과한 게 되는 건 아닌 것처럼 "I apologize"라고 말해도 사과한 게 되지 않는 경우는 다양하게 있을 수 있다. 예를 들어 어린아이가 단지 "I apologize, I apologize, I apologize, …"라고 반복하고 있을 뿐인 경우도 있을 것이다. 또 설사 자신은 사과할 생각으로 "I apologize"라고 말했다고 해도 그 어조 등이 전혀 적절하지 않아 사과한 게 되지 않는다고 상대가 받아들이는 경우도 있을 것이다. 어떤 경우든 "I apologize"라고 말하는 것 – 그리고 "사과드립니다", "미안합니다", "죄송합니다" 등이라고 말하는 것 – 은 사과하는 것과 그대로 일치한다고 할 수는 없다.

나아가 "I apologize"나 "죄송합니다"라는 발화를 적절한 방식으로 해도 사과한 게 되지 않는 케이스도 그야말로 무수히 존재한다. 앞서 간단히 확인한 것처럼 발화 전후에 어떤 행동을 하는가, 상대가 그것을 어떻게 받아들이고 응답하는가 등 실로 다양한 요인이 사과를 구성하는 요소가 될 수 있다. 이 점은 뒤에서 상세히 설명하는데, 현시점에서 말할 수 있는 것은 사과는 그 주체의 의지와 발화 등으로만 성립되는 일방향적 행위라기보다는 대개의 경우 객체에 대한 그 이상의 행위 및 객체의 다양한 응답 등도 관련되어 있는 상호적 행위라는 것이다.

+ 의례적 사과 속 적절함 – '지하철 사례'를 둘러싸고

하지만 "죄송합니다" 등이라고 말하기만 하면 사과라는 행위가 대체로 성립하는 케이스도 존재하는 건 분명하다. 예를 들어 다음 같은 케이스 – 이것을 본서에서는 이제부터 편의를 위해 '지하철 사례'라고 부른다 – 를 생각해 보자.

[지하철 사례] 혼잡한 지하철 안에서 내가 손잡이를 잡고 서 있다. 지하철이 흔들려 나는 엉겁결에 비틀거려 옆에 서 있는 사람의 발을 가볍게 밟았다. 그 사람은 겉으로 봐서는 아파하지 않았고 신발도 더러워지지 않았다. 나는 살짝 고개를 숙이며 "죄송합니다"

라고 말하고 상대도 곧바로 고개를 끄덕여 응답했다.

이런 케이스라면 "죄송합니다"라고 발화하고 상대가 가볍게 반응하는 것만으로 사과라는 행위가 완료되었다고 할 수 있을 것이다.

하지만 여기서부터가 중요한 포인트인데 위의 지하철 사례는 과연 사과의 전형적 사례라고 부를 수 있을까? '사과'라는 말로 우리는 이런 장면을 곧바로 떠올릴 수 있을까? 이런 질문에 대한 대부분의 대답은 부정적일 것이다. 물론, 위의 지하철 사례에서 사람이 사람에게 사과하고 있음은 틀림없다. 하지만 오히려 그 행위는 〈이런 때는 보통 이렇게 행동하는 법이다〉라는 의례적 행위, 즉 사회적 관습에 따른 형식적 행동이라는 성격이 짙은 것이다. 지하철 안에서 잘못해서 타인의 발을 밟았을 때 우리는 보통 곧바로 고개를 숙이거나 "죄송합니다"나 "미안합니다", "실례" 등의 말을 건네기 마련이다. 또 상대도 그것에 대해 고개를 끄덕여 반응하거나 "아뇨, 아뇨" 등이라고 응답하기 마련이다. 우리 대부분은 그런 사회적 관습 내지는 매너를 몸에 익힌 상태에서 붐비는 지하철을 타고 있는 것이다.

앞선 인용(27쪽)의 서두에서 오스틴은 "그가 'I apologize'라고 말했다면 우리는 그것은 틀림없이 행위 수행적 발화이며 사과라는 의례가 성립했다고 생각할 것이다"라고 말하고 있다. 하지만 〈자신이 이렇게 말하고 상대가 이렇게 응답하면 성립한다〉는 특징을 갖는 의례적 사과에서 "I apologize"나 "사과드립니다" 등의 말은 오히려 별로 사용되지 않는다. 만일 지하철 안에서 잘못해서 타인의 발을 밟았을 때 내가 고개를 깊이 숙이면서 "사과드립니다"라고 말했다면 상대는 상당히 의아하게 생각할 것이다. 나아가 무릎 꿇고 조아리기라도 하면 상대는 수상하게 생각하며 그 자리를 급히 떠나려고 할지도 모른다. 즉, 이런 언동은 지하철 사례 같은 케이스에서는 그야말로 부적절하다는 것이다. 의례적 매너로 "죄송합니다"라고 하면 끝나는, 말하자면 **가벼운 사과**의 케이스에서 그런 언동은 어울리지 않게 너무 무거운 것이다.

+ 본 절의 결론 – 〈가벼운 사과〉와 〈무거운 사과〉 사이의 여러 단계

그럼 이제까지의 논의에 의해 사과란 무엇인가에 관하여 어떤 것이 밝혀졌을까?

처음 확인한 것은 (1)오스틴이 인간의 발화 행위를 사실 확인적인 것과 행위 수행적인 것으로 크게 나눈 후에 (2)"I apologize(사과드립니다)"라는 발화를 후자인 행위 수행적 발화 – 즉, 발화하는 것이 곧바로 무언가의 행위를 수행하는 것이 되는 행위 – 의 범례로 제시하고 있다는 것이다.

그리고 다음으로 확인한 것은 (2)의 주장은 틀렸다는 것이다. "I apologize"나 "사과드립니다"라는 말을 적절한 방식으로 발화했다고 해도 거기에 'apology'나 '사과'라는 말이 들어 있다고 해서 그것만으로 사과라는 행위를 항상 수행하는 것은 아니다. 오스틴의 주장과는 반대로 이런 말이 사과의 의미를 갖기 위해서는 오히려 그 이상의 무언가가 종종 요구되는 것이다.

그리고 그 '무언가'에 포함될 수 있는 것으로서 앞서 우선 추출한 것은 성실함이다. 즉, 정말 미안하다고 생각하고 있고, 자신이 피해를 준 상대를 배려하고 상대를 위해 무언가 하려고 하는 것이다. 그리고 그 성실함은 적어도 부분적으로는 "I apologize"나 "사과드립니다"라는 말을 적절한 상황에서 적절한 타이밍에 적절한 어조로 발화하는 것뿐 아니라 그 발화 전후의 행동이 적절한가에 의해서도 측정된다.

한편, 오스틴의 행위 수행적 발화 정의에 맞아떨어지는 사례, 즉 발화 행위만으로 사과가 거의 성립하고, 그 이상의 무언가가 요구되지 않는 사례 중 하나는 붐비는 지하철 안에서 타인의 발을 의도치 않게 밟은 케이스(=지하철 사례)이다. 이런 케이스에서는 우리가 "죄송합니다" 등이라고 말하고 상대도 고개를 끄덕이는 등의 동작으로 응답하면 그것으로 대개는 끝난다. 또 장난스런 말투로 "죄~송" 등이라고 말하는 것은 이 케이스에서도 부적절하지만, 〈그 사과에 성의가 있는가〉 자체에 관심이 가는 경우는 없다. 오히려 거기서 심각한 말투로 "사과드립니다" 등이라고 말하는 게 보통은 적절한 행동이 아닌 것이다. (또 마찬가지로 영미권에서도 이런 종류의 케이스에서 "I apologize"라고 발화하는 경우는 일단 없으며 "I'm sorry"나 "sorry", 혹은 "Pardon (me)" 등의 말이 사용되는 것이 보통이다.)

애초에 "죄송합니다(스미마셍 すみません)"라는 말은 일본어 문화권에서 상당히 범용성이 높은 말인데, 앞서 언급한 것처럼 레스토랑에서 주문할 때 등 누군가를 부를 때도 사용되며, 또 분실물을 다른 사람이 주워줬을 때나 지하철 안에서 다른 사람이 간격을 좁혀 앉을 자리를 마련해주었을 때 미안해하면서 감사를 전할 때 등에도 사용된다. 그리고 물론, 돌이킬 수 없는 과실을 저질렀을 때 등 소위 **무거운 사과**를 할 때 사용되는 경우도 있다. 어떤 케이스에서도 〈상대에게 많든 적든 부담이나 피해 등을 준 것을 미안해하고 염려한다〉는 태도가 포함되어 있다고 할 수 있지만, 레스토랑에서 점원을 부를 때의 "죄송합니다(스미마셍 すみません)"가 사과라고는 누구도 말하지 않을 것이다. 이런 종류의 발화는 타인을 정중하게 부를 때 행해지는, 그야말로 의례적 발화 행위이며 관습적 매너에 속하는 행위인 것이다.

그런 의미에서 지하철 사례 속 "죄송합니다"라는 발화는 사과라고 파악할 수 있는 행위 중에서는 가장 가벼운 부류에 들어가는 것이라 할 수 있다. 그리고 이 '가벼움'은 타인을 부를 때나 감사를 전할 때 사용되는 "죄송합니다(스미마셍 すみません)"에 근접해 있는 것이다.

표2. 〈가벼운 사과〉와 〈무거운 사과〉의 구별

가벼운 사과	· 상대가 입은 손해가 경미한 경우에 해야 하는 사과. · "죄송합니다", "Sorry", "Pardon" 등이라고 말하거나 가볍게 고개를 숙이는 것만으로 끝나며, 고개를 깊이 숙이면서 "사과드립니다", "I apologize" 등이라고 말하는 것이 오히려 부적절한 사과. 　→부름이나 감사의 의미에서 "죄송합니다(스미마셍 すみません)"라고 할 때와 같은, 매너 내지 의례적 행위로서의 성격이 섞여 있다. · 사과의 성실함이 그다지 중요성을 갖지 않는다.
무거운 사과	· 상대가 입은 손해가 중대한 경우에 해야 하는 사과. · "사과드립니다", "I apologize", "죄송합니다" 등이라고 말하거나 고개를 숙이는 것만으로는 성립하지 않는 사과. 　=〈이런 때는 보통 이렇게 행동한다〉는 의례적 행위만으로는 완료되지 않는 사과. · 사과의 성실함이 큰 중요성을 가진다.

　자신이 누군가에게 입힌 피해나 손실의 종류 내지 정도에 따라 "죄송합니다"라는 발화는 순수하게 의례적 행위에서부터 "죄송합니다"라고 말하는 것만으로는 끝나지 않는 무거운 사과의 국면까지 여러 단계가 있으며, 전체적으로 일종의 스펙트럼(=연속체)을 구성하고 있다(그림1 참조[5]). 하지만 이후의 장(章)에서 다룰 몇 가지 사례처럼 이 스펙트럼 속의 한 점(點)에 딱 들어맞지 않는 종류의 사과도 많이 발견할 수 있는데 어찌되었든 의례로서의 성격과 사과로서의 성격이 뒤섞인 경계에 앞에서 〈가벼운 사과〉라고 부른 케이스가 위치하는 것이다.

그림 1. "죄송합니다(스미마셍 すみません)"라는 발화의 스펙트럼

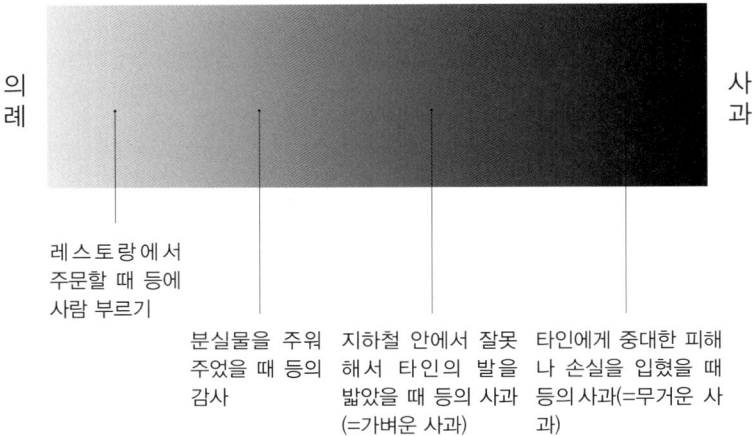

 그리고 이런 종류의 〈가벼운 사과〉에는 물론 "죄송합니다" 이외의 말이 사용되는 케이스 – 혹은 말이 아니라 몸짓이 이용되는 케이스 – 도 무수히 존재한다. 예를 들어 우리는 어떤 일을 부탁할 때 등에 "바쁘신 중에 번거로움을 드려 송구스럽습니다만…" 등의 말을 하는 경우가 있다. 또 무언가의 문제로 지하철 운행에 몇 분 정도 지연이 생겼을 때 차장이 "바쁘신데 송구합니다" 등의 방송을 하는 경우도 (적어도 일본의 지하철 안에서는) 자주 볼 수 있는 광경이다. 이런 사과도 의례나 매너로서의 성격이 짙다고 할 수 있을 것이다.

제 2 절

매너에서 〈가벼운 사과〉, 그리고 〈무거운 사과〉로
−와츠지 테츠로(和辻哲郎)의 논의를 둘러싸고

앞 절에서는 오스틴의 논의를 비판적으로 검토하면서 사과를 〈가벼운 사과〉와 〈무거운 사과〉로 크게 나눠 보았다. 그것을 바탕으로 본 절에서는 전자인 〈가벼운 사과〉의 내용에 관하여 더 구체적 분석으로 나아가고자 한다. 특히 예를 들어 지하철 사례에서 한쪽이 "죄송합니다"라고 말하고 다른 한쪽이 고개를 끄덕여 응답하는 것에 어떤 의미가 있는가라는 점을 탐색한다. 그것으로 후자인 〈무거운 사과〉의 특징을 파악하는 단서를 얻을 수도 있을 것이다.

+ 위치, 기대, 신뢰 − 지하철 사례에서 사과해야 하는 이유

다이쇼(大正, 1912년~1926년)·쇼와(昭和, 1926년~1989년) 시기의 일본을 대표하는 철학자 중 한 명인 와츠지 테츠로(和辻哲郎)는 저서 『윤리학』에서, 지금 본서에서 '지하철 사례'라고 말하고 있는 케이스를 다루면서 인간의 행위와 관련된 중요한 관점을 제공하고 있다. 우선 그 부분을 인용해 보자.

…우리는 의식적·의지적·지능적 등과 같은 규정을 갖지 않는 동작이라도 그것이 인간관계의 계기인 한, 행위가 된다는 것에 주의하지 않으면 안 된다. 일반적으로 과실이라고 불리는 현상이 이것을 명시하고 있다. 우리는 지하철 안에서 잘못해서 타인의 발을 밟으면 그 과실을 사과한다. 사과하는 것은 발을 밟은 일에 대해 책임을 지는 것이다. 더구나 그것은 과실이기 때문에 의지의 결정에 의해 의식적으로 수행된 것이 아니다. 우리는 단지 부주의했을 뿐이다. 그렇다면 우리는 자신의 의지로 선택 결정한 것이 아님에도 불구하고 단지 주의 결여 때문에, 즉 부작위 때문에 이 과실을 자신의 행위로서 책임지는 것이다. 하지만 부작위가 무엇 때문에 행위로서의 의의를 가지는 것일까? 그것은 오직 인간관계 속 일정한 '위치'에서만 이해될 수 있다. 지하철 승객이더라도 승객이라는 것 자체가 이미 일정한 위치에 있다는 것이며, 그렇기 때문에 여러 종류의 행위 방식이 부과되어 있다. 다른 승객에게 피해를 주는 동작을 해서는 안 된다 등이 그것이다. 주의 결여는 위와 같은 행위 방식을 준수하는 태도의 이완(弛緩)이다. (와츠지[1937]2007a: 359-360)

이 인용에서 와츠지가 먼저 지적하는 것은 '행위'란 반드시 의지 결정에 의해 의식적으로 수행되지는 않는다는 것이다. 사람은 종종 '행위'라는 것을 〈집에 어떻게 돌아갈지 궁리하고 지하철 타기를 의식적으로 선택하고 그 의지 결정에 근거해 차표를 사는〉 등의 의식적·의지적·지능적 종류의 동작으로만 파악하는 경향이 있다. 하지만 '과실'이라는 현상을 생각해 보면 그런 종류의 것만이 행위가 아님은 분명하다. 그야말로 내가 지하철 안에서 비틀거리다 타인의 발을 밟은 것은 자신의 의지로 한 일은 아니지만, 확실히 내가 저지른 일, 나의 행위인 것이다.

그리고 이때 나는 "죄송합니다" 등이라고 말하고 발을 밟은 것을 상대에게 사과한다. 그러면 왜 나는 사과하는 것일까? 만일 지하철이 갑자기 크게 흔들려 서 있던 승객 대부분이 비틀거리고 누군가와 부딪힌 상황이라면, 나도 포함해 아무도 자신의 행위를 반성하는 일은 없을 것이다. 그런 상황이 아니라, 많은 사람이 손잡이를 꼭 잡거나 발로 힘껏 버티면서 지하철의 흔들림에 대해 주의를 하고 있었음에도 불구하고 나만이 (혹은 나를 포함한 소수의 승객만이) 제대로 주의하고 있지 않았기 때문에 몸이 비틀거려, 그 결과 상대의 발을 밟았다는 부작위가 존재한다면 그것이 내가 자신의 행위를 반성하고 사과하는 것의 기본적 이유라고 할 수 있을 것이다.

이상의 점을 지적한 후에 와츠지는 더 나아가 이렇게 묻고 있다. 당연한 것이지만, 우리는 자신이 하지 않은 일 전부에 대해 반성하고 사과하는 – 와츠지의 표현으로는 '책임지는' – 것은 아니다. 예를 들어 우리는 평소 주의가 부족해서 매일 마시려고 했던 우유를 마시지 않거나, 발매일에 사려고 했던 책을 사지 않는 경우가 있는데, 그것에 대해 누군가에게 사과해야 한다고 생각하지는 않을 것이다. 그렇다면 왜 우리는 지하철 흔들림에 대한 주의 부족을 사과해야 하는 것일까?

이 질문에 대해 와츠지 자신은 앞선 인용의 후반부에서 인간관계 속 일정한 위치라는 관점에서 대답하고 있다. 우리는 지하철을 탈 때 그야말로 '승객'이라는 위치에 있다. 그리고 이 '위치에 있다'는 것에는 함께 탄 다른 승객의 기대와 신뢰에 부응한다는 것이 포함되어 있다.

우리 승객은 기본적으로 서로에게 (심신에 어떤 부상이나 질환, 장애 등이 있다고 간주되지 않는 한) 불필요한 부담이나 피해를 주지 않는 행동을 기대하고 있다. 구체적으로는 큰 소리를 내거나, 바닥에 주저앉거나, 좌석에 드러눕거나 양손으로 손잡이를 잡고 턱걸이를 하지 않는 것, 그리고 다른 승객에게 부딪치거나 발을 밟지 않도록 다소의 흔들림에 대비하고 경계하는 것 등이다. 우리는 의식적이든 무의식적이든 대개의 승객은 그런 기대에 부응하는 인물이라는 전제 아래 지하철에 타고 있다. 바꿔 말하면 승객 대부분은 서로에게 그 정도의 신뢰를 두고 있다. 그렇지 않으면 우리는 지하철 이용 자체에 상당한 불안을 느낄 것이다.

그렇다면 내가 주의 부족으로 다소의 지하철 흔들림에 대응하지 못하고 비틀거려 타인의 발을 밟았다는 것은 그런 기대와 신뢰에 부응하지 못했음을 의미한다. 와츠지에 따르면 그 때문에 나는 반성하고 사과해야 하는 것이다.

따라서 사람이 인간관계 속 일정한 '위치'에서 관계하고 있는 타자로부터 신뢰(기대)를 받고 있는 경우에는 부주의 때문에 매일 마시려고 했던 우유를 마시지 못했거나, 발매일에 사려고 했던 책을 사지 않았을 때도 그것이 누군가에게 사과해야 하는 케이스라고 간주될 수 있다. 예를 들어 아이가 부모에게 건강을 위해 매일 우유를 마시겠다고 약속했거나 아내가 남편에게 그 책을 발매일에 사주겠다고 약속한 경우 등이다.

+ 신뢰 회복 내지 유지에 공헌하는 행위로서의 사과

그리고 그처럼 사과하는 것은 상대로부터의 신뢰 회복에 직결되는 것이다. 지하철 사례의 경우라면 "죄송합니다"라고 말함으로써 나는 지하철이 조금 흔들린 정도로 항상 비틀거려 타인에게 부딪치는 인간이 아니고, 나아가 고의로 타인의 발을 밟는 인간도 아니며, 지금 발을 밟은 것은 아주 작은 부주의임을 상대에게 이해시킬 수 있을 것이다. 그리고 본래는 승객으로서의 위치를 지킬 수 있는 인간이라고 안심시킬 수 있을 것이다.

어쩌면 이것을 '신뢰 회복'이라고 부르는 것은 과장일지도 모른다. 왜냐하면, 이런 상황에서 발을 밟힌 쪽은 대개의 경우 그것이 우연한 부주의의 결과이며, 과도한 주의 산만이나 고의의 결과 등이 아니라고 간주할 것이기 때문이다. 그리고 그 판단이 틀리지 않았다는 것 – 즉, 발을 밟은 사람은 본래 승객으로서의 위치를 지킬 수 있는 인간이라는 것 – 은 발을 밟은 당사자가 사과한 데서 확인할 수 있다. 그런 의미에서 이 케이스 속의 사과는 신뢰 유지에 공헌하는 것이라고도 할 수 있다.

그리고 이런 종류의 신뢰는 일방향적인 것이 아니라 승객 서로가 갖고 있는 것임에 틀림없다. 사과란 기본적으로 그 상대에게 자연히 무언가의 응답을 요구하는 행위이며[6] 응답 방식에 따라서는 사과하는 쪽이 상대에게 보내는 신뢰가 훼손되는 경우도 있을 수 있는 것이다. 예를 들어 내가 가볍게 발을 밟은 상대에게 "죄송합니다"라고 말을 했을 때 나는 기본적으로 상대가 그 이상의 보상 같은 행동을 요구하지 않고 고개를 끄덕이거나 눈짓을 하는 등으로 반응함으로써 끝날 것이라 기대하고 있다. 그렇기 때문에 상대가 토라져서 완전히 무시하는 식으로 응답했다면 그 경우에는 내가 상대에게 보냈던 신뢰에 금이 갈 것이다. 나아가 상대가 격앙한 모습으로 "말도 안 돼!"라든가 "더 제대로 사과해!", "배상해!" 등이라고 고함친다면 상대에 대한 나의 신뢰는 크게 흔들리게 된다. 즉, 이 사람에게는 지하철이라는 폐쇄공간에서 별로 가까이 다가가서는 안 된다, 이 사람은 안심하고 곁에 있을 수 있는 승객이 아니라고 판단하게 될 것이다.

+ 신뢰 유지에 공헌하는 의례적 "죄송합니다(스미마셍 すみません)." — 지하철 사례의 변형①

나아가 와츠지에 따르면 우리가 아주 일상적으로 사과의 말로 "죄송합니다(스미마셍 済みません, 끝나지 않았습니다)"라든가 "죄송하다(스마나이 済まない, 끝나지 않았다)"라고 말하는 것은 부채(負債) 개념과 관계되어 있다. 더 구체적으로 말하면 해야 할 일을 해 줄 거라는 상대의 신뢰를 배신하고 해야 할 일을 하지 않았다는 '미제(未濟, 끝나지 않음)' 감각 – 상대에 대한 부채(負債) 감각 – 이 그야말로 "스마나이済まない(끝나지 않았다)"라는 의식을 당사자에게 야기한다는 것이다(와츠지 [1937] 2007b: 64). 와츠지는 다음과 같이 서술하고 있다.

> 우리가 의지가 약하거나 겁이 많기 때문에 어떤 일을 끝낼 수 없었다는 것만으로는 "스마나이 済まない"라는 의식을 일으키지는 않는다. 그 때문에 다른 사람을 고생시켰을 때, 혹은 일반적으로 다른 사람의 존재에 결함을 발생시켰을 때, 우리는 그 사람에게 "스마나이 済まない"라고 느끼는 것이다. 예를 들어 금주(禁酒)를 어긴 것은 그것만으로는 끝나는(스무 済む) 것도, 끝나지 않은 (스마나이 済まない) 것도 없다. 음주 때문에 가족을 고생시키거나, 혹은 친구에게 피해를 주거나, 혹은 자신의 사명을 소홀히 할 때 거기에 "스마나이 済まない(끝나지 않았다)"라고 느껴야 할 사정이 성립하는 것이다. … 음주에 의해 가족을 고생시키는 것은 음주 때문에 가족의 신뢰를 배신하는 것과 다름없다. (ibid. 64)[7]

와츠지는 이상과 같은 통찰에 근거해 과실뿐 아니라 의도적으로 수행된 것도 포함한 행위 전체를 인간관계 속 일정한 위치와 그것에 대응한 신뢰라는 관점에서 파악하고자 하였다. 단, 본서에서는 이 이상 그가 제시한 행위론의 상세한 부분에는 파고들지 않는다[8]. 그 대신 지하철 사례의 몇 가지 변형을 생각해 봄으로써 '신뢰'를 축으로 한 그의 논의의 확장 내지 수정을 시도해 본다.

　지하철이 갑자기 크게 흔들려 서 있던 승객 대부분이 비틀거려 누군가와 부딪히는 상황을 앞서 들었다(37쪽). 거기서도 서술했듯이 이런 상황에서는 설사 내가 비틀거려 타인의 발을 가볍게 밟았다 해도 반성해야 한다고는 나도 상대도 생각하지 않을 것이다. 하지만 아마도 나는 이 경우 상대에게 "죄송합니다"라고 말할 것이다(혹은 가볍게 고개를 숙일 것이다). 만일 내가 그런 언동을 보이지 않았다면 상대는 다소나마 기분이 상해 나에게 불신의 마음을 갖게 될 것이다.

　이 케이스의 "죄송합니다"라는 발화는 앞서 언급한 "죄송합니다" 스펙트럼(34쪽 그림1 참조)으로 말하자면 왼쪽에 위치하는 것이며 〈이런 때는 보통 이렇게 행동한다〉는 매너에 따른 의례적 행위의 요소가 상당히 짙다. 바꿔 말하면 사과적 요소는 없거나 혹은 한없이 희박하다. 하지만, 신뢰 유지 내지 회복이라는 사과의 "죄송합니다"에 포함되는 기능과 똑같은 것은 이런 종류의 의례적 "죄송합니다"에도 포함되어 있다.

　설사 타인의 발을 밟은 게 완전한 불가항력이며, 부주의도 고의도 아님이 명백했다고 하더라도 내가 "죄송합니다"라고 말함으로써 발을 밟힌 상대는 내가 일정한 상식을 갖춘 시민임을 확인할 수 있다. 특히 이 경우에는 지하철이라는 폐쇄공간에서 내가 앞으로도 계속 옆에 같이 있을 수 있는 승객이라는 신뢰를 유지할 수 있다. 그리고 나도 상대가 가볍게 고개를 끄덕이거나 눈짓을 해서 응답해 주는 것에 의해 마찬가지의 신뢰를 유지할 수 있다.

(하지만 이상의 내용은 "죄송합니다"라는 말이 특정 사람들 간에 특정 방식으로 기능하는 지금의 일본어 문화권의 매너에 속하는 것으로, 별도의 문화권에서는 불가항력으로 타인의 발을 밟았을 때 무언가 배려를 보이는 게 일반적으로 기대되지 않는 경우도 있을 수 있다. 이런 사과 행위 및 의례적 행위의 문화적 특수성에 대해서는 제3절에서 다룬다.)

+ "죄송합니다(스미마셍 すみません)"로는 끝나지 않을(스마나이 済まない) 때 – 지하철 사례의 변형②

나아가 지하철 사례의 또 다른 변형을 생각해 보자. 지하철이 다소 흔들린 탓에 다수의 승객 중 나 혼자만 크게 비틀거려 타인의 발을 세게 밟았다고 하자. 나는 당황하여 상대에게 "죄송합니다"라고 말하지만, 상대는 얼굴을 찡그린 채 주저앉아 내 말에 반응하지 않는다. 고통으로 그럴 여유가 없는 모습이다. 나는 걱정과 계면쩍음 때문에 그저 상황을 지켜본다. 상대가 신발과 양말을 벗자 밟힌 발가락이 빨개져 있다. 나는 다시 한번 "죄송합니다"라고 말한다. 상대는 가볍게 끄덕인다. 나와 상대는 가장 가까운 역에서 지하철을 내린다. 상대는 이대로 병원에 간다고 말한다. "괜찮습니까? 같이 가겠습니다"라고 나는 말하지만 상대는 거절한다. 할 수 없이 나는 상대에게 명함을 건네주고 일단 물러난다. 상대가 병원에 가서 골절됐다는 것 등이 판명되면 나는 나중에 다시 상대에게 치료비와 위자료를 건네주게 될지 모른다.

이것은 그야말로 문제가 일어난 그 자리에서 "죄송합니다(스미마셍 済みません, 끝나지 않았습니다)"라고 말하는 것만으로는 끝나지 않는(스마나이 済まない) 케이스이다. 처음 곧바로 "죄송합니다"라고 말한 후 만일 상대가 다행히 다치지 않았거나 기분이 많이 상하지 않았다면 사태는 그것으로 수습되었을 것이다. 바꿔 말하면 그 "죄송합니다"는 〈가벼운 사과〉를 의미했을 것이다. 하지만 실제로는 그 후 상대가 큰 부상을 당했음이 판명되었다. 그 후에 내가 발화한 "죄송합니다"는 사태를 다시 심각하게 파악한 후의 발화이며, 이번 것은 명확히 〈무거운 사과〉로 이행하고 있다.

이처럼 사과에는 〈가벼운 사과〉에서 〈무거운 사과〉로 단계적으로 이행하는 케이스가 있거나 일시적으로 이 2종류의 사과가 애매하게 겹쳐 있는 케이스도 있는데, 어찌되었든 "죄송합니다"가 매너도 〈가벼운 사과〉도 아니고 결국 〈무거운 사과〉의 일환이 되는 경우 이런 종류의 사과는 어떻게 하면 성립하는 것일까?

지금 단계에서 아주 대략적으로 지적할 수 있는 것은 앞서 언급한 포인트(31쪽)의 반복이 되는데, 그 사과가 성실한 것이어야 할 필요성이다. 지금 케이스에서 나는 지하철 안에서 함께 있을 수 있는 승객으로서의 신뢰를 뒤흔들었을 뿐 아니라 상대에게 부상이라는 중대한 손해를 입혔다. 그런 이상 나는 그 사실을 인정한 후에 무언가 행동을 보여줄 필요가 있다. 구체적으로는 단지 "죄송합니다"라고 말하는 것뿐 아니라 그 후에도 다친 상대를 걱정하고, 경우에 따라서는 병원까지 따라가거나 치료비 등을 건네주는 것이다. 그런 성의있는 행동을 전혀 하지 않으면 말만으로 〈무거운 사과〉가 성립하는 일은 없을 것이다.

제 3 절

사과와 관련된 언어의 문화 간 비교

〈무거운 사과〉가 성립하는 조건을 둘러싼 이상의 분석은 아직 겉핥기에 지나지 않는다. 이런 종류의 사과 내용에 관해서는 다음의 제2장을 비롯해 이제부터 본서의 많은 부분을 사용하여 탐구하게 될 것이다.

단, 그전에 여기서 정리해 두어야 할 논점이 있다. 그것은 매너에서부터 〈무거운 사과〉까지의 스펙트럼 전체와 관련되는 문화간의 언어의 의미 차이, 번역의 어려움이라는 논점이다.

+ "스미마셍(죄송합니다)"에 1대1 대응하는 영어 언어는 존재하지 않는다

"일본인은 무엇이든 곧장 사과한다"라는 건 그야말로 상투적으로 자주 들리는 얘기이다. 확실히, 숙련된 일본어 사용자는 실로 다양한 장면에서 "스미마셍(죄송합니다)"과 "고멘나사이(미안합니다)" 등이라고 말하는데, 앞서 언급한 "죄송합니다" 스펙트럼(34쪽 그림1 참조)에서도 확인하였듯이 예를 들어 "스미마셍(죄송합니다)"이라는 말은 사과의 의미뿐 아니라, 문맥에 따라 부름이나 감사의 의미도 가질 수 있다. 즉, 다양한 장면에서 "스미마셍(죄송합니다)"이라는 똑같은 말을 사용한다는 점만 가지고 "일본인은 무엇이든 곧장 사과한다"고 파악한다면 그건 너무 피상적인 이해이다.

"스미마셍(죄송합니다)"은 동사 "스무(済む, 끝나다)"에 공손함을 나타내는 조동사 "마스(ます, 입니다)"와 부정 조동사 "ㅇ(ん)"이 붙은 것인데, 사전에서는 다음과 같은 해석이 제시되고 있다([일본국어대사전] 제2판).

(1) 기분이 만족되지 않는다. 납득되지 않는다.
(2) 면목없습니다. 고맙습니다. 다른 사람에게 사과할 때, 감사를 표할 때, 의뢰할 때 등에 사용한다.

즉, "스미마셍(죄송합니다)"이라는 말은 원래 상대에게 무언가의 부담(손해, 피해 등)을 준 경우나 상대에게 신세를 지거나 은혜를 입었을 경우 등도 포함하여 자신의 성이 차지 않음, 수습되지 않음을 나타낸다. 그리고 거기서 파생해 다른 사람에게 다소라도 부담 등을 주는 것(혹은 이미 준 것)에 대한 인식을 포함하여 상대에 대해 송구한 마음과 상대를 배려하는 마음을 나타내는 언어로서 사람을 부르거나 감사를 표하는 장면에서도 "스미마셍(죄송합니다)"이 사용되었다고 생각된다[9]. 예를 들어 바쁘게 일하고 있는 점원을 부르거나, 좌석 간격을 좁혀 앉을 자리를 마련해 주거나, 분실물을 주워 주었을 때 일본인은 종종 "스미마셍(죄송합니다)"이라고 말한다.

한편, 예를 들어 자신의 취직자리가 내정되어 비슷한 연령대의 선배로부터 축하를 받을 때는 그 감사를 표하기 위한 말로 "스미마셍(죄송합니다)"은 선택되지 않고 "아리가토고자이마스(고맙습니다)" 등이라고 말하는 것이 보통이다. 하지만, 그 선배 자신이 아직 취업활동 중인데 내정을 받지 못해 힘들어하고 있음을 알고 있는 경우에는 상대의 심리적 부담과 심정을 고려해서 송구한 마음에 "스미마셍(죄송합니다)"이라고 하는 경우도 있을 것이다.

어찌되었든 이런 다양한 용법을 가진 "스미마셍"에 1대1 대응하는 말은 예를 들어 영어에서는 찾을 수 없다. 부름의 "스미마셍"은 "Excuse me" 등에, 감사의 "스미마셍"은 "Thank you" 등에, 사과의 "스미마셍"은 "Excuse me", "I'm sorry", "I apologize" 등등의 말로 구분해서 번역할 필요가 있다. 이런 번역의 어려움은 "스미마셍"을 하나의 의미로 apology(사과)의 말로만 파악해 "일본인은 무엇이든 곧장 사과한다"고 이해하는 것이 잘못되었음을 단적으로 보여주고 있다.

+ "I'm sorry"와 "I regret..."의 의미의 애매함

또 사과와 관련된 말을 다른 언어로 번역하는 것의 어려움은 영어에서 일본어로 번역하는 것에 대해서도 지적할 수 있다.

예를 들어 본서에서 이미 다른 예인데 "I'm sorry"라는 말은 (1)유감스럽게 생각한다는 자신의 기분을 표하는 경우에도 (2)사과를 하는 경우에도 사용된다(27쪽 참조). 또 사과를 할 때 사람들은 종종 후회의 마음을 상대에게 표하는데 영어의 "I regret,,,"이라는 표현은 (1)유감스럽게 생각하는 심경을 표하는 용법 외에 (2)일본어의 "나는 후회하고 있습니다"라는 표현에 해당하는 용법도 있다.

  일반적으로 어떤 일에 대해 자신의 행위를 후회하고 죄책감을 느끼고 사과를 하는 것은 자신의 책임을 인정하는 것을 포함하며, 그것은 또 자신이 보상을 하는 것과 종종 결부된다. 한편 유감스럽게 생각하는 것은 그것만으로는 자신이 책임지는 것을 동반하지 않는다. (참고로, 여기에서는 '책임'이라는 개념을 불명료한 채로 거칠게 사용하고 있음에 주의하라. 이 개념에 관해서는 제2장 제1절에서 좀 더 상세한 분석이 추가된다.)

그림 2. "I'm sorry" 및 "I regret..."의 양의적 의미

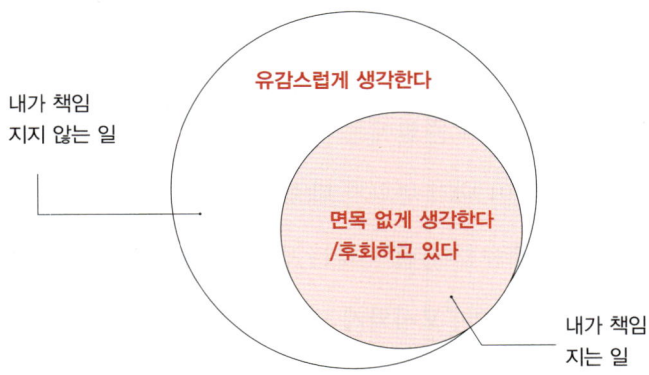

그리고 영어에서 "I'm sorry for what happened"라든가 "I regret what happened" 등이라고 말하는 경우에는 일어난 일의 책임을 자신에게 귀속시키는지 여부에 대해 애매함이 생길 수 있으며, 또 면목 없게 생각하고 있다고도, 유감스럽게 생각하고 있다고도 말하기 힘든 양의적 심경의 표현도 될 수 있다. 그렇기 때문에 사람은 때로는 이 애매함을 이용하여 "I'm sorry"나 "I regret…"이라고 말함으로써 자신의 책임을 회피하려고도 한다. 예를 들어 철학자 닉 스미스에 따르면 이런 언어 사용은 "사과에서 인과관계의 역할이 명확하지 않기 때문에 다양한 종류의 혼동과 얼버무림의 가능성을 낳고 있다"(Smith 2008: 35). 한편 일본어에서는 이와 비슷한 양의적이고 애매한 표현은 찾을 수 없다.

+ "모시와케 아리마셍(면목없습니다)", "고멘나사이(미안합니다)", "오와비시마스(사과드립니다)"의 간단한 분석

일본어든 영어든 혹은 중국어나 프랑스어 등이든 각각의 언어에 있어 사과 장면에서 오래 사용되어 온 말에는 각각의 언어가 뿌리내려온 문화권의 특징, 그리고 그 추이 내지 변화가 다소간 반영되어 있다.

일본어의 "스미마셍(죄송합니다)"이라는 말의 특색에 대해서는 이제까지 살펴봤는데, 예를 들어 **"모시와케 아리마셍 申し訳ありません(면목없습니다)"**이라는 말에도 그 본래 의미를 배경으로 한 독특한 깊이를 볼 수 있다. '모시와케 申し訳'란 '이이와케 言い訳(핑계), 벤카이 弁解(변명), 이이히라키 言い開き(해명), 모시히라키 申し開き(해명)'를 말하는 데([일본국어대사전] 제2판) "모시와케 아리마셍"이라는 말은 원래 글자 그대로 변명할 수 없다, 해명할 수 없다, 변명의 여지가 없다는 의미이다. 그에 따라 사과 장면을 비롯한 광범위한 케이스에서 상대에게 죄송하다(스마나이 済まない)는 마음을 전달하는 말로도 사용되게 되었다. 즉, 사의(謝意) - 사과하는 기분 또는 감사의 기분 혹은 양자가 섞인 기분 - 를 전할 때 "모시와케 아리마셍(면목없습니다)"이라는 말이 널리 사용되고 있다는 것이다. 하지만 적어도 현재 감사 장면에서 "모시와케 아리마셍(면목없습니다)"이라고 발화되는 빈도는 "스미마셍(죄송합니다)"에 비해 낮으며, 레스토랑에서 점원을 부를 때 등 상대에게 주는 부담이나 상대에 대한 부채(負債) 감각이 매우 약한 케이스에서 "모시와케 아리마셍"이라는 말이 사용되는 경우는 일단 없다. 그 이유로는 "변명할 수 없다, 해명할 수 없다, 변명의 여지가 없다"는 원래 의미의 무거움이 영향을 미치고 있다고도 생각할 수 있으며, 혹은 단순히 "모시와케 나이데스 申し訳ないです(면목없습니다)" 등보다 "스미마셍(죄송합니다)(스이마셍(죄송해요), 사~셍(죄~송))" 쪽이 발음하기 쉽기 때문일지도 모른다.

"**고멘나사이** ごめんなさい**(미안합니다)**"라는 말은 어떨까? '고멘(御免)'은 '허가'를 의미하는 '멘(免)'에 존경을 나타내는 접두사 '고(御)'가 붙은 말이다. 그리고 '고멘'에 추가로 명령형(구다사이 ください, 나사이 なさい)이 붙음으로써 상대에게 허가를 구한다, 양해를 구한다, 부른다, 그리고 사과한다 같은 의미로 "고멘구다사이 ごめんください(실례합니다)", "고멘나사이 ごめんなさい(미안합니다)"라는 어형(語形)이 생겼다고 한다([일본국어대사전] 제2판). 따라서 이 원래 의미를 고려하면 "고멘나사이"는 영어의 "Excuse me"(혹은 프랑스어의 "Excuse-moi" 등)에 가까운 말이라고 할 수 있다. 실제 "Excuse me"도 점원을 부를 때, 사람이 붐비는 틈을 헤치고 나갈 때, 〈가벼운 사과〉를 할 때 등 다양한 장면에서 사용되는 말이다. 단, 감사를 전할 때에는 일단 사용되지 않으며, 〈무거운 사과〉를 할 때도 별로 사용되지 않는다. 한편 "고멘나사이(미안합니다)"는 "스미마셍(죄송합니다)"이나 "모시와케 아리마셍(면목없습니다)"과 마찬가지로 자리를 양보받았을 때 등에 사의(謝意)을 전하는 용법을 가지고 있으며, 또 〈무거운 사과〉를 할 때도 사용된다.

마지막으로 프롤로그에서도 다룬 "**오와비시마스 おわびします(사과드립니다)**(와비루 わびる(사과하다))"라는 말(11쪽 참조)도 간단히 되돌아보자. 우선 "와비루"라는 말이 가진 의미 중 "기력을 잃고 실망하다. 낙담하다", "생각하는 대로 되지 않아 원망스럽게 생각한다", "허전함을 느낀다", "보잘것없는 생활을 한다. 초라한 모양이 되다"라는 원래의 의미에서, 한편으로는 언제부터인가 "세속에서 멀어져 가난 속에서 한정(閑靜)한 생활을 즐긴다. 한적(閑寂)을 즐긴다"라는 긍정적인 의미도 파생하게 되었다. 소위 "와비 わび・사비 さび(간소한 가운데 깃들인 한적한 정취)"의 "와비 わび"이다. 또 한편으로는 "매우 곤란해서 신신당부하다. 곤란해서 탄원하다"라는 의미, 나아가 "곤혹한 모습을 하고 과실 등의 용서를 구한다"라는 의미도 파생되어 사과의 뜻을 표하는 문맥에서도 사용되게 되었다. 그리고 "낙담하다" 등등의 원래 의미와 '한적(閑寂)을 즐긴다'는 의미의 '와비루'에는 '侘びる'라고 한자를 쓰고, 사과 의미의 '와비루'에는 '詫びる'라고 한자를 쓰는 것이 지금은 일반적이다.

표 3. 현재 일본어의 정형적 사과 말들

스미마셍(죄송합니다) (스이마셍(죄송해요), 사~셍(죄~송))	스마나이 = 자신의 성이 차지 않는다, 수습되지 않는다 →상대에게 주는 부담과 상대에 대한 부채 의식을 고려하여 상대를 배려하거나 송구해하는 마음(사과, 감사, 부름) 전반의 표현이 될 수 있다.
모시와케 아리마셍 (면목없습니다) (모시와케 고자이마셍 (면목없사옵니다), 모시와케 나이데스 (면목없어요))	변명할 수 없다, 해명할 수 없다, 변명의 여지가 없다 →'스미마셍'과 마찬가지로 사의(謝意)(=사과 or 감사) 전반의 표현이 될 수 있지만 감사의 의미로 이용되는 빈도는 '스미마셍'보다 낮다. 또 사람을 부를 때는 일단 이용되지 않는다.
고멘나사이(미안합니다) (고멘구다사이(실례합니다))	허가해 주세요, 용서해 주세요 →부름, 감사, 사과 모두에 사용되는데 부름과 감사에 이용되는 빈도는 "스미마셍"보다 낮다.
오와비시마스(사과드립니다)	와비루 = 낙심하다, 불안함을 느낀다, 보잘것없는 생활을 한다 등→한편으로는 '한적(閑寂)을 즐긴다'는 의미를 가지며(=侘びる(와비루)), 다른 한편으로는 '곤란하여 한탄하다', '곤혹한 모습을 하고 과실 등의 용서를 구한다'는 의미를 가진다(=와비루(詫びる)).

현재 일본어의 정형적 사과 말로는 "시츠레이 시마시타 失礼しました (실례했습니다)" 등 몇 개를 더 들 수 있는데 이쯤에서 끝내도록 하자.

+ 한층 더 개별적 탐구로

이상의 간단한 분석 결과는 다음과 같이 정리된다.

(1) "I regret…"와 "I'm sorry"라는 영어 표현은 유감스럽게 생각한다는 것을 의미하는 경우도 있고, 후회하고 면목없게 생각한다는 것을 의미하는 경우도 있다. 또 어느쪽이라고도 하기 힘든 양의적이고 애매한 심경의 표현도 될 수 있다. 그리고 이 특징은 때때로 책임 소재를 의도적으로 애매하게 하는 데에도 이용된다.

(2) "스미마셍(죄송합니다)"을 필두로 "모시와케 아리마셍(면목없습니다)"과 "고멘나사이(미안합니다)"라는 일본어 표현은 부름과 감사에서부터 〈가벼운 사과〉 및 〈무거운 사과〉에 이르기까지 매우 폭넓은 장면에서 사용된다. 한편 "오와비시마스(사과드립니다)"라는 말은 사과할 때 이외에는 일단 사용되지 않는다.

서로 다른 언어의 사과 관련 용어를 비교했을 때 상대적으로 유사성이 높은 말을 발견할 수는 있지만("고멘나사이"와 "Excuse me" 등), 완전히 1대1 대응하는 말을 찾기는 곤란하다. 그 요인과 의미를 탐색하기 위해서는 철학과 언어학 외에 인류학과 심리학 등에 속하는 탐구도 필요하다.

예를 들어, 지금 확인한 바와 같이 일본어에는 감사와 사과 모두를 의미할 수 있는 말이 몇 가지나 존재한다. 이 특징은 이전부터 해외의 연구자들도 주목하는 것인데, 고전적으로는 문화인류학자 루스 베네딕트가

『국화와 칼』에서 제시한 해석이 잘 알려져 있다. 그녀에 따르면 일본인은 전통적으로 기리義理(의리)와 온기恩義(은의) 같은 것을 일종의 부채(負債)로 파악하는 경향이 있는데, 부채를 전부 다 갚을 수 없는 신세짐과 부담의 감각이 "스미마셍(죄송합니다)"이라는 말에 나타나 있다는 것이다(Benedict 1946: Chap.5). 이 해석은 앞서 언급한 와츠지 테츠로(和辻哲郎)의 "스마나이(済まない)" 분석과 공통된다고 할 수 있을 것이다[10].

또 일본 국내에서도 예를 들어 정신분석학자인 도이 타케오(土居健郎)는 『아마에(甘え)'의 구조』에서 베네딕트의 논의를 비판적으로 검토하면서 다음과 같이 주장하고 있다.

> …문제는 왜 일본인이 친절 행위에 대해 단순하게 감사하는 것만으로 만족하지 않고 상대의 피해를 상상하고 사과하지 않으면 안 되는가이다. 그것은 사과하지 않으면 상대가 예의가 아니라고 받아들이고, 그 결과 상대의 호의를 잃지는 않을까 두려워하기 때문이라고 할 수 있지 않을까? 즉 상대의 호의를 잃고 싶지 않기 때문에, 그리고 앞으로도 계속해서 응석부리고 싶다고 생각하기 때문에 일본인은 "스마나이 すまない"라는 말을 빈번히 발화한다고 생각할 수 있다는 것이다.(도이(土居) [1971]2007: 50)

이런 베네딕트와 도이의 논의에는 비판도 많지만[11], 일본어 문화권 속 '감사' 개념과 '사과' 개념의 근접성이라는 문제에 관한 나름 흥미로운 시각을 제공하고 있다고 할 수 있을 것이다. 그리고 이 문제에 관해서는 언어학과 사회심리학 연구도 매우 충실한데 그 성과는 너무 많아 일일이 셀 수 없다[12].

+ 서로 다른 문화 속 사과 관련 언어 비교의 실천적 중요성

사과와 감사(그리고 부름 등)가 서로 겹치는 영역을 어떻게 이해해야 하는가에 관해서는, 베네딕트와 도이의 논의가 옳은지 그른지 여부도 포함하여, 이 책에서는 이 이상 깊게 들어가지 않는다. 또 서로 다른 문화(혹은 언어)속 사과 관련 언어 비교에 관해서도 이 이상 상세한 것은 각각의 전문적 연구에 맡기기로 하자.

단, 실천적 문제로서 다음과 같은 점은 여기서 강조해 두고 싶다. 즉, 사과 관련 언어의 문화 간 의미 차이에 대해 사람들이 일정 정도 지식을 갖는 것은 문화 차이에 의한 오해와 어긋남을 막기 위해 매우 중요하다는 것이다.

예를 들어, 일본에서 생활을 시작하려는 외국인의 일본어 학습에 도움을 주기 위해 문화청이 2009년에 작성한 『일본어 학습·생활 핸드북』(한국어, 중국어, 포르투갈어, 스페인어, 영어의 5개국어판[13])에서는 문화에 따른 사과의 의미 차이에 관하여 다음과 같이 설명되어 있다.

"일본인은 자주 사과하지만, 말뿐이고 해주는 건 없다."

그런 말을 일본에서 생활하는 외국인으로부터 자주 듣습니다. 나라마다 사과를 나타내는 말이 있습니다. 하지만 사과의 의미는 똑같지 않습니다.

A 문화에서는 사과하는 게 자신의 과실을 인정하고 상대에게 보상하는 것이라고 생각합니다.

B 문화에서는 책임질 것인가는 별도 문제이지만, 상대의 기분을 상하게 했다는 걸 이해하고 있음을 나타내는 게 사과의 첫걸음이라고 생각합니다. 일본은 B 문화입니다.

"스미마셍"이라는 말은 감사에도 사과에도 사용할 수 있는 불가사의한 말입니다. 번역한다면 "당신에게 불필요한 염려를 끼쳤다는 걸 저는 이해하고 있습니다"라고 생각하면 좋을지 모릅니다.

이 인용문 속에서 〈A 문화와 B 문화의 차이〉로서 특히 부각되고 있는 것은 〈사과하는 게 자신의 과실을 인정하고 책임을 지는 것, 특히 상대에게 무언가의 보상을 하는 것을 고스란히 함의하느냐, 그렇지 않으면 함의하지 않느냐〉라는 차이이다. 그리고 일본은 후자 쪽인 〈함의하지 않는 문화〉에 속한다고 설명되어 있다. 이것과 똑같은 설명은 언어철학자 하야시 노리히코(林範彦)도 하고 있는데, "유럽 및 미국 문화에서는 사과가 책임 수용과 세트인 데 비해 일본 문화에서 사과는 어디까지나 문제 확대 해소를 목적으로 한 의례적 측면이 강하며 책임 수용과 반드시 세트가 되는 건 아니다"(하야시(林) 2016: 103)라고 지적하고 있다.

이 점에 관해서는 제4장 제3절에서 다시 다루기로 하자.

참고로, 앞선 『일본어 학습·생활 핸드북』 인용의 후반에서는 일본어에 익숙하지 않은 사람은 일단 "스미마셍"이라는 말을 "당신에게 불필요한 염려를 끼쳤다(혹은 당신의 기분을 상하게 했다)는 것을 나는 이해하고 있습니다"라는 의미로 파악해 둘 것을 권장하고 있다. 물론 본 절에서 살펴본 것처럼 "스미마셍"이 〈무거운 사과〉를 위해 사용되어 책임 수용을 함의하는 경우도 많이 있다. 하지만 "스미마셍"의 다의성에 비춰 보면 일본어 원어민이 아닌 사람이 일본어와 일본 문화에 익숙해지고자 하는 최초 단계에서는 그렇게 이해해 두는 편이 심각한 오해로 이어질 여지는 확실히 적을지 모른다.

또 거꾸로 일본어 원어민이 안이하게 "스미마셍"과 "sorry"를 1대1 대응하는 말로 파악하여 미국이나 영국 등에서 커뮤니케이션하는 상황에서 "sorry"라는 말을 연발한다면 그것이야말로 "일본인은 무엇이든 곧장 사과한다(그리고 그러면서 말뿐이고 해주는 건 아무것도 없다)"는 식으로 받아들여질 수 있다. "스미마셍"이라는 말은 영어로 번역할 수 없는 건 아니지만 때와 장소에 따라서 "Excuse me"나 "Pardon", "I'm sorry", "I apologize" 등 다양한 말로 구분해서 번역할 필요가 있음을 이해해 두어야 한다. 그리고 이런 주의 사항은 한국어나 중국어 등 다른 여러 언어·여러 문화와의 관계에서도 중요해질 것이다.

***

　이처럼 개념에 대한 탐구는 각 문화 속 특수성과 대면하는 것을 거의 불가피하게 포함하고 있는데 '사과'에 대한 탐구도 그 예외는 아니다. 애초에 '사과'라는 개념은 '책임'과 '보상', '약속', '성의', '후회', '용서' 등 여러 개념과의 복잡한 관계에 의해 윤곽이 그려지는 것이며, 각 개념의 내용도, 또 '사과'가 어떤 개념과 어떻게 관계하는가도 문화에 따라 다양하게 달라질 수 있다. 일본어 문화권에서 '사과'가 '감사'와 깊이 결부된다는 위와 같은 사실은 이 점을 여실히 보여주는 것이다.

　본서는 이상의 점에 유의하면서 이후에는 기본적으로 사과의 문화적 특징에 초점을 맞추기보다 사과의 일반적 특징에 대해 주목해 간다. 더 구체적으로는 〈무거운 사과〉란 어떤 것인가라는 물음에 관해 일본어권에도 다른 문화권에도 해당하는 비교적 일반적인 논점을 탐구해 간다. 단, 그 과정에서 역시 "스미마셍"과 "I'm sorry" 등의 말이 갖는 다의적 특징 혹은 그밖에 문화와 관련되는 여러 특징 같은 것이 때로 모습을 드러내는 경우가 있을 것이다.

제 2 장

⟨무거운 사과⟩의 전형적 역할 분석하기

제 1 절

책임, 보상, 인간관계 복원
— '꽃병 사례'를 둘러싸고

+ '꽃병 사례'에서 드러나는 〈무거운 사과〉의 특징

　본 장의 주제인 〈무거운 사과〉에 대해 앞 장에서 확인한 사항을 우선 되돌아보자. 〈무거운 사과〉란 상대가 입은 손해가 비교적 중대한 경우 등에 해야 하는 사과이며 "죄송합니다"나 "사과드립니다" 등이라고 말하거나 고개를 숙이는 것만으로는 성립하지 않는다. 바꿔 말하면 이런 때는 자신도, 상대도 보통 이렇게 행동한다는 의례적 행동만으로는 완료되지 않는다. 그리고 사과의 성실함이라는 것이 이 종류의 사과에서는 기본적으로 중요해진다.

　그렇다면 구체적으로 어떤 경우에 우리는 〈무거운 사과〉를 해야 하는 것일까? 앞 장에서는 지하철에서 타인의 발에 상처 입힌 케이스(43-44쪽)를 들었는데, 여기서는 일단 24쪽의 케이스를 재구성하여 이것을 '꽃병 사례'라고 부르고 본격적으로 검토하기로 하자.

　[꽃병 사례] 회사원 A 씨는 휴일에 상사인 B 씨의 자택에 초대받았다. 거실에서 평온하게 시간을 보내고 있었는데 A 씨가 도중에

자리에서 일어설 때 테이블 위의 꽃병에 팔꿈치가 닿았다. 꽃병은 쓰러지고 테이블에서 떨어져 산산조각 났다. 또 꽃병에는 생화(生花)가 꽂혀 있었기 때문에 바닥은 물바다가 되었다. A 씨는 당황해서 "죄송합니다!"라고 말하고 "치우겠습니다"라고 자원하지만 B 씨는 괜찮으니 앉아 있으라고 제지하고 직접 치우기 시작했다. 그 후에도 A 씨는 계속 송구해하며 변상하겠다고 말하지만 B 씨는 미소를 지으면서 변상할 것까지는 없다고 대답했다.

앞에서도 확인하였지만 이것이 "죄송합니다"라고 말하는 것만으로 끝나지 않는 케이스임은 분명하다. 만일 A 씨가 "죄송합니다"라는 말을 까불거리는 어조로 한다면 그 말은 사과라고는 받아들여지지 않을 것이다. 또 그가 "죄송합니다"라고 말한 후에 상대를 배려하고 무언가 하려는 기색을 전혀 보이지 않는다면 역시 사과로 성립한다고는 할 수 없을 것이다.

이 사례를 통해 드러나는 A 씨의 B 씨에 대한 〈무거운 사과〉의 전제와 내용은 다음 같은 것이다.

[전제] B 씨가 입은 중대한 손해는 A 씨의 행위에 의해 발생되었다.

[내용 ①] A 씨는 위의 전제가 사실이라는 것, 또 자신의 그 행위가 정당화될 수 없는 것이며 후회와 죄악감을 갖고 있다는 것, 그

행위의 결과에 관해 자신에게 책임이 있다는 것을 인정하고 B 씨에게 그 인식을 표명한다.

[내용 ②] A 씨는 위의 인식에 근거하여 B 씨의 손해에 응당한 책임을 지겠다는 의지를 보인다.

꽃병 사례에 입각해서 말하자면 우선 B 씨의 꽃병이 깨지고 바닥이 물바다가 되었다는 손해의 원인이 팔꿈치를 꽃병에 댄 A 씨의 행위에 있다는 것 – 이 사실이 사과의 전제가 되고 있다.

그리고 A 씨는 곧바로 당황해하며 "죄송합니다!"라고 말함으로써 B 씨에게 위의 사실을 인정하고 또 자신의 행위가 그야말로 과실이었다는 것, 그리고 해당 행위의 결과에 관하여 자신에게 책임이 있다는 것을 인정하고 있다. 즉, 정당화할 수 없는 행위를 부주의하게 했다는 인식을 표명하는 행위가 되고 있다.(=사과의 내용①)

그리고 이 인식은 자연히 그 책임을 질 의지를 보여주는 것으로 직결되어 있다. 구체적으로 A 씨는 단지 적절한 타이밍에 적절한 어조로 "죄송합니다"라는 말을 발화했을 뿐 아니라, 그 후에 꽃병과 바닥 정리를 도우려 하고 꽃병을 변상하겠다고 얘기했다. 그것은 자신이 일으킨 손해에 대응하는 무언가의 보상 – 벌충, 변상, 속죄, 죄 갚음 – 의 의지를 보이는 형태로 책임질 의지를 보이는 것이라 할 수 있다.(=사과의 내용②)

+ '책임'이란 어떤 개념인가

지금 '책임이 있다'든가 '책임을 진다'는 개념이 빈번히 나왔는데 이야기를 진전시키기에 앞서 이런 개념에 관하여 한 번 정리할 필요가 있을 것이다.

일반적으로 **'책임'**이란 (a)자신이 맡아서 해야 하는 의무, 또는 의무라고까지는 할 수 없는 임무. 혹은 (b)자신이 관여한 일이나 행위가 특히 나쁜 결과를 초래했을 때 지는 의무나 보상을 가리킨다([다이지린(大辞林)] 제4판, [일본국어대사전] 제2판).

이후 본서에서는 법철학자 H. L. A. 하트의 용어법(Hart 1968: 211ff)에 따라 (a)종류의 책임을 **'역할 책임**(role-responsibility)**'**, (b) 종류의 책임을 **'인과 책임**(causal-responsibility)**'**이라고 부르기로 하자[14].

이 일반적 분류에 따른다면 **'책임이 있다'**란 예를 들어 '나에게는 교사로서 학생을 지킬 책임이 있다' 같이 전자의 역할 책임이 존재함을 주장하는 의미와, 그리고 예를 들어 '나에게는 이 사고의 책임이 있다' 같이 후자의 인과 책임이 존재함을 주장하는 의미가 있다.

또 **'책임을 짊어진다'**든가 **'책임을 가진다'**란 역할 책임과 인과 책임 중 어느 한쪽이 존재하는 경우에도, 그리고 어느 한쪽을 실행(이행)하는 경우에도 사용되지만, **'책임을 진다'**라는 표현은 인과 책임과 관련된 보상을 실행하는 것, 혹은 새사람이 되겠다고 약속하는 것 등을 가리키는 경우가 대부분이다. 거꾸로 역할 책임과 관련된 임무를 실행하거나 의무를 이행하는 것을 가리키는 경우에 많이 쓰는 말로는 '**책임을 다한다**'를 들 수 있다. 즉, 예를 들어 '사고의 책임을 진다'는 경우에는 보통 무언가 보상을 하는 것 등을 의미할 것이며, '교사로서의 책임을 다한다'는 경우에는 교사라는 위치에 있는 자가 맡아야 할 임무를 실행하는 것 등을 보통은 의미할 것이다.

표 4. '책임' 개념의 간결한 정리

책임	
(a)역할 책임	(b)인과 책임
자신이 맡아야 하는 의무나 임무	자신이 관여한 일이나 행위가 특히 나쁜 결과를 초래했을 때 지는 것(보상해야 할 것 등)
'책임이 있다': 역할 책임 혹은 인과 책임이 존재한다	
'책임을 짊어진다' '책임을 가진다' 　　　: 역할 책임 혹은 인과 책임이 존재한다, 　　　또는 이런 책임을 실행(이행)한다	
'책임을 진다': 인과 책임의 내용과 정도에 대응하여 보상을 실행한다	
'책임을 다한다': 역할 책임과 관련된 임무를 실행하거나 의무를 이행한다	

+ 인과 책임과 역할 책임의 관련성

그럼, 책임 개념을 둘러싼 이상의 간결한 정리에 입각해 〈무거운 사과〉의 특징으로 돌아가자.

이런 종류의 사과 내용으로 앞서 추출한 것은 ① A 씨가 B 씨에 대해 자신의 잘못된 행위로 인해 비교적 중대한 손해가 B 씨에게 야기되었다

(= 자신에게 인과 책임이 있다)는 인식을 표명하고, 또 ②그 인식에 근거하여 손해에 대응한 책임을 진다(= 인과 책임으로서 짊어질 보상을 실행한다)는 것이다.

그렇다면 〈무거운 사과〉를 할 때 역할 책임은 관계없는 것일까? 아니, 그렇지는 않다. 예를 들어 꽃병 사례의 A 씨는 꽃병을 깨기 전에도 후에도 일관해서 상사의 자택에 초대받은 손님으로서 최소한의 역할 책임을 수행하고 있다. 즉, 〈상대를 배려한 정중한 태도와 말씨를 유지해야 한다〉는 의무 내지 임무를 이행하고 있다.

또 A 씨는 꽃병을 깸으로써 〈타인의 집에서는 그 집의 물건을 상하게 하거나 깨뜨리지 않도록 주의하여 행동해야 한다〉는, 손님뿐 아니라 사회생활을 영위하는 시민 일반에게 널리 요구되는 역할 책임을 그때는 수행하지 못했다. 단, 곧바로 사과했고 상대도 꽃병을 변상할 것까지는 없다고 웃으면서 끝냈다. 이로 인해 A 씨는 상대로부터의 신뢰를 유지 내지 회복할 수 있었다고 할 수 있을 것이다. 즉, 지금 발생한 일은 우연한 부주의에 의한 것으로, 자신은 본래 남의 물건을 함부로 다루는 무신경하고 덜렁대는 인간이 아님 – 다음에는 제대로 해당 역할과 책임을 수행할 수 있음 – 을 상대가 이해했다고 할 수 있을 것이다. 앞 장에서 다룬 와츠지의 표현을 다시 빌린다면 A 씨는 사과를 통해 사회생활을 영위하는 시민으로서의 위치를 지킨 것이며, 그 위치에 요구되는 여러 역할 책임을 짊어질 자격을 유지했다는 것이다.

이렇게 보면 역할 책임과 인과 책임은 각각 전혀 다른 장면에 적용된다기보다 종종 서로 깊이 관련되어 있음을 알 수 있다. 실제로 지금의 꽃병 사례에서 A 씨는 꽃병을 깨뜨림으로써 사회생활을 영위하는 시민 일반에게 널리 요구되는 역할 책임을 수행하지 못했음을 의미하는 인과 책임을 짊어졌다. 또 그 후 A 씨는 사과함으로써 인과 책임을 지는 것을 통해 역할 책임을 수행하고 있다(혹은 역할 책임을 짊어질 수 있는 위치를 유지하고 있다, 위치를 회복하고 있다)는 걸 확인할 수 있을 것이다.

+ 사과의 역설? – 보상과 그 불가능성, 혹은 완수 불가능성

꽃병 사례와 관련해 또 한 가지 파고 들어가야 할 중요한 점이 있다. 그것은 보상(벌충, 변상, 속죄, 죄 갚음)한다는 건 무엇을 하는 것인가라는 점이다.

다른 사람의 꽃병을 떨어뜨려 깨뜨리고 바닥을 물바다로 만들었다. 이 때 A 씨는 꽃병 조각을 치우고 물을 닦아 바닥을 원상 복원시킬 것과 꽃병을 변상할 것 – 똑같은 꽃병을 사와서 건넬 것 혹은 꽃병 가격과 같은 금액의 돈을 건넬 것 – 을 의도했다. 이것은 우선 자신이 야기한 손해를 글자 그대로의 의미에서 변상하는 것, 즉 벌충하는 것을 의도했다고 할 수 있다.

하지만, 그런 글자 그대로의 의미에서의 '벌충'이 완전히 가능한 손해는 실제로는 그다지 많지 않다. 예를 들어 산산이 깨져버린 그 꽃병이 하나밖에 없는 비싼 물건이라면 어떨까? 또 비싸지 않더라도 부모의 유품이거나 B 씨의 아이가 자신의 용돈으로 사서 선물해 준 것이라면 어떨까? 혹은 그런 특별한 가치나 추억이 없더라도 일상에서 오래 사용해 왔기 때문에 그 꽃병에 B 씨가 애착을 가지고 있는 경우도 충분히 있을 수 있다. 어떤 경우든 대체할 꽃병이나 돈을 건넴으로써 꽃병의 손실을 완전히 벌충하기는 불가능하다.

이 점을 사회학자 니콜라스 타부치스는 일종의 역설로 파악하고 있다(Tavuchis 1991: 5; 카와사키(川崎) 2019: 39). 만일 사과라는 행위의 목적이 오로지 자신이 야기한 손해를 벌충하는 것이라면 그 목적은 처음부터 실패할 운명에 있다. 왜냐하면 예를 들어 누군가의 유품을 잃어버렸다든가, 비밀을 폭로해 버렸다든가, 사람을 죽였다든가 하는 경우뿐 아니라, 다른 많은 일에 대해서도 "이미 행해진 것을 원래로 되돌리는 (*undo*) 것은 불가능"(Tavuchis 1991: 5)하기 때문이다. 엎지른 물은 그릇으로 되돌아가지 않는다. 그렇다면 사과란 애초에 불가능한 일을 하는 행위가 되지 않는가? – 이것이 타부치스가 사과라는 행위에서 간파하고 있는 역설이다.

하지만 이 역설은 사과하기와 벌충하기를 동일시하는, 사과에 대한 극단적 관점에 의해 생기는 것에 지나지 않는다. 타부치스 자신도 이 역설을 제시함으로써 오히려 사과에 대한 또 다른 관점에 주의를 촉구하고 있다. 그에 따르면 사과에는 "가해자도 피해자도 바꿀 수 없는 것, 이미 완료되어 있어 되돌릴 수 없는 것을 떠올리게 한다(설명한다)"(ibid.: 6)는 측면이 있는데 이 측면도 매우 중요하다는 것이다.

자신이 상대에게 준 손실을 원래 상태로 되돌릴 수 있는 케이스는 적다. 어떤 방법으로 보상해도 완전히는 끝나지 않는다(스마나이 濟まない) – 보상은 완수할 수 없다 – 는 것이다. 바꿔 말하면 많은 케이스에서 보상이란 불완전한 복원을 의미하지 않을 수 없다는 것이다. 사과라는 행위를 통해 우리는 이 점을 확인(상기, 설명)하고 있기도 하다.

+ '사과의 표시', '성의의 증표'로서의 보상

사과란 글자 그대로의 의미에서 '보상' 내지 '벌충'과 같지 않음을 지금 보상 (완수) 불가능성이라는 관점에서 확인했는데 이것은 별도의 관점에서도 지적할 수 있다.

예를 들어 A 씨가 꽃병을 바닥에 떨어뜨려 깨뜨린 후 빠르게 정리를 끝내고 바닥을 깨끗이 원래 상태로 만들었다고 하자. 나아가 꽃병은 다행히 B 씨에게 어떤 추억도 없는 대량 생산된 싸구려 제품이었기 때문에 A 씨는 똑같은 것을 사서 B 씨에게 건넸다고 하자.

하지만, 이 일련의 '보상' 행위를 A 씨가 내내 부루퉁한 표정으로 실천했다면 어떨까? "죄송합니다"라고 하지도 않고 고개도 숙이지 않고 얼른 봐도 불쾌한 표정으로 청소를 하고 꽃병을 건네며 "이걸로 됐죠?"라고 내뱉거나 돈을 건네며 "결국 돈이죠?"라고 쏘아붙인다면 어떨까? 즉, 설령 물리적 손해에 대해서는 완전히 벌충이 가능했다고 해도 그것만으로는 분명 사과가 되는 건 아니다.

어디까지나 사과의 일환으로서 '보상' 내지 '벌충'이 수행되는 경우에 그것은 그야말로 사과의 표시로서의 성격을 반드시 갖추고 있다. 바꿔 말하면 단지 무언가 손해가 발행했기 때문에 그것을 수선하거나 대체물을 준비하는 것이 아니라 어디까지나 자신이 그 손해를 야기했다는 반성과 죄악감 등이 먼저 있고 그렇기 때문에 배상을 하는 것이다. 사과 없이 물품이나 금전 등을 보상하는 건 가능하지만 사과의 일환으로서 보상하는 경우에는 그 의미가 근본적으로 달라진다. 〈무거운 사과〉에는 기본적으로 성의가 요구되는 이상 보상하기만 한다고 사과한 게 되는 건 아니다. 그런 의미에서 보상은 사과의 목적일 뿐 아니라 수단이기도 하다. 즉, 사과가 진지한 것임을 보여주기 위한 수단이기도 한 것이다.

예를 들어 꽃병 사례에서 A 씨는 상대에게 손해를 준 자신의 행위는 잘못되었다고 후회하고 있다. 더구나 그것은 "서툴렀다. 더 잘해서 상대에게 큰 손해를 줄 수도 있었는데"라는 종류의 후회가 아니다. 그게 아니라 자신이 죄를 범했다, 상대에게 나쁜 짓을 했다는 죄책감이 담겨 있는 것이며, 자신의 행위를 뉘우치고 있는 것이다. 그리고 A 씨는 단지 그렇게 뉘우치고 있을 뿐 아니라 상대에게 부채감을 느끼고 상대를 염려하여 상대를 위해 할 수 있는 일을 하고자 했다. 즉, 자신의 책임을 통감하고 그 책임을 지고자 했다. 그런 생각은 생각만으로는 상대에게 전달되지 않으며, 단지 "죄송합니다" 등이라고 말하는 것만으로는 정말 그런 성의를 A 씨가 갖고 있는지 상대는 알 수 없다. 그렇기 때문에 사람은 종종 보상의 의지를 상대에게 보이는 것 - 또는 실제로 보상하는 것 – 을 통해 자신의 성의를 표시하는 것이다.

그런 '성의의 표시' 또는 '사과의 표시'는 앞 장의 지하철 사례 같은 〈가벼운 사과〉의 케이스에서는 일단 필요하지 않다. 발을 가볍게 밟히고 "죄송합니다"라는 말을 들은 쪽은 보통 그 사과가 진지한 것인지 여부를 신경 쓰지는 않으며, 그렇기 때문에 그 성의의 표시를 요구하지도 않는다. 오히려 거기서 예를 들어 구두 세탁비를 주겠다는 말을 들으면 성가시게 생각하거나 혹은 수상쩍게 느낄 것이다. 즉, 한쪽이 "죄송합니다"라고 말하고 다른 한쪽이 고개를 끄덕이는 것 등으로 화답하는 의례적 내지 표면적 상호작용만으로 끝낼 수 있기를 피해자 쪽도 바라고 있다는 것이다.

+ 진지한 사과에 의한 정신적 손해 복원의 가능성

그렇다면 애초에 왜 〈무거운 사과〉에서는 성의라는 게 종종 요구되는 것일까? 우선 미리 예측하자면 이 문제는 사과란 무엇인가를 탐구하는 데 있어 가장 중요한 열쇠 중 하나가 될 것이다. 본서에서는 앞으로 몇 가지 각도에서 이 문제를 파고 들어가는데, 현시점에서는 우선 '손해'와 '보상'이라는 개념의 틀 안에서 검토하기로 하자.

A 씨의 행위에 의해 B 씨가 손해를 입는다고 할 때 그 '손해'란 물리적인 것에 한정되지 않는다. A 씨가 꽃병을 떨어뜨리고 깨뜨려서 바닥이 물바다가 되었을 때 B 씨는 다소나마 기분이 상했을 것이다. 그 불쾌한

기분은 꽃병에 애착이 있는 만큼 강해질 것이며, 애착이 깊으면 깊을수록 – 예를 들어 그 꽃병이 누군가의 선물이거나 누군가의 유품이었던 경우 등에는 – 슬픔의 감정도 생겨나고 강해질 것이다.

그처럼 상처받고 손상받은 기분은 가해자의 태도에 의해 치유되는 경우도 있고 더 악화되는 경우도 있다. 앞서 언급하였듯이 예를 들어 A 씨가 꽃병을 깬 후에도 태연하게 있거나 시종 불만스런 태도를 취하고 있다면 설사 바닥을 깨끗이 청소하고 꽃병을 변상했다고 해도 B 씨의 기분은 수습되기는커녕 오히려 분노가 증가할 것이다. 거꾸로 A 씨가 계속 얌전하게 몇 번이나 고개를 숙이면서 바닥 정리를 하는 데 무언가 도울 일은 없는지 계속 찾거나 꽃병을 변상하겠다고 한다고 하자. 이 경우에는 다소나마 B 씨의 기분은 수습될 것이다.

충분한 사과가 수행됨으로써 피해자의 기분이 진정되는 이유는 여러 가지라고 생각된다. 가해자의 고개 떨군 모습을 접하고 처벌 감정이 충족되기 때문일지도 모른다. 혹은 가해자가 그렇게까지 송구해하는 것은 불쌍하다, 오히려 상대에게 미안하다, 면목없다 등이라고 느끼기 때문일지도 모른다(그 점에서 피해자가 예상했던 것 이상으로 정중한 사과 자세를 보이는 것은 전략으로 본다면 종종 유효하다고도 지적할 수 있다). 아니면 가해자도 사태를 무겁게 받아들이고 있음을 확인함으로써 자신이 짜증과 분노 등을 느끼는 것은 당연하다고 확인할 수 있었고, 자신의 기분을 긍정할 수 있었다고 생각할 수 있기 때문일지 모른다. 이유는 그 외에도 여러 가지 생각할 수 있을 것이다. 이 점에 관해서는 제

2절에서 다시 주제로 삼기로 하자. 지금 단계에서 명확히 얘기할 수 있
는 것은 성의 있는 진지한 사과에 의해 피해자가 입은 정신적 손해가 (설
령 불완전한 것이라고 하더라도) 복원될 수 있다는 사실 그 자체이다.

표 5. 누군가의 행위에 의해 입은 '손해' 개념 정리

	물리적 손해	정신적 손해
내용	자신의 소유물·소중한 것·신체 등이 상처입거나 깨지거나 더러워지는 것	짜증, 분노, 슬픔, 고통, 공포심, 불안, 불신, 상실감 등
복원 방법	수리, 청소, 현물 보상, 금전 보상 등	가해자 당사자에 의한 진지한 사과, 제3자에 의한 위로·달램·카운슬링, 시간 경과, 보상 등

덧붙여 말하자면, 진지한 사과가 없을 경우에 피해자의 기분은 좀처럼
진정되지 않고 오히려 더 나빠지고 상처 입는다는 것을 감안한다면 정
신적 손해 복원을 위해서는 그런 종류의 사과가 매우 중요한 위치를 차
지한다는 것도 여기서 확인할 수 있다. 물론 가해자가 아닌 제3자에게
위로나 달램을 받거나 혹은 카운슬링을 받음으로써 피해자의 기분이 진
정되는 경우도 있을 것이다. 시간 경과와 함께 짜증과 분노가 옅어지는
경우도 있을 것이다. 하지만 가해자 당사자에 의한 진지한 사과가 많은
경우 매우 효과적임은 틀림없다.

+ 〈무거운 사과〉의 일부에 적용되는 필요조건

타부치스는 사과가 사과로서 성립하기 위한 필요조건을 다음 같이 정리하고 있다.

> 최소한 사과에는 다음 사항이 함의된다. 즉 자신이 위반한 규칙의 정당성을 확인하는 것. 그 위반의 원인이 자신에게 있고 자신에게 책임이 있음을 인정하는 것. 자신이 손해를 준 것에 대한 진정한 후회와 자책의 마음을 표현하는 것.(Tavuchis 1991: 3)

이것이 〈가벼운 사과〉도 포함한 사과 전반에 적용되는 필요조건이 아님은 말할 것도 없다. 또 여기서 들고 있는 여러 조건이 모두 〈무거운 사과〉에 적용할 수 있는 것도 아니다 (이 점에 대해서는 제3장에서 상세히 설명한다).

하지만 적어도 꽃병 사례에서는 A 씨의 사과가 성의 있는 것으로서 성립했을 때, 이런 조건이 모두 충족되고 있다고 할 수 있다. 먼저 A 씨는 (1)꽃병을 깨뜨린 사고 이전에도 이후에도 〈타인의 집에서는 그 집 물건을 상하게 하거나 깨뜨리지 않도록 주의해서 행동해야 한다〉는, 어린아이가 아니라면 모두가 보통은 받아들이고 있는 암묵적 규칙 내지는 매너를 일관해서 옳다고 인정하고 있다. 그리고 (2)다른 사람이 아닌 자신이 부주의로 그 규칙을 위반해 타인의 물건을 더럽히거나 깨뜨렸음과 그것 때문에 (3)그 사고의 책임이 자신에게 있음을 인정하고 (4)자신의 행위를 후회하고 죄책감을 가지고 있다. - 그리고 A 씨가 확실히 이런 생각을 하고 있다는 것은 꽃병 깬 직후의 "죄송합니다!"라는 발화와 고개를 숙이는 등의 동작 그리고 보상을 하겠다고 말하거나 실천하는 일련의 행동 전체에서 표현되고 있다. 혹은 더 주의 깊게 말한다면 A 씨가 정말 그렇게 반성하고 있는지 여부는 차치하더라도 A 씨의 언동으로부터 B 씨는 그렇게 판단하고 있다.

+ '인간관계 복원'이라는 사과의 기능

여기까지 꽃병 사례 검토를 통해 〈무거운 사과〉를 특징짓는 몇 가지 전형적 요소를 추출했다. 즉 후회하는 마음, 죄악감 인식, 책임 수용, 그리고 그 표현으로서 보상 등이다.

본 절의 마지막에 꽃병 사례에서 드러난 또 하나의 포인트를 확인해 두자. 앞서 A 씨는 진지한 사과에 의해 B 씨의 신뢰를 유지 내지 회복할 수 있었다고 했다. 그런 의미에서 사과는 피해자의 정신적 손해를 복원하는 것뿐만 아니라 가해자와 피해자 사이의 인간관계를 복원 내지 유지하는 기능도 수행 가능하다고 할 수 있다.

〈가벼운 사과〉에서도 이런 기능을 볼 수 있다. 예를 들어 지하철에서 다른 승객에게 가볍게 발을 밟힌 사람은 다소나마 불쾌한 기분이 되거나 불안을 느낄 것이다. 그리고 그 상한 기분은 상대가 "죄송합니다"라는 말을 하거나 머리를 숙임으로써 누그러질 것이다. 그리고 동시에 근접한 상태에서 함께 있는 승객으로서의 상대에 대한 신뢰가 유지 내지 회복될 것이다.

  단, 차이도 있다. 위의 지하철 사례에서 발생한 물리적·정신적 손해는 '피해'라고 부르기는 힘들 정도로 경미한 것이다. 더하여 우연히 같은 지하철에 함께 탄 승객이라는 관계성은 '인간관계'라고 부르기에 적합하지 않을 정도로 희박한, 단기간의 관계에 지나지 않는다. 그렇기 때문에 발을 밟힌 쪽은 상대가 사과하지 않을 경우 '무례한 인간이다'라고 느끼고 더 기분이 상하겠지만 단지 그 정도이다. 조금 시간이 지나 어느 한 쪽이 지하철에서 내린 후 불쾌한 기분은 점차 가실 것이다.

  한편 꽃병 사례처럼 회사 동료 관계나 가족, 친구, 연인 등 장기간 계속되는 밀접한 관계인 경우에는 그렇지 않다. 상대에 대한 분노와 불신 등은 먼 훗날까지 서로에게 악영향을 계속 주게 된다. 그렇기 때문에 이런 깊은 관계성에서는 사과가 할 수 있는 〈인간관계 복원〉이라는 기능이 중요성을 더하게 되는 것이다.

  그렇다면 그렇지 않은 경우는 어떨까? 즉 기존의 지속적 인간관계 복원이 의미나 중요성을 갖지 않지만, 피해자가 입은 손해가 중대한 케이스에서 사과는 어떤 의미를 가질 수 있을까? 다음 절에서는 이 점을 생각해 보기로 하자.

제 2 절

피해자의 정신적 손해 복원
– '강도 사례'를 둘러싸고 ①

+ 피해자의 공포와 불안과 불신을 누그러뜨리는 계기로서의 사과

본 절에서 다루는 것은 다음 같은 케이스이다.

[강도 사례] C 씨는 어느 날 밤 전혀 면식이 없는 D 씨의 자택에 침입했다. 쇠 지렛대 같은 것으로 D 씨를 때려 상처 입히고 밧줄로 묶은 후에 집안의 금품을 뺏고 도주했다. 며칠 후 C 씨는 경찰에 잡혔다. 그로부터 1년이 지나 기소된 C 씨는 재판 중에 강도치상 공소 사실을 인정하고 "면목없습니다"라고 말하고 깊이 고개를 숙였다.

이 강도치상 사건이 일어난 후 C 씨와 D 씨 사이에는 가해자와 피해자라는 관계성이 생겼지만 그 이전에는 어떤 인간관계도 존재하지 않았다. 따라서 기존의 지속적 인간관계 복원이라는 관점은 이 사례에서는 의미를 갖지 않는다.

그렇다면 이 사례에서 사과는 어떤 기능을 맡고 있을까? 앞서 확인한 것은 가해자의 진지한 사과에 의해 피해자가 입은 정신적 손해가 다소나마 복원될 수 있다는 사실이다(72-74쪽). 그렇다면 애초에 왜 복원될 수 있는가? 이 물음을 본 절에서는 새롭게 주제로 삼아 검토하기로 하자.

　우선 곧바로 지적할 수 있는 것은 피해자가 갖고 있는, 언젠가 다시 똑같은 피해를 당하는 건 아닐까라는 불안과 공포가 가해자의 사과에 의해 누그러지는 경우가 있을 수 있다는 것이다. 가해자가 자신이 한 일을 정말 뉘우치고 두 번 다시 이런 못된 짓은 하지 않는다고 결의하고, 그런 생각을 전해 왔다고 확신할 수 있다면 (1)적어도 다시 이 인물로부터 위해를 당할지 모른다는 피해자의 구체적 우려는 후퇴할 것이다. 또 (2) 자신이 이런 피해를 당한 것은 이상 사태이며, 본래 상태가 아님을 확인함으로써 (이 인물로부터가 아닐지라도) 비슷한 피해를 앞으로도 입게 되는 건 아닐까라는 막연한 불안으로부터도 어느 정도는 해방될지 모른다.[15] 나아가 (3)피해 당한 것에 의해 - 또 그것이 케어되지 않은 것에 의해 - 널리 사회에 가지게 되는 불신도 다소나마 경감되는 효과가 있을지 모른다. (그리고 덧붙이면 직접 피해자가 아니더라도 그 사람과 아주 친한 관계에 있거나 혹은 예를 들어 '이번에는 우연히 그 사람이 차별적 언동의 피해를 당했지만 자신이 당했다고 해도 전혀 이상하지 않다'는 생각을 가진 사람들 - 똑같은 차별을 받는 소수자 등 - 도 피해자가 적절한 사과를 받음으로써 그런 종류의 불안과 불신이 경감되는 경우도 있을 수 있을 것이다.)

하지만 앞서 언급한 강도 사례에서는 C 씨가 형무소를 나온 후 D 씨 집에 다시 강도로 들어갈 가능성은 D 씨에게 원한을 갖고 있지 않다면 생각하기 힘들기 때문에 (1)의 효과는 그다지 중요하지 않을 것이다. 한편 원한과 왜곡된 연애감정 등에 의한 스토킹, 괴롭힘, 상해 같은 사건에서는 가해자의 마음으로부터의 사과도 경찰 등의 개입과 주위의 서포트 등과 함께 피해자가 안심을 얻기 위한 중요한 계기가 될 수 있다. 거꾸로 말하면 설사 가해자가 말로 사과했다고 해도, 그것이 그야말로 말뿐이라고 생각된다면 피해자의 마음이 편안해지는 일은 없다는 것이다. 요컨대 "두 번 다시 이런 일은 하지 않겠습니다"라는 상대의 약속을 신용할 수 있을지 여부가 중요하다는 것이다.

+ 반응적 태도

피해자의 정신적 복원과 관련하여 사과에는 이것과는 또 다른 역할을 발견할 수도 있다. 열쇠가 되는 것은 철학자 P. F. 스트로슨의 논의이다[16].

스트로슨이 주목하는 것은 어떤 존재에 의해 손해를 입었는가에 따라 그것에 대한 우리 인간의 태도는 근본적으로 다르다는 점이다. 예를 들어 우리는 사람에 의해서뿐만 아니라 자연 현상 등에 의해서 물심양면으로 손해를 입는 경우가 있다. 폭설과 홍수, 대지진, 해일, 태풍, 낙뢰, 화산 분화 등은 때로 우리 재산을 파괴하고 신체를 상하게 하고 주위 사람의 생명을 빼앗고 절망하게 만든다. 하지만 이때 우리가 자연현상에 대해 분노나 분개 등의 태도를 갖는 경우는 없다. 물론 "눈 따위는 정말 싫다!"라든가 "망할 놈의 해일!" 같이 욕지거리를 하는 경우도 있지만 그것은 인간에 대한 감정이나 태도와는 근본적으로 다른 것으로, 그야말로 어찌할 수 없는 짜증과 혐오, 불안, 공포, 슬픔, 무력감, 좌절된 심경 같은 것의 토로와 다름없다.

한편 인간에 의해 손해를 입었을 때 우리는 종종 그 사람에 대해 짜증과 혐오, 불안, 공포 같은 감정을 갖는데, 그뿐 아니라 나아가 분노나 분개 같은 감정을 느끼는 경우가 있다. 특히 앞선 강도 사례 같이 자신에게 악의를 보이거나 자신을 업신여기는 자에 대해 우리는 강한 분노를 느낄 것이다. 스트로슨은 인간에 의한 악의와 무관심, 경시, 경멸 등에 대한 이런 태도를 **반응적 태도**(reactive attitude)라고 부르며 초점을 맞추고 있다(Strawson [1962]2008)[17].

반응적 태도는 상대의 부정적 태도에 대한 부정적 반응에만 한정되는 건 아니다. 선의와 애정, 존경 같은 태도를 보였을 때 우리는 상대에게 감사하거나 호감이나 안심감을 갖는다. 어떤 경우든 이 반응적 태도에 관해 스트로슨이 우선 지적하는 것은 이 종류의 태도는 인간이라는 존재에 내포되어 있는 아주 자연스런 반응이며 버리려고 해도 버릴 수 있는 게 아니라는 것이다. 악의가 보여지면 기분이 상하고 선의가 보여지면 감사하는 것은 다양한 예외는 있어도, 우리 인간 감정의 기본적 존재방식인 것이다.

…우리에게 다른 인간이 이쪽에 대해 보이는 태도나 의도는 매우 큰 무게를 가진다. 그리고 자신이 당사자일 때의 감정이나 반응은 상대의 태도나 의도를 어떻게 파악하는가에 따라 상당한 정도까지 결정된다. 혹은 상대의 태도나 의도와 분리하기 어렵게 결부되어 있다(ibid.: 5/38)

+ 객관적 태도

그리고 이와 같은 점에 입각하여 스트로슨이 주목하는 또 한 가지 포인트는 우리가 상대에게 반응적 태도를 보이는 것에는 다양한 예외가 있다는 점, 그리고 그 예외란 어떤 것인가라는 점이다.

우리는 누군가에 의해 손해를 입었다고 해도 그 사람에 대해 분노를 비롯한 반응적 태도를 취하지 않는 경우가 있다. 예를 들어 자신이 막 신축한 집의 벽지에 두 살짜리 아기가 크레용으로 무언가를 그렸다고 하자. 그때 우리는 똑같은 행위를 어른이 한 경우와 똑같은 분노를 보이지는 않을 것이다.

또 우리는 누군가에게 반응적 태도를 일단 보였다고 해도 그것을 철회하는 경우가 있다고 스트로슨은 지적한다. 예를 들어 그 사람에게 중증 통합실조증 등 정신장애(정신질환)가 있음을 알았거나 그때 소위 심신상실이나 심신쇠약 상태에 있었음이 판명된 경우이다. 또 그 사람이 극도의 스트레스에 계속 노출되어 신경증을 앓고 있거나 심한 학대를 받는 등 지극히 열악한 환경에서 자랐다는 배경 등을 알게 되는 경우에도 "적어도 어느 정도는 당사자가 보통의 경우에 갖는 반응적 태도에서 벗어나 상대를 보게 되는 경향이 있다"(ibid.: 10/47).

다른 인간에 의해 손해를 입어도 상대에게 반응적 태도를 보이지 않을 (혹은 반응적 태도를 누그러뜨릴) 때 우리는 그 상대에게 때로는 혐오와 불안, 공포 같은 감정을 느끼면서도 상대를 어디까지나 이성적으로 관찰해야 할 대상 – 또는 배려와 관리, 감독, 치료, 교정, 훈련, 훈육 같은 실천의 대상 – 으로 취급하게 된다. 이런 종류의 태도를 스트로슨은 반응적 태도와 대비하여 **객관적 태도**(objective attitude)라고 부르고 있다. 즉 "신경증 환자의 충동적 행동이나 유아의 소란스런 행동에 대해서는 객관적 시선을 보이며 치료나 훈육의 관점에서 상대를 보게 된다"(ibid.: 10/47-48)는 것이다. 물론 건강한 정신 상태의 어른에 대해서도 우리는 때로 그런 종류의 태도를 보일 수는 있지만 그것은 어디까지나 예외적인 것에 그친다(ibid.: 10/48).

어찌되었든 중요한 것은 가해자에게 객관적 태도를 보인다는 것은 반응적 태도를 보이는 경우와는 대조적으로 그 가해자를 면책하는 것과 궤를 같이한다는 것이다. 즉 가해자는 당시 자신의 행동 및 그 결과에 충분히 책임질 수 있는 상황이 아니었다 – 혹은 충분히 책임질 능력이 결여되어 있었다 – 고 간주하는 것을 객관적 태도 취하기는 포함하고 있다.

따라서 예를 들어 유아에 대한 훈육은 "그 아이가 책임능력을 가진 존재, 객관적 태도와는 다른 태도의 대상으로서 서서히 모습을 갖추게 하

표 6. 스트로슨에 의한 '반응적 태도'와 '객관적 태도'의 대비

반응적 태도(reactive attitude)	객관적 태도(objective attitude)
• 다른 인간의 태도에 대한 반응으로서 우리가 자연스레 보이는 태도·감정. 악의, 무관심, 경시, 경멸 등에 대한 분노와 분개 등. 혹은 선의와 애정, 존경 등에 대한 감사와 호감, 안심감 등. (거기에는 혐오와 공포, 불안 같은 감정도 동반될 수 있지만 그것은 객관적 태도에도 해당된다.)	• 전형적으로는 유아의 행동이나 중증 정신장애(정신질환)가 있는 사람의 충동적 행동 등과 관련해 상대를 이성적으로 관찰해야 할 대상 – 또는 배려와 관리, 감독, 치료, 교정, 훈련, 훈육 같은 실천의 대상 – 으로 취급하는 태도. 혐오와 공포, 불안 등의 감정이 동반되는 경우도 있다.
• 상대에게 반응적 태도를 보일 때는 그 상대를 자신의 행동 및 그 결과에 책임질 수 있는 존재로 취급하고 있다.	• 상대에게 객관적 태도를 보일 때는 그 상대를 자신의 행동 및 그 결과에 충분히 책임질 수 있는 상황이 아니었다고 간주하고 있다.

는 것"(ibid.: 20-21/67)을 목적으로 수행된다고 할 수 있으며, 또 어른 신경증 환자에 대한 치료도 그 사람이 다시 책임능력을 갖게 하는 것을 목적으로 수행된다고 할 수 있다. 또 지극히 열악한 환경에서 자란 사람이나 혹은 인질로 잡혀 협박받는 사람 등이 범죄를 저지른 경우에도 그 사람만의 책임으로 돌릴 수는 없다고 우리는 간주할 것이다.

+ 사과는 반응적 태도의 완화를 가져올 수 있다

그럼, 앞의 반응적 태도를 둘러싼 스트로슨의 이상의 논의에서 사과에 의한 피해자의 정신적 복원이라는 논점과 관련해 무엇이 명확해지는 것일까?

앞선 강도 사례에서 가해자 C 씨는 피해자 D 씨에게 분명하게 부정적 태도를 보였다. D 씨는 그것을 자신의 재산을 빼앗고 신체를 상하게 하려 했다는 악의라고 받아들일 수도 있고, 혹은 자신을 경시하는 C 씨의 태도와 자신에 대한 C 씨의 무관심이라고 받아들일 수도 있다. 어찌되었든 그런 부정적 태도에 대한 반응으로서 D 씨는 자연히 C 씨에게 분노와 분개를 느끼게 된다. 피해자의 정신적 손해에는 강도 피해를 당했다는 것 자체의 충격과 가해자에 대한 공포, 불안 같은 감정뿐 아니라 그런 분노와 분개의 감정을 갖지 않을 수 없다는 것도 포함된다.

가해자의 사과는 지금 거론한 반응적 태도를 가라앉히거나 적어도 누그러뜨리는 효과를 가질 수 있다. 왜냐하면 주위의 제3자가 그저 달래는 것보다 반응적 태도의 대상이 된 당사자가 미안해하고 송구해하는 것이 피해자의 분노와 분개를 누그러뜨리는 효과를 훨씬 크게 기대할 수 있기 때문이다[18].

더하여, 그렇게 사과하는 것은 강도라는 형태로 피해자에게 보여진 악의, 경시, 무관심 등의 부정적 태도를 바로잡는 것을 의미한다. 그리고 그 일을 할 수 있는 것은 가해자 당사자뿐이다. 당연한 이야기지만 가해자만이 피해자에 대한 이전의 자신의 태도를 철회하거나 바꿀 수 있으며 또 그것에 의해 이전과는 다른 우호적인 반응적 태도 - 예를 들어 용서한다는 태도 - 가 상대방으로부터 도출되는 경우도 있을 수 있다.

하지만, 사과하는 방식과 상대가 받아들이는 방식에 따라서는 이런 효과가 발휘되지 않을 뿐 아니라 오히려 역효과가 나는 경우도 있다. 예를 들어 불성실한 사과로 인해 그야말로 불에 기름을 부어 상대의 태도를 더욱 경직되게 만드는 경우도 적지 않다. 또 앞 장의 지하철 사례 같은 케이스에서는 타인의 발을 밟았을 때의 사과 방식에 따라 상대가 비로소 반응적 태도를 보이는 경우도 있을 것이다. 즉, 정중하고 간결한 사과를 하면 상대는 호감을 가질 수 있지만, 거꾸로 장난치듯이 '죄~송' 등이라고 하거나 애초에 사과 자체를 하지 않는다면 상대의 마음속에서 분노와 분개의 감정이 생겨날 것이다. 사과란 많은 경우 상대의 반응적 태도에 대한 응답으로서 수행되는 행위이지만 사과 그 자체가 상대의 반응적 태도를 유도하는 행위이기도 한 것이다.

+ 사과는 피해자의 존엄 및 자존심 회복을 가져올 수 있다

나아가 지금 소개한 스트로슨의 일련의 논의와 연관지어 또 한 가지 중요한 포인트를 지적할 수 있다. 우리는 다른 인간에게 부정적 태도 – 특히 무관심이나 경시, 경멸 같은 태도 – 가 느껴졌을 때 분노와 분개 같은 감정을 갖는데, 그런 반응적 태도를 상대에게 보임과 동시에, 혹은 그러기 전에 자신의 존엄(dignity)과 자존심(self-respect) 이라고 말할 수 있는 것들이 상처를 받고 있다(Strawson [1962]2008: 5/39).

사람을 깔보고 경시하고 소홀히 하고 그 사람의 자부심과 긍지를 짓밟는 것 – 진지한 사과는 그런 태도가 잘못이었음을 피해자에게 표명하는 행위도 될 수 있다. 앞서 언급한 강도 사례에서도 가해자가 마음으로부터 사태의 중대함을 인정하고 상대에게 후회와 반성의 심정을 전달하고 보상의 의지를 보이는 것은 상대에게 깊은 관심을 보이고, 상대를 중시하고, 경의를 갖고 대한다는 것을 포함한다. 이러한 개심(改心), 개전(改悛))에 의해 상대방도 자신이 지금 강한 공포와 불안과 분노 등에 시달리고 참혹한 심정에 있는 것은 당연하다고, 자신을 비하하지 않고, 긍정할 수 있다. 탓해야 할 것은 어디까지나 가해자 쪽이며 자신이 받은 것은 매우 부당한 대접이었다는 것, 자신이 이런 불합리하고 비참한 상황을 겪을 이유 따위는 없었다는 것을 분명히 확증할 수 있다.

　이 점이 보다 명확하게 나타나는 것은, 예를 들어 왕따나 차별 등의 케이스일 것이다. 이유 없는 부당한 폭력이나 차별적 폭언을 당한 피해자는 깊이 상처입고 불안과 공포를 느낄 뿐 아니라 종종 자신감과 자존심을 상실한다. "왕따를 당하는 쪽에도 원인이 있다", "네가 짜증나게 하는 태도를 취하기 때문이다" – 그런 종류의 비난을 가해자와 제3자가 하는 경우가 있을 뿐 아니라 피해자가 자기 자신을 책망하는 경우도 있는 것이다. 이때 주위 사람들이 피해자 쪽에 서서 서포트하는 것도 당연히 중요하지만, 가해자가 사과를 통해 자신의 잘못을 인정하고 피해자에게 당신은 그런 대접을 받을 이유가 없으며, 당신은 처음부터 존중받아야 할 존재라는 새로운 메시지를 전달하는 것 – 그렇게 자신이 이전에 발신했던 모욕적 메시지를 부정하는 것 – 도 매우 중요하다. 자신이 타자로부터 존중받고 존엄을 승인받고 자존심을 유지할 수 있는 것, 즉 자기의 존재 가치를 긍정할 수 있는 것은 사람이 살아가는 데 있어 그야말로 목숨과 관계되는 의미를 가진다. 사과는 피해자의 그런 긍지 회복에도 공헌할 수 있는 것이다.

단, 사과가 그런 효과를 가질 수 있기 위해서는 많은 경우 어떤 전제를 만족시키지 않으면 안 된다. 그것은 사과 받는 것 자체에 피해자가 자발적으로 동의하고 있다는 전제이다. 피해자는 분노와 공포 등으로 인해 절대로 가해자와 더 이상 절대로 관련되고 싶지 않다고 생각하고 있을지도 모른다. 그런 경우 예를 들어 제3자가 피해자에게 사과 자리에 나가 가해자와 마주하도록 촉구한다면 그것은 피해자를 더 상처 입히고 궁지에 몰아넣게 될 것이다. 거꾸로 말하면 상대가 사과하는 것을 피해자가 자발적으로 허용하고 이전의 모욕적 메시지를 부정하는 새로운 메시지를 받아들이는 것은 최종적으로 피해자가 상대를 용서할지 여부와 관계없이 그 자체로 중요한 의미를 갖는 것이다(이 점에 대해서는 뒤에서 다시 주제로 다룬다).

+ '왜 자신이 이런 일을...'이라는 질문에 응답할 책임

이상, 진지한 사과가 피해자의 정신적 손해를 복원하는 효과를 가질 수 있음을 (1)가해자(등)에 대한 공포와 불안 및 불신 완화, (2)가해자를 향한 분노와 분개 같은 반응적 태도 완화, (3)피해자의 존엄과 자존심 회복 등 3가지로 나누어 확인하였다. 하지만 사과가 피해자를 위해 수행할 수 있는 기능은 이런 것에만 한정되지 않는다.

자연재해이든 과실에 의한 사고 혹은 의도적 범죄이든 갑작스런 재난에 휘말려 중대한 손해를 입은 당사자는 종종 왜 자신이 이런 일을 당하지 않으면 안 되는가 라고 묻는다. 혹은 자기 자신이 아니더라도, 예를 들어 범죄에 의해 소중한 사람이 목숨을 잃은 경우에도 왜 그 사람이 죽지 않으면 안 되었는가라고 묻는다.

이런 물음에는 불합리하고 비참한 일을 겪어 상처받고 분노하고 공포와 불안을 느끼는 마음 상태가 표출되어 있다고 할 수 있는데 그것만이 아니다. 피해자는 글자 그대로 강력히 사건의 진상을 알고 싶어 할 것이다. 특히 누군가에 의한 의도적 범죄에 휘말린 경우 자신이 (혹은 가족이나 연인 등이) 그 대상이 된 이유를 알고 싶다, 범행 동기를 알고 싶다, 사건의 상세한 내용을 알고 싶어 하는 것은 당연하다.

그리고 이때 가해자는 종종 사과하는 중에 이 절실한 바람에 응할 수 있는 특권적 입장에 위치한다. 왜냐하면, 왜 그 범죄를 계획했는 가라든가, 왜 그 피해자를 노렸는가 등은 기본적으로 가해자 당사자만이 알고 있는 정보이기 때문이다. 그래서 사건 후에 가해자가 아무 말도 하지 않고 죽어 버리면 동기 등 사건의 진상을 영원히 알 수 없게 되는 경우도 드물지 않다.

그리고 가해자가 피해자에게 진지한 사과를 하고자 한다면 거기에는 다소간 상대의 요구에 응해 진상을 공개하는 노력이 포함되게 된다. 만일 가해자가 "죄송합니다, 죄송합니다…"는 말을 반복하거나 고개를 계속 숙이기만 하고 피해자가 듣고 싶은 것에 대해서는 전혀 대답하지 않고 입을 꾹 다물고 있다면 상대에게 그야말로 성의 없다고 판단될 것이다. 그리고 상대에게 해야 할 책임, 자신이 한 일에 대해 받아들여야 할 책임을 방기하고 있다고 간주될 것이다. '책임'에 해당하는 영어 단어가 응답이나 설명 가능성 내지 능력을 의미로 갖는 responsibility나 accountability임을 떠올릴 필요도 없이 자신이 피해를 준 상대를 배려하고 상대를 위해 무언가를 하고자 한다면 상대가 절실하게 알고 싶어 하는 것에 온 힘을 다해 응답하려는 의지를 보여야 할 것이다.

+ 사건의 진상을 알고 싶다는 피해자의 바람의 실제 내용

그렇다면 피해자는 가해자로부터 범행 동기와 범행 계획의 전모, 범행 배경 등을 들음으로써 무엇을 바라고 있는 것일까?

예를 들어 범행 수법이나 방범 체제의 구멍 같은 정보는 앞으로 자신이나 자신 이외의 사람들이 똑같은 피해를 당하지 않도록 하기 위한 유익한 단서가 된다. 하지만 그것만이 아니다. 특히 피해자 자신은 영문도 모른 채 가해자에게 휘둘리고 극심한 손해를 입은 이 수동적 혼란 상태와 무력감에서 벗어나 상황 전체를 스스로 이해한다는 의미에서 스스로 상황을 파악하기 – 전체적으로, 상황에 대한 일정 정도의 컨트롤을 되찾기 – 를 바란다. 사건의 진상을 알고 싶다는 건 그런 바람이기도 한 것이다.

그리고 이 바람은 결코 가해자를 그대로 면책하는 방향으로 이해하고자 하는 건 아니다. 분명 사건의 진상을 아는 것에는, 자신에게도 기회를 제공한 빈틈이 있었다고 인정하는 것과 가해자의 개인적 사정(곤궁했다, 열악한 환경에서 태어나고 자랐다 등등)을 이해하는 것 등이 포함될 수 있다. 그리고 이런 종류의 이해는 가해자에게 어느정도 정상 참작의 여지를 주는 것으로도 이어질 것이다. 하지만 그렇다고 해서 자신이 피해 입은 건 지극히 당연하다, 상대가 범죄를 저지른 것도 무리는 아니다 같은 극단적 결론이 도출되는 경우는 적다[19]. 또 최종적으로 상대를 용서하는 경우가 있다고 해도 그것은 기본적으로 범행의 배경에 무엇이 있고 상대가 범행 시에 구체적으로 무엇을 생각하고 무엇을 했는가를 알고 난 후에 비로소 가능하다. 사건과 가해자에 대해 아무것도 모른 채 상대를 용서하기는 곤란하다. 바꿔 말하면 진상을 아는 것은 용서의 한 가지 전제를 이루지만 어디까지나 전제일 뿐이라는 것이다.

+ 사과와 용서 ① – 사과 허락과 사과에 따른 용서

여기까지 사과라는 행위가 피해자를 위해 수행할 수 있는 기능을 살펴보았는데, 그 과정에서 '용서'의 문제가 조금씩 얼굴을 내밀기 시작했다.

사과의 정형적 문구에 "미안합니다"나 "Excuse me(용서해 주십시오)"라는 말이 포함되는 데서도 명확하듯이 사과에는 종종 상대에게 용서를 비는 의도가 담겨 있다(혹은 그렇게 상대에 의해 해석된다).

피해자가 가해자에 대한 일체의 앙금을 해소하고 사건이나 사고가 일어나기 이전의 인간관계로 돌아가는 것 – 혹은 그 이전에는 어떤 인간관계도 없었던 경우 원래의 무관계 상태로 돌아가는 것 등 - 은 말할 나위 없이 어렵다. 하지만, 일단 가해자를 그 이상 책망하지 않고 끝낸다는 정도의 의미로 '용서'라는 것을 파악한다면 사과가 용서 실현의 중요한 계기가 되는 건 어느 정도 기대할 수 있을 것이다.

보통 피해자로부터 용서받기 바라는 가해자는 사과를 실행하고자 한다. 하지만 자신의 의지만으로 항상 실행할 수 있는 건 아니다. 상대에게 중대한 손해가 발생한 사건에서 상대를 향해 자기 멋대로 "죄송합니다!"라고 말하는 것만으로는 사과가 되지 않는다. 이것은 이미 몇 번인가 확인한 바와 같다. 그렇기 때문에 예를 들어 상대와 면회하는 시간을 마련하여 그 사건을 자신이 어떻게 받아들이고 있는가와 얼마나 반성하고 어떻게 보상하고자 하는가를 성의껏 전달하는 게 필요할 것이다. 사건의 중대함에 따라 사과 방식은 바뀌는 것이다.

하지만 상대는 애초에 만나주지 않을지 모른다. 그렇다면 위와 동일한 내용을 편지에 써서 보내는 건 어떨까? 하지만 상대는 그 사과문 수령을 거부할지 모른다. 앞서도 지적한 바와 같이(87-88쪽) 〈무거운 사과〉를 하기 위해서는 가해자가 사과에 의해 피해자에게 용서받기 이전에 사과하는 것 자체를 허락받을 필요가 있다. 그렇기 때문에 가해자는 때로는 편지나 전화 등을 이용해 피해자에게 먼저 접촉을 하고 사과하게 해 주십시오 라고 허락을 구할 필요가 생기는 것이다.

반복하자면, 사과했다고 해서 용서받는 건 아니다. 하지만 사과하는 게 허가되는 것, 즉 사과가 사과로서 상대에게 받아들여질 수 있는 것이 용서 실현을 위한 중요한 터닝 포인트가 될 수 있음은 확실하다. 시간이 해결하는 경우 등 사과하지 않아도 용서받는 케이스도 있지만, 대개의 케이스에서는 적어도 사과하지 않으면 용서받기는 곤란하다. 사과 – 및 그 일환으로서의 보상 약속과 이행 – 는 피해자의 물심양면적 손해가 복원되고, 수동적 혼란 상태와 무력감에 괴로워하고 있는 상태로부터 회복되며, 상황에 대한 일정한 통제력을 회복하는 데 도움이 될 수 있다. 그리고 많은 경우 그 연장선 위에 '용서'라는 계기가 자리매김되는 것이다.

+ 사과와 용서 ② – 피해자의 마음에 일단락을 짓는 용서와 그 예견 불가능성

지금 추적한 것은 사과의 실현이 용서의 실현으로 이어진다는 것인데, 용서가 가해자에게뿐만 아니라 피해자에게도 중요한 의의를 가질 수 있다는 것을 여기서 함께 확인해 두자.

사건이나 사고에 휘말린 사람의 인생은 그 이후 크게 변하게 된다. 생활의 많은 부분에서 '피해자'라는 존재가 될 수밖에 없고, 재난의 기억과 부정적 감정에 계속 괴로워하고, 재판 등에 시간과 노력(勞力)을 빼앗기고, 경우에 따라서는 매스미디어나 소셜미디어에 대한 대응으로 피폐해진다. 심신 모두 그 사건이나 사고에 어쩔 수 없이 고정되고 사로잡히게 된다. 본래는 자신이 줄곧 소중히 영위해 왔던 생활과 활동이 있었는데, 그 사건이나 사고가 아무래도 마음의 중심에 자리 잡게 된다. 그 때문에 가해자와 마주하고 그 사과를 받아들이고 상대를 용서하는 것은 피해자가 마음에 일단락을 짓고 새로운 인생을 걸어가기 위한 중요한 계기가 될 수 있다.

단, 주의해야 할 것은 용서가 때로는 주위의 압력에 의해 재촉받는다는 것이다. 예를 들어 가해자가 애처롭게 무릎 꿇고 조아리기를 반복하거나 직업을 잃는 등 강력한 사회적 제재를 받은 것 등에 감화된 제3자가 피해자에게 "이만큼 사과했으니까 (이만큼 보상했으니까) 이제 용서해 줘라"는 식의 압력을 가하는 경우가 있다. 혹은 그런 종류의 용서 압박 분위기가 피해자 주위에 조성되는 경우가 있다.

또 용서의 차원에 대해서도 주의할 필요가 있다. 용서가 그야말로 피해자 마음의 일단락이 되기 위해서는 상대에게 그 이상의 형벌이나 배상을 요구하지 않는 것만으로는 충분하다고 할 수 없다. 그것이 설사 주위의 압력에 의한 것이 아니라 자신의 의지에 의한 것이라고 해도 그렇다. 왜냐하면 행동뿐 아니라 감정 차원에서 상대를 더 이상 책망할 마음이 사라지는 – 상대에 대한 분노와 증오로부터 해방되는 – 상태에 이르러야 비로소 상대를 마음으로부터 용서한 것이 되기 때문이다.

문제는 그런 차원의 용서는 피해자의 의지에 따라 자유자재로 생겨나는 게 아니라는 것이다. 사랑하려고 생각해도 반드시 사랑할 수 있는 건 아닌 것과 마찬가지로 용서하려고 생각하기만 한다고 용서할 수 있는 건 아니다. 감정이란 저절로 솟아나는 것이어서 완전히 자신이 자유롭게 할 수는 없는 것이다. 오히려 상대를 마음으로부터 용서할 수 있게 되는 상태는 피해자도 예견할 수 없는 형태로 어느 틈엔가 자신에게 찾아오는 것이며, 그런 의미에서 하나의 요행에 속한다고도 할 수 있다. 독일 출신의 정치철학자 한나 아렌트의 표현을 빌린다면 "용서 행위는 결코 예견할 수 없다"(Arendt [1958]1998: 241/376)는 것이다.

+ 제재·처벌로서의 사과

사과와 용서의 관계에 대해, 또 용서라는 것을 특히 감정 차원에서 실현하기 어려움 – 혹은 예견하기 어려움 – 에 대해 간단히 살펴보았는데 본 절의 마지막에 사과라는 행위의 제재 내지 처벌로서의 기능에 대해서도 살펴보자.

아렌트에 따르면 용서와 벌 사이에는 유사한 기능을 발견할 수 있다. 즉 "용서와 벌은 개입이 없으면 한없이 계속되는 무언가를 끝내고자 하는 점에서 공통되어 있다"(ibid.: 241/377)는 것이다. 무언가 손해가 발생한 사건에 대해 가해자를 용서하는 것이 어느 정도의 일단락이 되는 것과 마찬가지로 가해자에게 벌을 주는 것도 예로부터 그야말로 결말(= 전후의 일단락, 구별) 내지는 죄 씻음으로써 기능해 왔다.

그리고 사과는 기본적으로 용서의 전제가 되는 행위임과 동시에 그 자체가 처벌 내지 제재로서의 성격을 갖는 경우도 있다. 사과의 일환으로 보상함으로써 재산이나 지위를 잃는 등의 물리적 손해를 받는 경우는 물론 있지만 그뿐만이 아니다. 상대에게 자신의 잘못을 인정하고 고개를 숙이는 것은 당사자의 프라이드(혹은 위신, 체면)를 다소간 상처 입히고 수치의 감정을 낳는다. 사람에 따라서는, 또 때와 경우에 따라서는 강한 굴욕을 느끼는 경우도 있을 것이다. 이런 점에서 자발적으로 사과가 행해질 때 그것은 자기 처벌로서의 측면도 가질 수 있으며 또 상대의 강한 요구나 명령에 의해 어쩔 수 없이 사과할 때 그것은 명백한 처벌로서 파악하는 것도 가능하다.

한 가지 예를 들어 보자. 텔레비전 드라마 "한자와 나오키(半沢直樹)"의 마지막 회(TBS계열, 2013년 9월 22일 방송)에서 주인공 한자와(半沢)는 근무하는 은행의 간부들이 늘어서 있는 이사회에서 상사인 오와다(大和田)의 일련의 부정행위를 증명한 후에 그 자리에서 무릎 꿇고 조아리라고 압박한다. 오와다는 이를 악물고 한자와를 노려보면서 버티다 결국 무릎을 꿇고 마지못해 사과 한다. 그것은 그야말로 굴욕투성이의 모습이다.

한자와가 오와다에게 무릎 꿇고 조아리라고 명령한 데는 몇 가지 배경이 있다. 그는 전에 오와다에게 부정을 저지른 게 사실로 판명되면 무릎 꿇고 조아리며 사과하라고 요구했고 오와다도 그렇게 하겠다고 응했다. 한자와는 그 약속을 지키라고 요구한 것이다. 나아가 그 이전에 한자와가 중학생일 때 경영난에 빠진 중소기업을 경영하던 그의 아버지가 오와다에게 무릎 꿇고 조아리면서까지 융자를 부탁했지만 거절당해 목을 매고 죽은 사건이 있었다. 한자와는 앞서 언급한 이사회 자리에서 그런 과거의 관계에도 결말을 짓고자 했다. 거기에는 부정이 행해지고 더구나 그것이 시정되지 않은 것에 분노를 느끼는 정의감과 아버지와 자신의 존엄을 회복하고 싶다는 생각, 그리고 오와다라는 개인에게 앙갚음하고 싶다는 복수심 등이 뒤섞여 소용돌이치고 있었다고 할 수 있을 것이다.

+ 제재·처벌로서 사과의 '가벼움'과 보복 연쇄의 가능성

　가해자를 비난하고 무릎 꿇고 조아리게 함으로써 응분의 대가를 치르게 해서 그 사건에 결말을 짓거나 죄 씻음을 끝내는 경우가 있다. 또 그렇게 상대를 굴복시켜 상대의 프라이드가 상처 입는 모습이나 치욕에 떠는 모습, 물리적 손해를 입는 모습을 지켜봄으로써 후련해지는 경우도 있다.

　하지만, 그것으로 피해자의 상처가 아무느냐 하면 반드시 그렇다고는 할 수 없다. 인과응보의 질서가 관철되고 복수심이 만족됨으로써 마음이 풀리는 사람도 있는가 하면 그렇지 않은 사람도 있다. 오히려 허무함과 씁쓸함으로 괴로워하는 경우도 많을 것이다. 바꿔 말하면 벌로서의 사과가 항상 피해자의 정신 복원에 기여하는 건 아니라는 것이다.

　그리고 예를 들어 한자와(半沢)가 오와다(大和田)에게 한 것 같은, 그야말로 형식적인 사과의 강요는 당연히 마음으로부터의 진지한 사과라는 것과는 거리가 멀다. 이 사과가 한자와가 물리적·정신적으로 입은 중대한 손해와 관련된다는 의미에서 이 사과는 〈무거운 사과〉에 속한다고 할 수 있다. 하지만 무릎 꿇고 조아리는 행위만으로 사과가 완료된다는 의미에서 이것은 오히려 〈가벼운 사과〉에 속한다고 간주할 수도 있다. 이 사과는 한자와에게도 오와다에게도 무거운 의미를 갖지만 그것은 단지 "죄송합니다"라고 발화하거나 고개를 숙이는 것에 비해 무릎 꿇고 조아리는 행위가 특별히 가질 수 있는 의미 때문이다. 즉, 이 경우에는 가해자의 개심(改心, 개전(改悛))이나 성의 같은 요소는 전혀 중요한 게 아니라 무릎 꿇고 조아리는 것 자체에 대한 가해자의 저항감 – 그것을 견디기 힘든 정도의 굴욕이라고 느끼는 것 – 이야말로 중요한 것이다.

그리고 그 때문에 이 종류의 사과는 보복 연쇄를 낳을 우려도 있다. 즉, 사과 강요로 굴욕을 받은 것에 앙심을 품고 가해자에게 그것을 앙갚음하고 싶다는 복수심을 일으킨다는 우려이다.

+ 공공적 수준, 정의라는 차원으로

아렌트는 앞서 언급한 바와 같이 용서와 처벌의 공통성을 지적하면서도 동시에 복수는 용서의 반대편에 있는 한편, 처벌은 용서의 대체물임을 주장하며 복수와 처벌을 구별하는 논의를 전개하고 있기도 하다(Arendt [1958]1998: 240—241/376–377). 아렌트에 따르면 복수란 범죄 등의 죄에 대해 사람이 자동적으로 보이는 경향이 있는 반응(reaction)이며, 그것은 자연히 그 이상의 반응 연쇄 –보복 연쇄– 를 계속 부른다. 그렇기 때문에 범죄 등이 가져올 결과에 대해 복수로 종지부를 찍는 것은 곤란하다고 아렌트는 지적하고 있다.

그녀에 따르면 종지부를 찍을 수 있는 것은 용서, 혹은 "정의감(sense of justice)에 기반하여 우리가 요구하는"(Arendt [1964]2003: 26/45) 처벌이다. 그것은 구체적으로는 공공적 수준에서 정의(正義)에 따라 법에 의해 정해진 벌 – 즉, 형벌 – 의 실행일 따름이다. 즉, "법과 그것이 정한 벌은 복수의 악순환 연쇄를 끊기 위해 고안된 것이다"(ibid.[20]).

공공적 형벌 실행과 사적 복수가 어디까지 명확히 구별할 수 있는지 여부는 차치하더라도 그녀의 일련의 논의는 가해자와 피해자라는 사적인 양자(兩者) 관계에 그치지 않는 문제 영역이 존재함을 사과라는 주제에 관해서도 시사하고 있다. 왜냐하면 용서와 벌이라는 개념이 공공적 수준에서(도) 검토해야 할 것이라고 한다면 이런 개념들과 관련되는 사과 개념에도 마찬가지로 공공성과 정의 같은 포인트가 존재할 것이 예상되기 때문이다. 다음 절에서는 이 점을 파고들기로 하자.

표 7. 제2절에 대한 정리: 피해자의 정신적 손해에 대해 사과가 수행할 수 있는 기능

정신적 손해의 내용	사과의 효과
다시 똑같은 일을 겪지 않을까라는 불안, 공포, 사회에 대한 불신	진지한 사과에 의해 다시 (이 인물로부터 혹은 다른 인물로부터) 위해를 당할지도 모른다는 피해자의 걱정은 후퇴할 수 있다. 또 사회에 대한 불신도 경감될 수 있다. (특히, 원한이나 왜곡된 연애감정 등에 의한 스토킹, 괴롭힘, 상해 같은 사건에서는 중요성이 높다)
가해자에 대한 분노와 분개 등 반응적 태도	진지한 사과는 가해라는 형태로 피해자에게 향했던 부정적 태도(악의, 경시, 무관심 등)를 고치는 걸 의미한다. 그것에 의해 피해자의 부정적인 반응적 태도가 완화될 수 있으며, 긍정적인 반응적 태도(용서 등)가 도출되는 경우도 있을 수 있다.

존엄과 자존심의 훼손	진지한 사과는 우선 책망받아야 할 사람은 가해자라는 인식을 명확히 한다. 그리고 가해라는 형태로 피해자를 깔보고 경시하고 무시한 것은 잘못이었다고 인정하고, 상대에게 깊은 관심을 보이고, 상대를 중시하고 경의를 가지고 대하는 것을 의미한다. 이상과 같은 점에 의해 피해자의 존엄과 자존심 회복에 도움 되는 경우가 있을 수 있다.
수동적 혼란 상태, 무력감	진지한 사과는 '왜 자신이 이런 일을 당하지 않으면 안 되었는가'라는 피해자의 절실한 물음에 응답하고 사건의 진상을 공개하는 것을 포함한다. 피해자는 진상을 앎으로써 영문도 모른 채 가해자에게 휘둘리고 심한 피해를 당했던 수동적 혼란 상태와 무력감에서 벗어나 상황에 대한 일정 정도의 이해와 통제력을 회복할 수 있다.
어떤 사건이나 사고에 마음이 사로잡혀 개운하지 않은 상태	피해자가 가해자의 사과를 받아들이고 상대를 용서하는 것은 마음의 일단락을 짓고 새로운 인생을 걸어 나가기 위한 중요한 계기가 될 수 있다.
부정이 행해지고 고쳐지지 않는 것에 대한 분노, 가해자에게 복수하고 싶다는 억울한 심경	사과 실행에 의해 가해자가 물리적 손해를 입고 프라이드가 상처받고 치욕을 느끼는 것은 부정을 저지른 자가 벌을 받는 인과응보가 실현되거나 가해자에 대한 복수가 실현되는 것을 의미할 수 있다. 그 경우 피해자의 분노가 가라앉거나 복수심이 만족되는 경우가 있을 수 있다. (단, 마음이 풀리지 않고 오히려 허무함이 남는 경우도 있다)

제3절

사회 복원, 가해자 복원
– '강도 사례'를 둘러싸고 ②

+ 불특정 다수에 대한 사과 – 정의 복원에 대한 기여

앞 절에서는 피해자의 정신적 손해 복원이라는 관점에서 사과가 수행할 수 있는 여러 종류의 기능을 추적했다. 본 절에서는 이 이외의 관점에서도 사과를 새롭게 파악해 보자.

앞 절의 종반에서 사과는 어떤 사건이나 사고에 결말(=전후의 일단락)을 짓는 제재나 처벌로서 기능할 수 있다는 점을 살펴봤다. 그리고 거기에는 피해자가 가해자에게 개인적으로 가진 원한이 풀린다, 앙갚음이 이루어진다는 복수의 측면이 인정되는 한편, 부정(不正)이 시정된다는 측면도 인정됨을 동시에 확인하였다.

부정이 시정된다는 것에는 피해자 당사자의 분노가 가라앉는다는 사적 수준의 효과도 찾을 수 있지만 본 절에서 초점을 맞추고 싶은 것은 그것이 글자 그대로 사회 기능과 질서 유지 내지 복원으로 이어진다는 공공적 수준의 효과이다.

앞선 강도 사례(78쪽) 속 형사 재판 장면을 여기서 좀 더 파고들어 보자. 재판 중에 가해자 C 씨는 강도치상 공소 사실을 인정하고 "죄송합니다"라고 말했다. 이때 C 씨는 도대체 누구에게 말한 것일까?

한쪽 후보는 말할 것도 없이 피해자와 피해자 가족 등 관계자이다. 실제 C 씨는 재판에서 "피해자와 가족 여러분께 깊이 사과드립니다" 등이라고 부언하고 방청석을 향해 고개를 숙일지 모른다.

그리고 또 한쪽 후보는 불특정 다수의 시민, 국민, 혹은 세상 사람들이나 사회 같은 추상적 전체이다. 특히 사회에 일정한 영향을 준 사건의 형사 재판에서 가해자인 피고인은 형식적으로는 눈앞의 재판관과 배심원 등에게 때로 눈을 맞추면서 "죄송합니다"라고 고개를 숙이는 경우가 있다. 물론 그때 피고인은 적어도 재판관과 배심원 개인에게 사과하려는 건 아니다. 그런 태도가 향하고 있는 건 그들 배후에 있다고 생각되는 세상 사람들과 사회일 것이다. 피고인은 예를 들어 특정 개인에게 손해를 끼쳤다는 것보다 세상 사람들에게 동요와 불안 등을 준 것에 대해 사과하려 하고 있을지 모른다. 혹은 정의를 비롯한 사회의 도덕 – 및 그것과 합치하는 법 – 이라는 질서를 파괴한 것에 대해 피고인의 사의(謝意)가 향해 있다고 할 수 있을지 모른다.

예를 들어 재판에서 C 씨가 "피해자와 가족분들 그리고 세상 여러분께 깊이 사과드립니다"라고 말한 경우에 그 말은 그야말로 피해자(및 그 관계자)와 세상 사람들 쌍방을 향하게 된다. 또 C 씨가 뉘우치고 보상하고자 하는 것도 그 강도상해라는 행위와 그것이 야기한 D 씨 개인의 손해뿐 아니라 자신의 범죄가 손상시킨 사회의 안녕 등도 포함되게 된다.

그렇다면 사과는 그런 공공적 수준의 복원에 어떻게 기여할 수 있을까?

+ 형벌의 자리매김과 사과 ① – 응보형론

강도 사례에서 C 씨가 공소 사실을 인정하고 "죄송합니다"라든가 "깊이 사과드립니다" 등이라고 발언하는 것은 상응하는 형벌을 감수할 의지를 함의하고 있다. 형벌이란 일본 같은 법치국가의 경우에는 범죄를 저지른 자에게 국가권력이 부과하는 법정 제재를 말하는데, 그 자리매김에 관해서는 크게 나누어 **응보형론(應報刑論)**과 **목적형론(目的刑論)**이라는 2종류의 서로 다른 입장이 있다.

한쪽 극(極)은 응보형론이다. 이 입장에 따르면 형벌의 본질이란 정의의 이념에 따른 응보 그 자체이다. 즉, 어떤 손해를 야기한 가해자에게 그것을 비난하는 의미를 담은 상응하는 처벌을 하는 것 – 그리고 그 이상의 과잉 처벌을 하지 않는 것 – 을 통해 인과응보 질서를 지키고 동시에 보복 연쇄(99-100쪽 참조)를 막는 것이야말로 형벌의 본래 역할이라는 것이다. (예를 들어 기원전 18세기에 고대 바빌론 왕조에서 제정된 함무라비 법전, 특히 "눈에는 눈, 이에는 이"라는 표현으로 알려진 조항은 이 입장의 대표적 예이다.)

이 응보형론의 이점은 무엇보다도 그 알기 쉬움과 자연스러움에 있다. 동해보복(同害報復, talio)의 도식, 즉 악행(惡行 = 범죄라는 작용)에 대해 악과(惡果 = 형벌이라는 반작용)를 되돌려줌으로써 범죄에 의해 생긴 불균형을 시정하고 정의를 복원한다는 도식은 지극히 단순하고 명쾌하다. 또 우리 인간 대부분은 설사 자기 자신이 피해당한 게 아니더라도 타자가 부정(不正)에 의해 괴로움을 겪고 있는 것을 보면 자연히 분노를 느끼기 마련이다. 스트로슨도 강조하듯이 반응적 태도에는 자신이 당사자인 경우에 상대에게 보이는 사적 태도뿐 아니라 "타자의 입장을 고려한 반응적 태도"(Strawson [1962]2008: 16/58)라는 것도 존재한다. 반복하자면 "우리는 타자를 생각해 도덕적 관점에서 분노를 느끼는"(ibid.) 경우도 종종 있는 것이다. 그리고 형벌이란 그런 종류의 분노를 가라앉히는 것이 될 수 있다. 더구나 개인이 아니라 국가권력이 보복함으로써 사적 복수에서 생길 수 있는 보복 연쇄를 억제하는 것도 기대할 수 있다.

하지만 다른 한편 응보형론에는 잘 알려진 난점도 여러 가지 존재한다. 우선 바로 알 수 있는 것은 악행(惡行)과 악과(惡果)의 균형을 맞추기가 명백히 곤란한 범죄를 무수히 볼 수 있다는 것이다. 예를 들어 여러 사람의 생명을 뺏은 자를 설사 사형에 처했다고 해도 범죄라는 작용에 의한 불균형 상태는 해소되지 않았다고 많은 사람이 간주할 것이다. 또 애초에 강도든 상해 등이든 가해자에게 형벌을 가한다고 해도, 발생한 일을 상쇄하기는 불가능하기 때문에 범죄와 형벌은 어디까지나 불균형하다는 생각도 있을 수 있다.

그리고 예를 들어 형법학자인 야마구치 아츠시(山口厚)는 응보형론이 갖는 난점으로 다음 2가지를 들고 있다. 우선 정의를 실현(복원)한다는,

"국민의 행복과 공동생활의 안전 같은 현실적 목적·이익에서 동떨어진 관념적 이념"(야마구치 2008: 47)을 위해 국가가 국민의 생명을 빼앗거나 자유를 제한하는 것이 과연 정당화될 수 있는가라는 문제가 있다. 그리고 정의 실현을 위해 범죄라는 작용을 형벌이라는 반작용으로 상쇄시킬 필요가 있다면 아무리 가벼운 범죄라도, 또 범인에게 어떤 사정이 있더라도 범죄가 행해진 이상은 예외 없이 그 범죄에 상응한 형벌을 부과해야 한다(같은 책 54-55).

+ 형벌의 자리매김과 사과 ② - 목적형론

형벌의 자리매김에 관하여 위에 언급한 응보형론과는 다른 관점을 제시하고 있는 것이 목적형론이다. 목적형론은 **일반 예방론**과 **특별 예방론**으로 크게 나뉘는데 각각의 개요는 다음과 같다.

일반 예방론은 사회 일반 사람들의 범죄 예방 목적을 위해 국가권력이 형벌을 부과한다는 견해를 취하는 입장이다. 국가는 "국민에게, 범죄를 저지르면 형벌이 부과됨을 예고함으로써 범죄가 저질러지는 것을 예방하고자 한다"(야마구치 2008: 50). 또 "실제로 죄를 저지른 자에게 형벌이 부과되고 현실에서 집행됨으로써 형벌 예고가 국민에게 진지하게 받아들여지기"(같은 책)를 기대한다. 이런 일반 예방의 관점은 범죄 피해자도 종종 드러내는 것이다. 즉, 범죄자가 제대로 재판받음으로써 자신과 같은 일을 겪는 사람이 더 이상 나오지 않기를 바라는 생각이다. (또 예방이라는 관점에서 말하자면 그 범죄자에 대한 형벌 집행에만 그치지 않고 사회 변혁 - 동종 범죄 엄벌화 등을 비롯한 법 개정 등 - 으로 이어진 경우에도 피해자와 그 가족 등의 관계자는 '그의 죽음은 헛된 것이 아니었다'는 식으로 자신들이 입은 피해에 어떤 종류의 의의를 인정할 수 있어 그런 점에서 구원받는 부분도 있을 것이다.)

한편 특별 예방론은 범죄를 저지른 자의 재범을 예방하기 위해 국가권력이 형벌을 부과한다는 입장이다. 그렇기 때문에 특별 예방론에서 형벌은 범죄자 교정 내지 교육이라는 의미를 갖게 된다.

이런 목적형론의 관점에서 범죄자에 의한 사과는 특히 특별 예방의 필요성 유무와 정도 등을 결정할 때 고려해야 할 사정의 하나로 파악하는 게 통례이다. 실제, 배심원 재판의 형량 평의 방식에 관한 연구보고에서는 다음과 같이 기술되어 있다.

'범죄 후의 태도' 중 피고인의 반성에 대해 살펴보면 이것은 순수하게 범죄 행위 후의 사정이며, 교정 지도를 순순히 받아들일 가능성 정도를 추측하는 사정으로서, 특별 예방의 한 가지 사정으로서 자리매김하게 될 것이다(사법연수소[편] 2021: 66).

실제 재판에서는 반성 유무·정도뿐 아니라 피해 변상 및 합의 노력의 진지함, 피해자들에 대한 사과의 유무, 그 내용, 시기, 자수, 경찰 출두 상황, 진실 해명에 대한 적극적 협력 등 객관적이고 구체적인 사정을 종합적으로 고려하여 피고인의 특별 예방 필요성의 유무·정도 등에 관하여 설득적으로 주장·입증하는 것이 요구된다.(같은 책 67 ※강조는 인용자)

+ 형벌의 자리매김과 사과 ③ - 상대적 응보형론

단, 특별 예방과 일반 예방이라는 관점 만으로 형벌을 정당화하는 입장에서는 설사 경미한 범죄밖에 저지르지 않은 자라고 해도 범죄 예방에 필요하다면 얼마든지 무거운 형벌을 부과하는 것이 이론상 가능하게 된다. 이렇게 되면 개인의 자유와 그 외의 인권이 현저히 제한될 수 있다. 또 거꾸로 형벌을 부과해도 범죄 예방 효과가 없는 경우(재범 가능성이 없다, 본보기 효과를 전혀 기대할 수 없다 등)에는 형벌을 부과할 정당성을 상실하게 될 수도 있다. 종합하면 "예방론 자체에는 개인의 자유 보장이라는 관점에서 국가의 형벌권에 한계를 부여하는 내재적 한정 기준이 없다"(야마구치 2008: 50)는 것이다.

그렇기 때문에 "현재는 과거의 범죄를 근거로 하는 응보적 처벌을 통해 장래의 범죄 예방을 도모하고자 하는 견해가 일반적이다"(이다(井田) 2018: 9). 즉, 국가의 형벌권에 한계를 부여하는 내재적 기준을 가진 응보형론을 기준으로 하면서 형벌 예방 목적도 고려하는, 말하자면 절충적 입장이다. 이것은 일반적으로 **상대적 응보형론**이라고 불리며 범죄 예방이라는 목적을 고려하지 않는 **절대적 응보형론**과는 구별된다.

이런 상대적 응보형론의 입장을 취하면 범죄자에 의한 사과는 특별 예방에 관련될 뿐 아니라, 그 이전에 자신의 범죄 행위에 대한 비난을 받아들이고 응보적 처벌에 복종할 의지를 보이는 것으로 파악된다. 따라서 사과는 사법 프로세스에 필수적이고 본질적인 요소가 아니게 된다. 왜냐하면 앞서 확인한 바와 같이 사과는 범죄 예방에 대해서는 어디까지나 고려되어야 할 한 가지 사정에 지나지 않으며 또 사과 유무와 그 내용이 형벌의 정도와 종류에 영향을 주는 경우는 있을 수 있지만 형벌 부과 여부 자체를 결정하는 경우는 없기 때문이다.

표 8. 응보형론과 목적형론 정리

	종류	내용
응보형론	절대적 응보형론	형벌이란 범죄 행위를 비난하는 응보적 처벌이라는 입장.
	상대적 응보형론	형벌이란 일차적으로는 범죄 행위를 비난하는 응보적 처벌이지만, 그것을 통해 범죄 예방 목적도 갖는다는 입장.
목적형론	일반 예방론	형벌이란 사회 일반 사람들의 범죄를 예방하는 목적을 위한 수단이라는 입장.
	특별 예방론	형벌이란 범죄를 저지른 자의 재범을 예방하는 목적을 위한 수단이라는 입장.

+ 회복적 사법 ① – 피해자의 회복과 치유를 사법의 중심으로

여기까지 형벌을 어떻게 자리매김할지에 따라 사과라는 행위를 파악하는 방식이 어떻게 바뀌는지 확인하였다.

하지만 형사사법의 존재 방식을 둘러싸고는 대략 1980년대 이후 형벌 부과에 주축을 두는 종래의 사고방식과는 다른 **회복적 사법**(restorative justice)이라는 사고방식도 유럽과 미국을 기점으로 큰 조류가 되고 있다. 이 '회복적 사법'에 기반하면 사과를 파악하는 방법도 또 크게 바뀌는데, 그 점을 확인하기 위해 우선은 이 이론이 어떤 것인지 개관하도록 하자.

회복적 사법의 선구자로 알려진 범죄학자 하워드 제어에 따르면 이제까지 유럽과 미국 사회에서 범죄라는 것은 국가가 정한 법 등 여러 규칙에 대한 위반 – 그렇기 때문에 국가에 대한 침해 – 으로서 파악되어 왔다. 이 관점에 따른다면 사법의 역할은 국가와 가해자를 범죄의 주요 당사자로 파악하고 법 위반에 대한 응보적 형벌을 부과하는 것이 된다(Zehr [1990]2014: 183-188/184-188).

제어는 이러한 종래의 범죄관·사법관과 그것에 근거한 제도를 '응보적 사법(retributive justice)'이라 부르고, 이에 대해 "피해자와 가해자의 니즈의 많은 부분을 만족시키지 않는다"(ibid.: 182/181)고 비판하고 있다. 단, 그에 따르면 "응보적 사법 이론도 회복적 사법 이론도 악행에 의해 균형이 무너졌다는 기본적인 도덕적 직관을 인정하고 있다"(ibid.:238/4)는 점에서는 공통되어 있다[21]. 그렇다면 전자의 응보적 사법은 왜 피해자와 가해자의 니즈의 많은 부분을 만족시키지 못하는 것일까?

제어가 우선 강조하는 것은 사법 절차에서 피해자가 당사자에서 제외되고 방치되어 있다는 것이다. 그의 생각으로는 "사법의 첫째 목표는 피해자를 위한 회복과 치유여야 한다"(ibid.: 188/189). 이것이 그가 주창하는 회복적 사법의 기본적 사고방식이며 종래의 응보적 사법에 우선 결여되어 있다고 간주되는 시점이다.

피해자를 위한 회복과 치유에는 물리적 측면뿐 아니라 앞 절에서 상세히 추적한 여러 종류의 정신적 측면이 포함된다. 제어도 "피해자는 직접적 피해가 재산에만 국한된 경우라도 자기 자신이 직접 침해당했다고 느낀다"(ibid.: 184/184)고 강조하고 있다. 가해자에 대한 불안과 공포, 분노와 분개. 자신의 존엄과 자존심이 상처 입고 수동적 혼란 상태 속에서 무력감에 괴로워하는 것. 그 사건과 사고에 자신의 마음이 사로잡혀 벗어나지 못하는 상태. 분노와 억울함. – 이런 것들을 포함한 여러 종류의 괴로움에서 피해자를 구해내고 치유하는 것이야말로 사법의 최우선 목표라고 제어는 말하는 것이다.

+ 회복적 사법 ② – 관계 복원, 가해자 복원, 사회 복원

그리고 그에 따르면 사법의 둘째 목표는 피해자와 가해자의 관계를 치유하는 것이다(ibid.: 189/189). '관계'라고 해도, 그것은 본 장의 제1절에서 다룬 기존의 지속적 인간관계에만 한정되지 않는다. 제어도 지적하고 있듯이 "이전에는 아무 관계가 없었어도 범죄에 의해 관계가 생기는데, 그 관계는 보통은 적대적인 것이 된다"(ibid.: 184/184). 예를 들어, 가해자가 진지하게 사과하고 피해자가 그것을 받아들이고 가해자를 용서할 수 있다면 – 즉, 개심(改心)과 용서에 의해 화해가 성립한다면 – 피해자가 안고 있는 물심양면의 손해 중 많은 중요한 부분이 복원될 것이다. 이것은 이미 제2절에서 확인한 바이다. 그 점에서 피해자와 가해자의 적대적 관계를 치유하는 것은 피해자를 위한 회복과 치유라는 첫째 목표에 도달하기 위한 매우 유력한 수단이라고 할 수 있다.

단, 제어는 피해자와 가해자의 적대적 관계를 치유하는 것은 피해자 복원뿐 아니라 가해자 복원, 나아가서는 양자가 속하는 사회 기능과 질서 복원에 도움이 된다고도 강조하고 있다. 그리고 이 경우의 '사회'라는 것은 기본적으로 무한정한 사회 일반의 복원이라기보다 피해자와 가해자가 각각 속한 - 혹은 사건 이전에 속해 있던 - 구체적 지역사회 내지 커뮤니티이다.

제어가 지적하는 것은 범죄 가해자는 어린 시절에 학대를 경험하는 등 깊은 상처를 가지고 있는 케이스가 많다는 것, 또 그들 중 다수는 열악한 환경에서 자랐기 때문에 의의 있는 직업이나 살아갈 능력을 얻기 위한 교육·훈련을 충분히 받지 못했다는 것이다. 그 점에서 "가해자는 부분적으로는 자신에게 가해진 해(害) 때문에 다른 사람에게 해(害)를 가한다고도 할 수 있다"(ibid.: 184/185)고 제어는 강조하고 있다.

이런 손해를 복원하는 것은 징역이라는 형벌에 포함되는 기능 및 지식 습득 프로그램(직업훈련, 자격 취득 등)에 의해서도 가능하지만 그것만으로는 결정적 요소가 결여되어 있다는 게 제어의 입장이다. 형벌을 받음으로써 가해자는 비난받고 규탄당하고 범죄자라는 영원히 지울 수 없는 낙인이 찍힌다. 그것에 의해 가해자는 종종 자신에 대한 존경을 잃고 자신을 사회(커뮤니티, 지역사회)에서 거부되는 무용한 인간 혹은 불량

한 인간이라고 간주하고, 또 실제로 사회로부터 배제된다. 그렇게 해서 형벌을 받은 가해자는 종종 자신과 똑같이 사회에서 탈락한 자들과 어울려 한층 더 범죄의 온상이 되는 그 관계성에서 벗어날 수 없게 된다. 이처럼 범죄가 재생산되고 확대되어 가는 시스템이 형벌에 의해 오히려 조장되고 있는 면이 있다면 그것은 범죄라는 작용에 의한 불균형을 시정한다는 (응보적 사법과 회복적 사법에 공통되는) 관점에서도, 또 범죄 예방이라는 관점에서도 실제로는 환영해야 할 사태가 아니게 된다.

중요한 것은 도덕적 가치를 전혀 개의치 않는 병적인 범죄자라면 어떨지 몰라도 범죄에 손을 댄 자의 대부분은 다소간 양심의 가책과 죄책감, 수치 같은 감정을 갖고 있다는 것이다. 앞서 언급한 스트로슨은 이것은 그야말로 ·자·기· ·자·신·에· ·대·한· 반응적 태도라고 지적하고 있다.

> 자기 자신에 대한 반응적 태도라는 것이 있다. 그것은 타자를 위해서 자기 자신에게 부과하는 요구와 결부되어 있다.… 일반적으로 말해 우리는 자신을 존중하도록 타자에게 요구할 뿐 아니라, 다양한 제약은 있어도 그것과 같은 종류의 존중을 어느 정도 타자를 위해서 자기 자신에게 요구한다.… (Strawson [1962]2008: 16-17/59-60).

스트로슨에 따르면 사람은 타자의 존엄을 짓밟는 태도를 자신이 보였을 때 자기 자신에게 부정적인 반응적 태도 – 양심의 가책, 죄책감, 부끄러워하는 태도 등 - 을 보인다. 이런 감정들은 그대로 두면 자신의 정신을 좀먹고 자신을 존중하는 마음 자체에 상처를 주기도 한다.

가해자의 개심과 피해자의 용서에 의해 화해가 성립하는 것의 의의는 이 점에서도 두드러진다. 화해를 통해 가해자의 존엄이 유지 내지 복원되는 것은 가해자가 자기 자신을 사회에서 탈락한 자로 간주하지 않고 도덕적 행위자로서 사회에 복귀할 의지를 갖도록 돕는다. 또 피해자와 그 관계자 혹은 세상 사람들이 가해자를 다시 사회에 받아들이고 포섭하도록 돕는다.

표 9. 제어에 의한 '응보적 사법'과 '회복적 사법'의 대비

응보적 사법(retributive justice)	회복적 사법(restorative justice)
• 범죄란 국가가 정한 규칙에 대한 위반이며 그렇기 때문에 국가에 대한 침해이다. • 사법의 역할은 국가와 가해자를 범죄의 주요 당사자로 파악하여 법 위반에 대한 응보적 형벌을 가해자에게 부과하는 것이다. (그렇기 때문에 제어에 따르면 응보적 사법은 피해자와 가해자의 니즈 대부분을 만족시키지 않는다)	• 범죄란 사람들 및 그 관계에 대한 침해이다. • 사법의 역할은 피해자와 가해자를 범죄의 주요 당사자로 파악하여 양자의 관계, 피해자, 가해자, 사회(커뮤니티, 지역사회)를 각각 치유하는 것이다. 이상적으로는 가해자의 개심과 피해자의 용서에 의한 화해가 성립하고 피해자의 니즈가 만족됨과 함께 가해자가 사회에 포섭되는 게 바람직하다.

앞서도 언급하였듯이 응보라는 행위도 회복이라는 행위도 범죄에 의해 생긴 불균형을 시정하여 사회의 기능 및 질서 복원을 시도한다는 점에서는 공통되어 있다. 하지만 국가에 의한 응보적 처벌만으로는 피해자가 방치될 뿐 아니라 가해자의 존엄을 밟아 뭉개고 사회에서 배제하

는 결과가 되기 쉽다. 또 그것에 의해 범죄의 온상이 사회 속에서 더욱 자라나 사회의 기능과 질서 자체가 훼손될 수도 있다. 제어는 이렇게 강조하고 있다.

> … 응보는 피해자가 떠밀려 내려간 수준까지 가해자의 수준을 떨어뜨림으로써 균형을 되찾는 시도이다.… 한편 회복은 피해자를 원래의 수준까지 끌어올리려는 것으로, 피해자의 도덕적 가치를 인정하고 가해자가 수행해야 할 역할과 개심의 가능성을 인정하고 있다. 그것에 의해 가해자의 도덕적 가치도 똑같이 인정하게 된다(Zehr [1990]2015: 195/195-196).

+ 회복적 사법 ③ - 개심과 용서에 의한 화해라는 이상, 거기에 이르기의 어려움

가해자 및 사회의 복원은 특별 예방과 일반 예방이라는 관점에서도 당연히 중요하다. 단, 회복적 사법의 사고방식에서 그런 예방 효과는 어디까지나 이차적인 것이다. 범죄란 사람들 및 그 관계에 해(害)를 끼친 것이며, 사법의 역할은 이런 것을 구체적으로 복원하는 실천 그 자체에 있다는 게 회복적 사법의 핵심인 것이다.

국가에 의한 형벌과 사적 보복 같은 것에서는 종종 원한, 증오, 사회로부터 특정 사람들의 배제, 사회 불안 같은 것이 남아 앙금이 계속된다.

그렇다면 가해자의 개심과 피해자의 용서에 의한 화해 성립은 〈사람들 및 그 관계의 복원〉이라는 목표가 이상적 형태로 실현되는 것이며, 그 성과야말로 회복적 사법(justice)에서의 정의(justice)라고 할 수 있다. 그렇다면 사법은 그 이상(理想)을 지향하는 프로세스를 설계하지 않으면 안 된다. 그렇게 제어(Zehr)는 생각하는 것이다.

구체적으로 그는 피해자와 가해자를 비롯한 당사자가 직접 만나 **화해**(reconciliation)를 지향하는 **미디에이션**(mediation: 조정, 중재) 프로세스를 중시하고 있다[22]. 물론 그 자리는 안전이 확보되어야 하며 '훈련받은 미디에이터(mediator: 중개자, 매개자)'(ibid.: 205/206)의 동석도 필수적이라고 그는 강조하고 있다. 하지만 거기서 미디에이터의 역할은 자신의 생각대로 대화를 유도하는 게 아니라 어디까지나 피해자와 가해자의 자발적 커뮤니케이션을 가능하게 하고 지원하는 것이라고 한다(ibid.: 205-206/206-207). 당사자 간 교섭 속에서 가해자가 자신의 행위를 스스로 인정하고 책임을 받아들이고 피해자의 의문에 답할 것. 또 가해자가 이제까지 걸어온 인생을 설명하는 기회가 있을 것. 그리고 균형을 회복하기 위해 가해자가 무엇을 할 것인가 혹은 무엇을 하지 않을 것인가 등에 대해 양자가 합의하고 그것이 이행될지 여부를 추적·감시하는 수단을 명확히 할 것. – 제어에 따르면 이런 사항이 실현됨으로써 미디에이션 프로세스가 완전한 것이 된다고 한다(ibid.: 206/207).

이런 종류의 프로세스와 사적인 일대일 사과 프로세스는 무엇이 다른가 하면, 지금 막 확인하였듯이 전자에서는 항상 훈련받은 미디에이터를 비롯한 제3자가 개재함으로써 프로세스의 착실한 진행과 안전성 확보가 도모되는 점을 들 수 있다. 또 제어는 미국 인디아나주(州) 커뮤니티 사법 센터가 실시한 회복적 사법 시도를 소개하고 있다. 거기서 가해자는 자신의 행위가 (1)피해자에게뿐만 아니라 (2)자신과 관계되는 커뮤니티 및 (3)자기 자신에게도 해악을 주었다는 사실을 이해하게 된다(ibid.: 202/203). 자신의 행위의 영향과 보상해야 할 대상을 커뮤니티와 자기 자신도 포함한 넓은 시야로 파악하는 것을 진전시키고 가장 완전한 형태로 사회의 균형 회복을 실현하는 것이 기도되고 있다는 것이다.

하지만 이런 미디에이션 프로세스 실행에는 한계가 있다는 것도 제어는 동시에 깨끗이 인정하고 있다. "모든 사례에서 화해를 기대하는 것은 현실적이지 않다. 많은 경우 화해는 달성될 수 없을 것이다"(ibid.: 189/189).

그 이유에 대해 제어가 들고 있는 것은 이 프로세스는 당사자가 자발적으로 참가하여 진행하지 않으면 안 된다는 제약의 존재이다. 바꿔 말하면 "참가자가 화해를 강제당하고 있다고 느껴서는 안 된다"(ibid.: 189/190)는 것이다. 또 "용서란 신(神)이 하는 것이므로 용서할 마음을 갖지 못하는 사람들이 그 때문에 죄책감이라는 더 무거운 중압감에 괴로워하는 일이 있어서는 안 된다"(ibid.: 52/53)고도 제어는 강조하고 있다. 예를 들어 피해자가 불안과 공포, 혐오감 등 때문에 가해자와 만나는 것 자체를 원치 않는 경우나 가해자가 애초에 공소 사실을 부인하고 검찰과 피해자를 적대시하고 있는 경우에 이 미디에이션 프로세스는 시작조차 불가능하다. 직접 대면하는 대신에 사과문을 건네는 등 간접적 커뮤니케이션을 시도하는 것도 가능하지만 앞서도 언급하였듯이(94쪽) 그것에도 한계가 있다.

문제는 그밖에도 지적할 수 있다. 지금의 포인트와도 관련되는데 살인 등 너무 흉악한 범죄나 손해가 너무 큰 범죄의 경우에는 화해의 실마리를 찾기가 상당히 어려울 것이다. 이 경우 특히 피해자는 도저히 가해자를 용서할 마음을 갖지 못하거나 가해자와는 절대로 만나고 싶지 않다고 생각한다고 해도 전혀 이상하지 않다. 또 손해 정도가 그다지 크지 않더라도 가해자의 개심을 기대할 수 없는 경우 등에도 역시 피해자는 가해자와 같은 테이블에 앉기를 원치 않을 것이다.

따라서 회복적 사법이 지향하는 미디에이션 프로세스가 적용될 수 있는 케이스는 현실적으로 상당히 한정되게 된다. 법철학자 타키카와 히로히데(滝川裕英)는 "회복적 사법이 이용될 수 있는 것은 보통 가해자가 소년인 경우이다"(타키카와 2003: 193)라고 지적하고 있는데, 실제 일본 국내외에서 지금 실천되고 있는 회복적 사법의 대부분은 소년범죄를 대상으로 한 것이다. 거꾸로 말하면 소년범죄를 비롯한 한정된 케이스를 제외하면 제어가 비판하는 응보적 사법이 종래대로 필요하다는 것이기도 하다.

+ 의도적 행위와 관련된 개심의 어려움

여기까지 잠시 회복적 사법이란 무엇인가를 개관하였다. 이 실천에서 사과는 응보적 사법과는 달리 그야말로 본질적 역할을 수행하는 것이다. 왜냐하면 가해자와 피해자 사이에 화해가 성립하기 위해서는 그 전제조건으로서 가해자에 의해 진지한 사과가 수행되는 것 – 혹은 적어도 진지한 사과가 수행되었다고 상대에게 받아들여지는 것 – 이 필수적이기 때문이다.

하지만 특히 강도 사례 같은 의도적 범죄의 경우 사과의 진지함은 그렇게 간단히 인정될 수 있는 게 아니다. 타인의 재산을 억지로 빼앗고 신체를 상하게 하는 무자비한 행위를 자신의 의지로 계획적으로 수행한 인간이 그로부터 1년밖에 지나지 않은 재판 현장에서 '자신이 한 일은 잘못이었다', '나쁜 짓을 했다', '두 번 다시 하지 않겠다'고 마음으로부터 생각하는 게 가능할 것인가? 그 사과의 말에 정말로 거짓은 없는 것일까?

예를 들어 과실에 의한 교통사고로 상대에게 부상을 입힌 경우에는 그 후에 자신이 개심했다고 주장하는 데 그다지 곤란은 동반되지 않는다. 왜냐하면 지하철 사례나 꽃병 사례의 경우와 마찬가지로 그때는 우연히 주의를 결여했을 뿐 이전부터 자신은 고의로 다른 사람을 상하게 하는 사람이 아니라는 것 – 즉, 사고 전후에 자신이라는 인간 자체는 변하지 않았다는 것 – 을 사과 속에서 무리 없이 호소할 수 있기 때문이다. 그 경우 앞으로는 더욱 주의깊게 운전하겠다고 상대에게 약속할 수 있을지도 모르며 운전면허를 반납함으로써 두 번 다시 운전하지 않겠다는 의지를 상대에게 보여줄 수도 있을지 모른다. 어찌되었든 그 정도의 개심(改心)이라면 사과를 통해 상대에게 인정받는 건 충분히 기대할 수 있다.

하지만 명백하게 고의로 사람을 상하게 한 케이스같이 의도적으로 나쁜 짓을 한 후에 그런 호소를 하기는 애초에 어렵다. 그 나쁜 짓 자체가 자신이 어떤 인간인지를 증명하고 있기 때문이다.

실제로 강도나 상해 등을 계획적으로 실행할 수 있는 인간이 마음을 바꿔 먹기 위해서는 적어도 상당한 시간이 걸린다고 보통은 간주될 것이다. 교육과 공부와 경험을 통해 많은 것을 배우고 지금과는 다른 규범의식과 도덕관을 습득하는 것 – 즉, 그런 의미에서 성장하는 것 – 이 필요하기 때문이다. 그렇기 때문에 가해자가 더이상 어리다고 할 수 없는 어른이거나 범죄가 너무나 흉악한 경우에는 그런 성장의 여지나 가능성은 적다고 추정하게 된다. 한편 아이의 경우에는 아직 미숙하다거나 무지하다고 간주되지만 급속히 성장해서 변해 갈 가능성이 비교적 인정되기 쉽다. 소년범죄가 회복적 사법의 주요 실천 사례가 되는 것도 많은 부분 이런 점 때문이라 할 수 있을 것이다.

반복하지만 특히 고의에 의한 사건 직후에 가해자가 자신은 이미 개심했다고 주장하는 건 무리가 있다. 그렇게 주장할 수 있기까지에는 적어도 나쁜 짓을 했다고 어렴풋이 생각하기 시작할 수 있을 정도의 시간 간격이 필요하다. 따라서 우선 사과하는 것 자체가 허용되기까지 일정 시간이 필요하다. 또 그 사과의 내용에 포함되는 것은 이제부터 본격적으로 개심할 가능성 혹은 본격적으로 자신을 바꾸겠다는 약속이 될 것이다. 자주 듣는 표현은 예를 들어 "저의 미숙함 때문에 엄청난 일을 저지르고 말았습니다. 앞으로는 상대를 배려해서 방자한 행동을 삼갈 수 있는 인간이 될 것을 맹세합니다" 같은 것이다.

혹은 범죄 당시에도 이미 나쁜 짓이라고는 생각했지만 유혹에 지고 말았다는 식의 주장도 가능하다. 이 경우에는 사과의 일환으로서 "이런 짓을 저지른 것은 전적으로 저의 나약함 때문입니다. 이제부터는 심신을 단련해 유혹에 빠지지 않는 인간이 될 것을 맹세합니다" 같은 설명이 이루어질 것이다. 그리고 이것도 자신이 저지른 사건이 확고한 의도나 설계에 기반한 것이 아님을 시사하면서 자신의 성장을 약속하는 유형의 것이다.

그리고 위의 어느 쪽 말도 이미 충분히 성숙해 있을 것이라 기대되는 어른이 설득력을 동반하여 발화하기는 좀처럼 어렵다. 여기서 사과가 갖는 어려움의 일단이 보이는 것이다.

+ 성의 없는 사과의 전형적 사례 – 어느 현(県)의원의 차별 발언을 둘러싸고

지금 확인한 문제의 근저에는 사람의 관점이나 사고방식, 가치관, 감각, 경향성 등은 그리 간단히 변화하는 게 아니라는 사실이 있다. 이 사실을 경시한 사과 혹은 얼버무린 사과는 때로 더 큰 불신과 비난을 초래한다. 강도 사례 같은 형사사건은 아니지만, 이 점을 여실히 보여준 사례를 하나 살펴보도록 하자.

2022년 가을 일본의 어느 현(県)의원이 SNS에 "동성결혼같이 역겨운 건 절대 반대!"라고 글을 올려 많은 비난을 받았다. 젠더 평등을 지향하는 시민단체의 대표가 항의하기 위해 방문하자 이 현(県)의원은 "마음으로부터 사과드린다. 앞으로 그런 발언은 어떤 자리에서도 하지 않을 것을 맹세하고 약속드린다"라고 말하고 그 후 취재진에게도 "공부가 부족해서 경솔하게 글을 올리고 말았다", "일본에서는 동성결혼이 인정되고 있지 않아 실제 사례를 본 적이 없었다. 그 시점에서는 정말 그런 느낌이 있었기 때문에 그런 글을 올렸다. 그 후 여러 가지 조사하고 얘기도 들어보고 지금은 생각을 바꿨다"고 말했다[23].

하지만 그로부터 약 4개월 후인 2023년 1월 말 이 현(県)의원이 다시 SNS에 "동성결혼이 역겹다고 말하는 게 뭐가 잘못되었습니까? 세상에는 동성결혼이 역겹다고 생각하는 사람이 대부분입니다", "동성이 키스하는 걸 저 같은 정상적인 인간이 본다면 어떻게 생각할지 알 수 있잖아요?" 등의 글을 올렸다. 또 지난 가을에 올린 자신의 글에 대해서도 "정상적인 사람이 생각하는 것을 그대로 SNS에 올렸을 뿐"이라고 했다. 이 일련의 글은 더 강한 비난을 불러와서 시민단체 관계자 등이 현(県)의회 의사당에 모여 이 현(県)의원의 사퇴 권고 결의를 요구하는 요망서를 의회에 제출하는 사태로까지 발전했다. 이때 시민단체 대표는 미디어 취재에 응하여 "한 번 사과했음에도 불구하고 반복된 차별 발언에 매우 분노를 느끼고 있다. 성적 소수자분들이 얼마나 절망을 느꼈을지"라고 코멘트했다[24].

　이 현(県)의원은 2022년 가을 성적 소수자 및 세상 사람들에게 자신의 잘못을 인정하고 사과했다. 그리고 그때 "그 후 여러 가지 조사하고 얘기도 듣고 지금은 생각을 바꿨다"고 말하고 "앞으로 이런 발언은 어떤 자리에서도 하지 않겠다"고 맹세했다. 이 약속을 겨우 몇 개월 만에 깨뜨림으로써 이 현(県)의원은 동성애에 대해 자신이 뿌리 깊은 차별의식을 가지고 있음을 보여줬을 뿐 아니라 비난을 피하기 위해 공적인 자리에서 입에 발린 거짓말을 했음을 입증하고 그런 점에서 신용을 잃게 된 것이다.

　애초 이 현(県)의원이 최초에 문제의 글을 올린 직후 "여러 가지 조사하고 얘기도 듣고 지금은 생각을 바꿨다"고 간단하게 내뱉은 단계에서 이 사과의 성실함을 의심할 이유는 충분히 있었다. 자신이 오랫동안 갖고 있던 차별적 관점과 감각을 바꾸기 위해서는 – 혹은 그런 관점이나 감각을 표출해 다른 사람을 부당하게 상처 입히지 않도록 자신의 언동을 컨트롤하기 위해서는 – 그 나름의 시간과 노력이 필요하다. 따라서 이 경우의 진지한 사과란 "여러 가지 조사하고 얘기도 들어보고 앞으로 생각을 제대로 바꿔 가겠다"고 맹세하는 것, 그리고 그 약속을 실제로 수행하기 위해 계속적 노력을 쌓아가는 것이리라.

+ 요약과 전망

　본 절에서는 앞 절에 이어 강도 사례를 주요 소재로 하면서 피해자가 받은 손해 복원 이외에 사회 유지와 복원이라는 공공적 수준에서 사과가 어떤 기능을 수행할 수 있는지 검토하였다.

　형벌 부과를 주축에 두는 형사사법 실천에서는 가해자가 공소 사실을 인정하고 수행하는 사과는 유죄의 중요한 증거가 될 뿐 아니라 형벌의 정도와 종류에 영향을 줄 가능성이 있다. 또 가해자의 재범을 방지하는 특별 예방의 관점에서도 사과 유무와 그 내용은 고려해야 할 사정 중 하나가 된다. 하지만 형벌 그 자체와 관련해 사과라는 것은 필수적이고 본질적 요소는 아니다. 사과 유무와 그 내용에 관계없이 형벌을 부과하는 것은 가능하기 때문이다.

　한편 형벌 부과를 반드시 전제하지 않고 사람들 및 그 관계의 복원을 지향하는 회복적 사법 실천에서는 이상적으로는 피해자와 가해자 사이에 화해가 성립하고 그것이 사회 유지와 복원으로 이어질 것이 기대되고 있다. 따라서 거기서는 사과라는 행위가 화해 성립을 위한 전제로서 본질적 역할을 담당한다고 할 수 있다.

　본 절에서는 이상의 포인트를 확인하면서 동시에 여기서 말하는 '화해'란 가해자의 개심과 피해자의 용서에 의해 성립하는 것이며, 그렇기 때문에 곤란이 존재한다는 사정도 추적하였다. 우선 앞 절 후반부에서 보았듯이(94-95쪽) 피해자가 상대를 용서할 수 있을지 여부는 본인에게도 예견하기 어렵기 때문에 용서하고자 생각한다고 용서할 수 있는 건 아니다. 또 본 절에서 앞서 보았듯이 특히 의도적 행위의 경우 가해자가 이미 개심했다는 것, 혹은 앞으로 개심하겠다는 것을 스스로 입증하기는 용이하지 않으며 일정 정도의 시간과 계속적 노력, 성장 같은 요소가 필요해진다. 이 포인트는 본서의 이후 논의에서도 다시 얼굴을 내밀게 될 것이다.

****

제2장에서 들었던 꽃병 사례와 강도 사례는 〈무거운 사과〉라고 사람들이 떠올리기 쉬운 유형의 케이스에 포함되는 것이다. 그 분석을 통해 드러난 것은 우선 사과가 (1)정당화할 수 없는 행위를 자신이 했다는 인식을 표명하는 행위임과 동시에 (2)그 행위에 의해 발생한 손해에 대응하는 무언가의 보상 의지를 보여주는 형태로 책임을 취할 의지를 드러내는 행위라는 것이다. 그리고 그 보상에는 피해자의 물리적 손해뿐 아니라 다양한 종류의 정신적 손해의 복원, 나아가서는 가해자 자신의 복원, 그리고 사회의 복원이라는 측면도 발견할 수 있음을 확인하였다.

다음 제3장 이후에서는 본 장의 분석에 입각하면서 특히 〈무거운 사과〉의 의미와 기능을 더욱 상세히 파헤친다. 구체적으로는 애초에 사과를 정의하는 것은 가능한가라는 문제, 그리고 사과의 성실함이라는 것에 항상 따라다니는 회의론의 문제 등을 다룬다. 그것을 위한 재료는 이제까지의 고찰 속에서 이미 대부분 나왔다. 그것이 무엇인가도 포함하여 앞으로 명확히 해 나가기로 하자.

제 3 장

사과의 여러 측면 파고들기

제 1 절
사과를 정의하는 시도와 그 한계

+ 어빙 고프먼에 의한 정의

 사과란 무엇인가? 그것을 포괄적으로 설명하고자 하는 시도는 현대 영미권에 한정해서 봐도 이미 많이 전개되고 있는데 그 효시라고도 할 수 있는 것이 사회학자 어빙 고프먼(Erving Goffman, 1922. 6. 11~1982. 11. 19)의 논의이다.

 고프먼은 사과라는 것을 사회의 규칙(도덕, 법, 매너 등)에 대한 위반을 무언가의 방식으로 수용 가능한 것으로 바꾸는 교정 작용(remedial work)의 일종이라고 특징짓고 있다(Goffman 1971: 109).

 그가 보기에 이런 종류의 교정 작용에는 사과 외에 **변명**(account)과 **요청**(request)이 포함된다(ibid.:109-114). '변명'이란 자신은 분명 사회의 규칙을 어겼지만 그것은 (적어도 완전히는) 자신의 책임이 아니라고 표명하는 행위이다. 예를 들어 "나는 분명 당신의 지갑을 훔쳤지만 그것은 다른 누군가에게 협박받아 생명의 위험이 있었기 때문이다"라는 식이다. 그리고 여기서 말하는 '요청'이란 자신이 이제부터 사회의 규칙을 어길 것에 대한 허가를 상대에게 요구하는 행위이다. 예를 들어 "나는 이제부터 어떤 타이밍에 당신의 지갑을 훔칠 건데 그건 당신의 주의력을 확인하기 위해서이다"라는 식이다.

변명과 요청이 모두 자신이 사회의 규칙을 어긴 것(혹은 이제부터 어길 것)의 정당화를 꾀하는 행위임에 비해 사과는 자신이 한 일은 정당화되지 않는다고 인정하면서 사회의 규칙을 어겼을 때의 자신을 지금의 자신과 분리하는 행위라고 고프먼은 주장하고 있다. 예를 들어 "나는 분명 당신의 지갑을 훔쳤다. 그것은 잘못된 행위이며 그때의 나는 미숙했다(혹은 그때는 나의 나약함이 드러났다). 나는 지금 그것을 매우 후회하고 죄송스럽게 생각하고 있다"라는 식이다. 고프먼은 사과를 다음과 같이 정의하고 있다.

> 사과란 개인이 자기 자신을 두 부분으로 분할하는 제스처이다. 즉, 규칙을 어기는 죄를 범한 부분과, 위반 행위로부터 자기 자신을 떼어내고 어긴 규칙의 올바름을 확인하는 부분으로 분할하는 제스처이다(ibid,:113).

이런 고프먼의 지적에는 사과에 관한 중요한 통찰이 포함되어 있다. 본서에서도 이제까지 몇 번인가 확인하였듯이 사과에는 많은 경우 문제를 일으켰을 때의 자신과 그 이후의 자신을 분리하는 - 혹은 그때의 자신만을 그 전후의 자신으로부터 분리하는 - 측면이 확실히 있다.

물론 자기 자신을 정말 분할하기는 불가능하며 또 만약 가능하다면 문제를 일으켰을 때의 자신의 행동에 대해 그야말로 자신의 일로서 반성하거나 책임지는 것은 애초에 불가능하게 된다(왜냐하면 과거의 자신은 더 이상 지금의 자신이 아니기 때문이다). 따라서 '분할'이라는 건 어디까지나 비유이며, 실제로는 동일한 자신이 개심(改心)하는 것 – 혹은 문제를 일으킨 자신을, 말하자면 예외시하는 것 – 등을 가리킨다고 해도 좋을 것이다.

예를 들어 지하철 사례나 꽃병 사례 같은 과실에 대한 사과 케이스의 경우 자신은 의도적으로 이런 짓을 한 게 아니라 아주 작은 부주의에 의한 것이며, 자신은 본래는 사회의 규칙을 어기는 인간이 아니라는 호소가 담겨 있다.

또 강도 사례 같은 의도적 악행에 대한 사과 케이스같이 "미숙함 때문에 (혹은 나약함 때문에) 나는 이런 짓을 저질렀다"는 등의 설명이 포함되는 경우에는 앞으로 성장해서 다른 자신이 되겠다는 약속이 담겨 있다고 할 수 있다. 단, 이것은 지금 현재는 자신이 변하지 않았다는 사실을 인정하고 있는 것이기 때문에 자기 자신을 분할해서 사과를 진지한 것으로 만들기 위해서는 이 약속을 지키도록 노력하지 않으면 안 된다.

혹은 그와 같이 성장을 약속하는 게 아니라 그때의 자신은 제정신이 아니었다라든가 순간적인 충동이었다는 형태로 자기 자신을 두 개로 분할할 수도 있다. 즉, 이런 종류의 설명이 사과에 포함되는 경우에는 과실 케이스와 마찬가지로 문제를 일으킨 그때의 자신만을 그 전후의 자신과 분리하고 본래의 자신은 그런 인간이 아니라고 호소하는 의미가 담겨 있

다. 하지만 철저히 준비된 의도적 행위에 대해 그렇게 설명하는 건 사과
라기보다도 궁색한 변명(핑계)으로 들릴 것이며, 그렇게 되면 적어도 사
과의 진지함을 의심받을 것이다. 왜냐하면 예를 들어, 강도라는 엄청난
행위를 어쩌다 계획했다는 설명은 도저히 납득하기 어렵기 때문이다.

+ L. F. 코트에 의한 정의

이처럼 의도적 행위에 대해서는 적용하기 곤란한 점이 있다고 해도 분명 사과에는 많은 경우 문제가 되는 행위와 관련하여 자기 자신을 두 개로 분할하는 – 혹은 분할할 의지를 보이는 – 특징이 보인다.

단, 모든 사과에 이 특징이 적용되는 건 아니다. 예를 들어 자신이 심하게 부주의한 인간이고, 또 그 결점은 도저히 못 고친다고 자각하는 사람이 부주의로 다른 사람에게 피해를 줄 때마다 뻗대지 않고 상대에게 필사적으로 사과하는 경우는 있을 것이다. 또 자신이 너무나 타인을 쉽게 믿는 인간임을 자각하는 사람이 어느 날 또 사기꾼에게 속아서 친구에게 돈을 빌리는 등의 피해를 준 후에 자신을 진심으로 혐오하면서 친구에게 사과하는 경우도 있을 것이다.

그리고 다음 같은 경우도 생각할 수 있다. 큰 리스크를 각오하고 사업을 시작한 사람이 운이 나빠 실패해 부채를 안고 채권자들에게 사과한다고 하자. 이때 이 기업가가 의도적으로 큰 리스크를 감수했기 때문에 실패의 원인과 결과에 대한 책임은 자신에게 있다고 인정하고 보상

할 의지를 보이면서도 자신이 한 일은 후회하지 않으며 앞으로도 그 방식은 바꾸지 않겠다고 선언하는 경우는 있을 것이다. 그 외에도 자기 자신의 분할이라는 특징을 포함하지 않는 종류의 사과는 여러 가지 생각할 수 있을 것이다.

또 철학자 L. F. 코트가 지적하는 바와 같이(Kort 1975: 82) 이 특징은 사과 이외의 다양한 종류의 행위에도 똑같이 적용되는 것이다. 예를 들어 자신이 얼마나 부주의한 (혹은 악랄한) 인간이었는가 하며 낙담하고 자신을 책망하는 것도, 그리고 자신의 잘못을 고백하고 앞으로는 사회의 규칙을 지키는 인간이 되겠다고 선언하는 것도 누군가에게 사과하는 일 없이 실행 가능하다.

그렇기 때문에 코트는 고프먼에 의한 정의 대신에 약간 복잡한 정의를 제시하고 있다. 즉, 어떤 일(행위, 사건 등등)에 대해 누군가가 상대에게 사과하고 있다고 말할 수 있도록 하기 위한 필요 충분 조건으로서 다음 5개 조건을 제시한 것이다(ibid.: 87).

(a) 그것에 대해 유감스럽게 생각하고 있다(regret)고 표명한다
(b) 그것에 대한 책임을 인정한다
(c) 그것이 상대에게 침해가 되었음을 인정한다
(d) 그것이 상대에게 침해가 된 것에 대해 유감스럽게 생각하고 있다고 표명한다
(e) 상대를 그런 침해를 받지 않을 권리를 가진 인간으로서 존중한다

는 제스처를 취한다

코트에 따르면 이 5개 조건 중 어떤 것이 결여되어 있어도 사과가 되지 않는다. 조금 보충해 두자. 우선 (a)와 (b)가 나뉘어 있는 것에는 영어의 regret이라는 말의 다의성이 관련되어 있다. 제1장 제3절에서 이미 확인하였듯이(48쪽) regret은 '유감스럽게 생각한다'는 것만을 의미하는 경우도 있고, 그에 더해 '후회하고 있다'는 것을 의미하는 경우도 있다. 예를 들어 올해 나라의 경기가 나쁜 것을 유감스럽게 생각하는(regret) 것은 누구나 할 수 있지만, '자신이 이렇게 해 두었으면 경기가 좋아졌을 텐데…'라고 후회하는(regret) 것 – 따라서 자신이 잘못했다고 책임을 인정하는 것 – 이 가능한 건 국가의 수장이나 중앙은행 총재 등 아주 한정된 인물뿐일 것이다. (그렇기 때문에 일본어의 '후회'라는 말을 이용해 (a)조건을 '그것에 대해 후회하고 있다고 표현한다'고 고쳐 쓰면 (b)조건은 아마 불필요할 것이다.)

하지만 그처럼 직업상 실수에 대해 자신의 책임을 인정한다고 해도 그것만으로는 사과가 되지 않는다. 예를 들어 작가를 지망하는 사람이 투고하고자 했던 소설 원고를 분실해서 심하게 후회하고 있지만 자신 이외의 누구에게도 손해를 주지 않은 경우가 있을 것이다. 또 예를 들어 베테랑 작가가 의뢰 원고를 마감 직전에 분실해서 담당 편집자 등 타인에게 분명히 피해를 주었음에도 불구하고 그것을 전혀 미안하게 생각하는 일 없이 오직 원고를 분실한 것만 유감스러워 하고 있는 염치없는 케이스도 있을 것이다.

그렇기 때문에 조건 (c)~(e)도 필요해진다. 지금의 예로 말하자면 담당 편집자 등에게 큰 피해를 주었음을 인정하고 또 그것을 유감스럽게 생각하고 있음을 전달할 뿐 아니라 상대에게 미안한 일을 했음을 전달하는 것 – 상대에게는 그런 피해를 예사롭게 당할 이유가 없고 경의 있는 취급을 받을 권리가 있음을 보이는 것 – 에 의해 비로소 사과가 사과로서 성립한다고 코트는 주장하는 것이다.

+ 카와사키 소이치(川崎惣一)에 의한 정의

이상 코트의 논의는 사과의 상세한 정의로서는 선구적이고 또 영향력이 큰 것이다. 그리고 이 정의는 〈가벼운 사과〉에는 잘 적용된다.

예를 들어 지하철 사례에서 타인의 발을 가볍게 밟은 사람이 "죄송합니다!"라는 말을 발화하고 고개를 숙이는 것은 암묵적으로 상대에게 (a)그 사건을 유감스럽게 생각하고 있음을 전달함과 동시에 (b)자신이 좀 더 주의했다면 이런 과실은 범하지 않았다고 자신의 책임을 인정하고 또 (c)그 과실이 상대의 손해가 되었음을 인정하고 나아가 (d)그것을 유감스럽게 생각하고 있음을 전달하고 그리고 (e)발을 밟힐 이유가 상대에게는 없고, 자신이 나쁜 일을 한 것이라고 하며, 상대를 존중하는 의지를 전달하는 제스처가 되고 있다. 또 종합적으로 그것은 상대의 발을 밟았을 때의 자신을 평소의 자신과 분리하는 제스처가 되고 있다고도 할 수 있을 것이다.

하지만, 코트의 정의는 〈무거운 사과〉 일반의 내용을 나타내기에는 충분하지 않다. 왜냐하면 이 정의에는 책임을 지는 계기가 결여되어 있기 때문이다. 상대에게 중대한 손해를 준 경우 가해자가 단지 "죄송합니다"라고 말하거나, 고개를 숙이는 것만으로는 충분하지 않다. 그것만으로는 사과가 되지 않는 것이다. 앞 장 제1절(70-71쪽)에서 확인했듯이 설사 글자 그대로의 벌충은 불가능하더라도 반성이나 죄책감을 입증하기 위해 무언가 보상하는 것, 혹은 그 의지를 나타내는 것이 사과의 일환으로서 포함될 필요가 있다. 또 "왜 내가 이런 일을 당하지 않으면 안 되는가"라는 피해자의 질문에 응답할 책임(responsibility, accountability)을 질 필요도 있다. 그리고 이런 책임을 다하는 것은 피해자의 물심양면적 복원과 사회의 복원, 그리고 가해자 자신의 복원에도 기여할 수 있다.

사과의 완전한 정의를 시도하는 논의로서는 그 후 Joyce(1999), Smith(2008: Chap.7), Radzik(2009), Corlett(2010) 등 다양한 것이 있는데, 철학자 카와사키 소이치(川崎惣一)는 특히 Gill(2000)과 Kirchhoff et al.(2012)의 정리에 입각하여 "사과를 구성하는 필수 요소"(카와사키 2019: 39)로 다음 5가지를 들고 있다[25].

(1) 사과의 내용이 되는 사건 인식
(2) 자기에 대한 책임 귀속

(3) 후회・자책

(4) 피해자에 대한 보상

(5) 미래에 대한 약속

이 중 (1)~(4)는 앞 장 제1절(64쪽)의 꽃병 사례에서 다룬 〈무거운 사과〉의 내용① 및 ②에 대응하는데 그 표현을 바꾼 것이라고 할 수 있다. 여기서 확인 차원에서 그것들도 다시 언급해 두자.

① 가해자가 〈피해자가 입은 중대한 손해는 자신의 행위에 의해 일어났다〉는 것이 사실임, 또 자신의 그 행위가 정당화할 수 없으며 후회와 죄책감을 가지고 있음, 그 행위의 결과에 대해 자신에게 책임이 있음을 인정하고 피해자에게 그 인식을 표명한다.
② 가해자는 위의 인식에 근거하여 피해자의 손해에 대응한 책임을 질 의지를 나타낸다.

카와사키가 제기한 여러 요소 중 마지막 (5) '미래에 대한 약속'이라는 요소에 관해서는 보충이 필요할 것이다. 이것은 똑같은 일을 반복하지 않겠다는 것 등을 맹세한다(혹은 피해자 등이 그렇게 믿기에 충분한 이유를 제공한다)는 것을 가리킨다. 예를 들어 "미안합니다, 다시는 하지 않겠습니다"라고 말하는 것이 그 전형이다. 또 그렇게 명시적 형태가 아니더라도 이런 종류의 약속이 사과 속에 암묵리에 전제되어 있는 경우도 있을 것이다.

또 (4)와 (5)는 종종 서로 근접해 있거나 보완적 관계가 되기도 한다. 예를 들어 피해자에 대한 보상에 시간이 필요한 경우 등에는 실제 보상이 아니라 앞으로 보상하겠다는 약속이 사과의 내용에 포함되는 경우가 많다. 또 가해자가 개심하고 다시 일어서는 것이 피해자의 더할 나위 없는 바람인 경우 – 예를 들어 피해자와 가해자가 부모 자식 관계인데, 아이가 비뚤어져서 부모에게 심한 폭력을 휘두른 경우 등 – 에는 가해자가 새사람이 되겠다고 맹세하는 것은 피해자에 대한 보상도 될 수 있다.

+ 정의(定義)와는 다른 방식으로 '사과'라는 개념의 윤곽 만들기

카와사키에 의한 이 정의는 책임의 계기를 (4) '피해자에 대한 보상'과 (5) '미래에 대한 약속'이라는 형태로 포함하고 있는데, 이는 앞서 언급한 코트의 정의에서 확인된 중요한 결점을 보충하고 있다. 단, 이것이 사과 일반의 내용을 나타내는 것으로서 부족함이 없는가라고 하면 그렇게 말하기는 어렵다.

우선 이것은 〈가벼운 사과〉의 정의로서는 명백히 과잉이다. 예를 들어 지하철 사례의 가해자가 "죄송합니다"라고 하거나 고개를 숙이는 것뿐 아니라 피해자에게 보상하겠다고 하거나 "다시 하지 않겠습니다"라고 약속하는 것은 오히려 부적절한 행동이 된다.

그리고 〈무거운 사과〉에 한정하더라도 (5) '미래에 대한 약속'이라는 요소는 필수적이지 않다. 예를 들어 여명(餘命)이 얼마 남지 않은 노인이 임종 시에 과거 자신이 저지른 죄를 고백하고 피해자에게 사과한다고 하자. 이때 노인의 사과 속에 똑같은 잘못을 앞으로 두 번 다시 저지르지 않겠다는 약속이 포함되는 경우는 없을 것이다.

그렇다면 (4)와 (5)의 요소는 제외하고 (1)~(3)의 요소만을 만족시키는 행위를 사과라고 정의하면 되지 않을까? 아니, 그렇지는 않다. 이런 요소만으로는 앞서 언급한 코트의 정의와 거의 같으며, 많은 사과에 적용되는 중요한 특징이 포함되지 않기 때문에 사과의 윤곽을 구성하는 리스트로서는 너무 내용이 부족하게 된다.

또 그 이전에 실은 〈무거운 사과〉 속에도 예를 들어 소년범죄 가해자가 새사람 되기를 약속하는 것처럼 (4) '피해자에 대한 보상'이라는 요소를, 적어도 직접은 의도하지 않는 사과의 예를 발견할 수 있으며 (3) '후회·자책'이라는 요소에 관해서도 사업에 실패한 기업가의 예(본서 130쪽 참조)처럼 다른 요소는 포함하면서 이 요소만 없는 사과의 예도 존재한다. 나아가 구체적 예는 제4장에서 다루고 결론만 여기서 제시하자면 (2) '자기에 대한 책임 귀속'이나 (1) '사과의 내용이 되는 사건 인식'이라는 요소도 관점에 따라서는 이런 것을 포함하지 않는 사과를 발견할 수도 있다(또 (3)과 (4)에 관해서도 이런 요소가 별로 적합하지 않은 종류의 사과를 역시 제4장에서 주제로 다루어 검토한다).

요약하면 모든 사과에 공통되는 본질적 요소만 추출해서 완전한 정의를 내려도 그중 어떤 요소를 만족시키지 않는 사과 케이스를 발견할 수 있어 별로 도움 되지 않는 부족한 내용의 정의가 된다는 것이다[26].

따라서 사과의 전모를 파악하는 데 중요한 것은 그런 완전한 정의를 지향하는 것이 아니라 많은 사과에서 발견할 수 있는 중요한 요소를 하나하나 살펴보는 것이다. 그렇게 하면 어떤 종류의 사과에는 적용되고 다른 종류의 사과에는 적용되지 않는 여러 요소가 완만히 겹쳐진 것으로서, 사과라는 개념 전체를 조망할 수 있을 것이다.

+ '가족 유사성'에 의해 완만히 결합되어 윤곽이 만들어지는 개념

닉 스미스도 사과란 보기보다 매우 복잡하고 다양한 사회적 실천이어서 적은 수의 단순한 의미로 환원할 수 있는 것이 아니라고 강조하고 있다. 그리고 사과라는 개념은 "상호 관련되는 다양한 의미가 결합해 만들어내는 완만한 성좌"(Smith 2008: 12)라고 특징 지워진다고 지적하면서 현대를 대표하는 철학자 루트비히 비트겐슈타인에 의한 **가족 유사성**(Familienähnlichkeit) 논의에 대한 참조를 촉구하고 있다(ibid.). 실제, 사과뿐 아니라 복잡하고 다양한 의미를 내포하는 개념을 이렇게 전망하는 방법은 비트겐슈타인이 '가족 유사성'이라는 이름으로 제시한 것이다.

비트겐슈타인은 우선 다음과 같이 묻고 있다. 예를 들어 세상에서 '게임'이라고 불리고 있는 여러 종류의 실천 – 즉 '게임'이라는 개념으로 묶여 있는 여러 실천 – 사이에 그것들 모두에 공통되는 본질적 요소는 존재하는가?

소박하게 생각하면 존재하는 것처럼 생각된다. 무언가 공통점이 없다면 그것들을 똑같은 '게임'이라는 이름으로 묶는 일은 가능하지 않을 것 같다. 하지만 이것은 막연한 믿음에 지나지 않는다고 비트겐슈타인은 지적한다. 예를 들어 야구와 체스에는 승패를 경쟁한다는 공통점이 있지만 체스에는 팀 동료가 없다. 체스와 도둑잡기(카드놀이)에는 팀 동료가 없다는 공통점이 있지만 카드를 사용하는 건 도둑잡기뿐이다. 도둑잡기와 솔리테어(카드놀이)에는 카드를 사용한다는 공통점이 있지만, 솔리테어에는 대전(對戰) 상대가 필요없다. 솔리테어와 컴퓨터게임 '동물의 숲' 시리즈에는 대전(對戰) 상태가 필요 없다는 공통점이 있지만, 후자에는 명확한 끝(최종 목표)이 존재하지 않는다. 그 외에도 특정 기술이나 운이 어떤 역할을 하는가에 따라서도 개개의 게임 사이에는 다양한 유사성과 차이를 발견할 수 있을 것이다.

어찌되었든 '게임'이라고 불리는 것 모두에 공통되는 특징(=게임의 본질이라 부를 수 있는 것)을 발견할 수는 없다. 그럼에도 불구하고 우리는 개개의 게임에 관해 알고, 그런 것들 사이에 부분적으로 겹치는 유사성을 확인하며, 그 완만한 관련의 전체를 조망하는 가운데 '게임'이라는 말로 묶이는 하나의 집단을 발견할 수 있다.

이런 유사성의 존재 방식은 그야말로 가족에서 성립되고 있는 유사성의 존재 방식에 비유할 수 있다. 예를 들어 딸, 아들, 아버지, 어머니로 이루어진 4인 가족을 상상해 보자. 딸과 아들은 눈과 코가 닮았으나 귀와 입은 닮지 않았다. 아버지와 딸은 눈과 귀는 닮았으나 코와 입은 닮지 않았다. 어머니와 딸의 코와 입은 똑같지만, 눈과 귀는 닮지 않았다 같은 식이다. 이런 것에서 비트겐슈타인은 공통의 본질적 요소 없이 전체로서 하나의 집단(카테고리, 개념)을 구성하는 유사성을 비유적으로 '가족 유사성'이라고 부르고 있다(Wittgenstein [1953]2009: I-§67).

'게임'이라는 개념뿐 아니라 우리의 생활과 사회에 깊이 뿌리내리고 그렇기 때문에 매우 다양한 장면에서 다양한 방식으로 이용되는 개념은 종종 〈그 개념에 범주화되는 사물 모두에 공통되고 또 그 개념 고유의 특징을 나타낸다〉는 의미에서의 '본질적' 요소에 의해서가 아니라 여러 종류의 사물 간 가족 유사성에 의해 완만하게 겹쳐지고 윤곽이 그려지고 있다. 그리고 그것은 사과라는 개념에 대해서도 마찬가지이다.

다음 절에서는 사과라는 개념 아래 어떤 '비본질적'이면서도 중요한 요소가 발견되는지 몇 가지를 구체적으로 확인해 보자.

제 2 절
사과의 '비본질적'이면서도 중요한 여러 특징

+ 미래에 대한 약속 ① – 사과와 약속의 관계

우선 먼저 카와사키가 사과의 정의로 제시한 (1)~(5)의 여러 특징(133쪽) 중 (5)'미래에 대한 약속'에 관해 여기서 다시 상세히 살펴보자.

우리는 특히 〈무거운 사과〉를 할 때 (모든 케이스가 아니라) 많은 케이스에서 명시적으로든 암묵적으로든 무언가를 약속하고 있다. 예를 들어 가해자가 피해자에게 "다시는 하지 않겠습니다"라든가 "더 이상 당신에게 상처 주지 않을 것을 맹세합니다" 등이라고 말하는 것은 가해자의 성의를 나타내는 것이 될 수 있음과 동시에 피해자가 안심을 얻기 위한 재료도 될 수 있다. 하지만 그 한편으로 약속하는 것은 일종의 리스크를 받아들이는 것도 된다. 왜냐하면 약속을 지키지 않았을 경우에는 오히려 상대의 불신을 한층 더 초래하게 되기 때문이다. 이 점에 관해서는 앞서 어느 현(県)의원의 사과 사례를 통해 확인했다(120-122쪽).

어찌되었든 사과 속 미래에 대한 약속에는 앞으로 무언가를 하지 않겠다는 것뿐 아니라 무언가를 하겠다는 것도 당연히 포함될 수 있다. 예를 들어 철학자 A. I. 코헨이 예로 든 것은 남편이 결혼기념일을 잊어버리는 실수를 처음 저지르고 아내에게 필사적으로 사과하는 케이스이다

(Cohen 2020: 33-34). 남편은 자신이 잘못했음을 아내에게 전하고 내년 기념일에는 제대로 축하할 것을 약속한다. 구체적으로는 좋은 식당을 예약하고 선물을 준비하는 것 등이다.

그리고 코헨은 나아가 다음과 같이 가정한다. 1년 후 남편이 다시 결혼기념일을 잊어버리고 바람을 맞혔다고 하자. 즉, 의도하지 않았다고 해도 남편은 아내와의 약속을 깬 것이다. 이 점에 관해 코헨이 문제시하는 것은 다음과 같은 점이다. 사과의 일환으로서 미래에 대한 약속이 포함되어 있는데, 그 약속을 깬 경우 그 사과는 애초에 사과로서 성립한다고 할 수 있는가라는 점이다.

코헨이 볼 때 닉 스미스는 '성립하지 않는다'는 입장을 취하고 있다. 왜냐하면 스미스에 따르면 흠잡을 데 없는 사과[27]란 "죄송합니다"라고 하거나, 고개를 숙이는 것만으로 완료되는 행위가 아니라 약속하고 그것을 이행한다는 어느 정도의 시간 간격을 갖는 행위로 간주되어야 하기 때문이다(Smith 2008: 144; Smith 2014: 21).

코헨은 이런 스미스의 논의에는 주목할 부분이 있다고 인정하면서도 이것은 사과를 사과로서 인정하는 일반적 조건으로는 너무 엄격하다고 비판하고 다음과 같이 지적하고 있다. 앞의 예에서 남편이 처음 결혼기념일을 잊어버렸을 때 그가 "미안하다. 내년에는 제대로 기념일 축하를 하겠다"고 말하고 아내가 (용서할지 여부는 차치하고) 그것을 사과로서 받아들였다고 한다면 그때 사과 자체는 확실히 성립했다고 파악하는 게 자연스럽다(Cohen 2020: 33)는 것이다.

+ 미래에 대한 약속 ② - 사과 성립의 문맥 의존성

이런 코헨의 주장은 어떤 의미에서는 적절한 것이다. 하지만, 그 자신이 동시에 인정하고 있듯이(ibid.: 34) 여기에는 상당히 애매한 점도 존재한다. 예를 들어 큰소리로 호통친 일에 대해 부모가 아이에게 "미안하다. 다시는 호통치지 않을 것을 맹세한다"고 말하고 몇 초 후에 말 그대로 입에 침도 마르기 전에 다시 호통쳤다고 하자. 이 경우에는 다시 호통치기 직전의 부모의 말을 사과라고 할 수 없을 것이다. 다른 한편, 잘못을 다시 저지른 것이 이처럼 몇 초 후나 몇 분 후 정도의 단위가 아니라, 앞의 결혼기념일 케이스처럼 1년 후인 경우에는 설사 약속을 깜빡 잊었다고 해도, 그 1년 전의 "미안하다. 내년에는 제대로 기념일을 축하하겠다"고 한 언동이 소급해서 사과가 아닌 것으로 된다고는 하기 힘들다. 그렇다면 도대체 약속 어김의 초범과 재범의 시간이 어디까지 근접해 있으면 초범 시의 사과가 사과로서 인정받지 못하게 되는 것일까? - 사실 그 경계선은 명확하지 않다. 이상의 점에 관해 코헨은 다음과 같이 정리하고 있다.

> 어느 행위에 대해 사과한 후 너무 이른 타이밍에 똑같은 종류의 행위를 한 경우에 그것은 사과라고 할 수 없을지 모른다. 그런 근접한 재범은 일반적으로 그 사람에게 사과할 마음이 없음을 보여주는 것이리라. 하지만, 그 타이밍에서 한층 더 시간 간격을 둔 어떤 시점에 재범이 발생했다면 이전에 사과한 것과 모순을 일으

키지 않게 된다. 그 시점이 언제인가에 관해서는 다양한 논의가 가능하다(ibid.: 34).

이처럼 코헨 자신은 최후의 결론을 얼버무리고 있다. 하지만 설사 초범으로부터 어느 정도 시간 간격을 둔 후의 재범이라고 해도 그것이 특히 의도적이었던 경우에는 과거에 한 사과에 대해 그것은 거짓말이었다, 속았다, 말만 앞세운 거짓 사과였다라는 식으로 인정될 수 있을 것이다. 예를 들어 앞의 결혼기념일 케이스에서 두 번째 잊어버린 것이 고의였다고 해 보자. 즉, 남편은 의도적으로 레스토랑 예약과 선물 준비를 하지 않았다고 해 보자. 그리고 그것이 아내에게 들통났다고 해 보자. 그 경우 아내가 1년 전 남편의 사과도 거짓말이었던 건 아닐까, 말만 앞세운 거짓 약속을 했을 뿐이지 않을까라고 의심하는 것은 자연스럽다.

코헨은 "그 후에 재범이 발생했다고 해도 이전에 했던 말이 제대로 된 사과였는지 여부에 변화는 생기지 않는다"(ibid.: 33)고 단언하고 있다. 하지만 이것은 이것대로 극단적인 견해로, 스미스와는 반대 방향으로 너무 가버리고 있다. 즉, 경우에 따라서는 소급해서 어느 정도 시간 간격을 둔 과거의 사과가 사과로서 인정받지 못하게 되는 케이스도 있을 수 있다는 것이다.

또 애초에 약속이 약속으로서 성립하기 위해서는 상대와의 사이에 그에 상응하는 신뢰관계가 있다는 게 전제가 된다. 약속을 깨기만 하는 인간이 "이번에는 정말 맹세합니다!"라고 말했다고 해도 그 말은 공허하게 울리고 상대는 약속으로서 받아들여주지 않을 것이다.

  약속의 성립도, 약속을 포함한 사과의 성립도 타이밍과 실적, 인간관계, 후일의 언동 등 여러 종류의 문맥에 의존하고 있다. 사과의 시점에서 어떤 말을 사용하느냐, 어떤 태도를 취하느냐, 보상이나 약속의 내용으로서 어떤 것을 제시하느냐 같은 것만이 사과의 성립과 용서의 가능성을 결정하는 건 아니다.

  예를 들어 앞의 케이스에서 결혼기념일을 두 번 바람맞은 아내는 남편이 다음 날 서둘러 식당을 예약하거나 선물을 사 왔다고 해도 그것만으로는 아마 용서할 수 없을 것이다. 왜냐하면 아내가 바랐던 것은 단지 좋은 식당에서 식사하거나 선물 받는 것이 아니라 자신과 마찬가지로 남편이 결혼기념일을 기억하고 그날을 소중히 생각하는 것 - 나아가서는 자신들의 결혼생활과 서로를 소중히 생각하는 것 - 이기 때문이다. 바꿔 말하면 그녀의 주된 분노와 슬픔은 자신에 대한 남편의 무관심과 경시, 냉담함 등을 향해 있다는 것이다. 그렇다면 그녀의 마음에 부응하여 그 상처를 치유할 수 있는 것은 적어도 정말로 잘못했다고 남편이 생각하는 것, 그녀를 소중히 생각하고 존중하는 (혹은 그렇게 그녀가 믿게 하는) 것이리라.

  하지만, 결혼기념일을 축하하겠다는 약속을 남편이 몇 번이나 잊어버리거나 의도적으로 어겼다면 자신은 남편으로부터 경시되고, 무시되고 있는 게 아닐까라고 아내가 생각해도 전혀 이상하지 않다. 이때 남편이 1년 전에는 진심으로 약속했었다고 변명해도 그 설득력은 한없이 낮으며, 또 설사 그것이 본심이었다고 해도 증명할 방법이 없다. 아내에게 잘못했다고 정말로 생각하고 반성하고 그녀를 소중하게 생각하고 있음(존중하고 있음)을 입증하는 것 – 사과의 표시가 되는 것 – 은 다름 아닌 그 약속의 이행이었기 때문이다.

+ 도덕에 대한 다짐(의 확인 혹은 교육)

다음으로 살펴보고자 하는 것은 지금 다룬 〈미래에 대한 약속〉이라는 특징 및 제2장 제3절에서 다루었던 〈정의의 복원〉이라는 특징과도 직접 관련되는 것이다. 그것은 즉, 사과에는 도덕적 가치와 도덕적 규범 같은 것에 대한 다짐 – 그 가치와 규범을 인정하고 진력하고 있다는 것, 그 가치 추구와 규범 준수에 진심이라는 것 – 이 포함되어 있다는 점이다.

이 점은 많은 논자가 지적하고 있다(혹은 그들의 논의의 전제가 되고 있다)고 해도 좋다. 예를 들어 니콜라스 타부치스는 사과는 "도덕적 기대와 감성을 형성하는 것"(Tavuchis 1991: 2)과 깊이 관련되어 있다고 지적하고 "이전의 도덕적 질서를 복원한다"(ibid.: 5)는 점에서 사과의 중요한 역할을 발견하고 있다. 또 철학자 글렌 페티그로브와 조던 콜린스는 다음과 같이 주장하고 있다.

> 사과의 중심적 기능이란 도덕적 실패로 인식된 것에 의해 긴장이 생기거나 파괴된 관계를 복원하는 (데 공헌하는) 것, 혹은 그런

종류의 실패에 의해 관계가 긴장되는 것을 막는 (데 공헌하는) 것
이다(Pettigrove & Collins 2011:144).

그 외에도 예를 들어 철학자 캐슬린 질은 사과의 필요조건의 하나로 가해자가 자신이 한 일에 대해 선악 등의 도덕적 평가를 제시하는 것을 들고 있으며(Gill 2000: 14-15), 나아가 앞서 언급한 코헨도 "사과란 사회적 도덕이 요구하는 것을 사람들이 지지하고 그 요구에 부응하는 사회적 실천의 일종이다"(Cohen 2020: 61)라는 느슨한 정의를 제시하고 있다.

하지만 사과의 필요조건이나 정의 속에 도덕에 대한 다짐을 포함시키는 것은 적당하지 않다. 왜냐하면 명백하게 도덕적이지 않은 내용으로 사과하는 케이스도 다양하게 존재하기 때문이다. 분명 사과는 자신이 한 행위 등에 대해 그것이 무언가의 의미에서 나빴다는 인식을 표명하는 것을 포함하고 있다. 하지만, 그것이 도덕적으로 나빴다는 것을 의미한다고는 한정되지 않는다. 예를 들어 어떤 집에 강도로 들어간 2인조 중 1명이 자신의 솜씨 나쁨을 상대에게 사과하는 장면을 상상해 보자. 거기서는 더 빨리 주인을 단단히 묶을 수 있었을 텐데 라든가, 더 강하게 닦달했으면 금품이 있는 장소를 더 빨리 불었을 텐데 라든가, 집에 불을 지른 후에 도망칠 생각이었는데, 그것을 잊어버렸다 등이 사과의 내용이 될지 모른다. (나아가 다음 제4장에서 다룰 사례 중에는 어떤 의미에서 도덕이 요구하는 것 이상의 사항이 사과의 내용이 된다는 의미

에서 도덕적 원칙에 대한 다짐을 포함하지 않는 사과의 케이스도 있다.)

하지만 그런 특정 장면이나 관계성을 제외한 많은 일상의 장면에서 사과는 분명 특정한 도덕적 가치와 도덕적 규범에 대한 다짐을 제시하고 있다. 거꾸로 말하면 뇌물을 자신에게 주지 않았다거나 도둑질해 오라고 했는데 따르지 않았다는 등 반도덕적 이유에 의해 누군가로부터 사과를 요구받는다고 해도 (그 상대로부터 정신적·물리적으로 협박받고 있는 게 아니라면) 우리는 보통 그것을 거부할 수 있으며 거부해야 한다는 것이다. 그리고 상대와의 약속을 어기는 것은 보통은 도덕적으로 나쁜 일이라고 간주되는데, 약속한 경위나 약속 내용 혹은 약속을 어기는 이유에 따라서는 사과를 요구받아도 거부할 수 있다. 예를 들어 내가 어떤 물품을 지인으로부터 살 약속을 했는데, 나중에 그 약속을 어겼다고 하자. 지인은 기분이 상해서 사과하라고 말했지만 사실 그 물품에는 결함이 있었는데도 지인은 그것을 감추고 나에게 강매하려고 했다. 나는 그것을 알았기 때문에 약속을 어긴 것이다. 이 경우 불성실하다고 나를 비난한 지인이 오히려 사과해야 할 것이다.

어찌되었든 지금 확인한 것은 우리는 정당한 이유라고 자타가 인정하는 것에 대해 보통은 사과한다는 것이다. 즉, 일반적으로 사람은 도덕적으로 사과해야 하는 것에 대해 잘못했다고 사과한다는 것이다. 특히 "이런 때는 '미안해요'고 말하는 거야"라든가 "어서 '미안해요'라고 말해"라는 식으로 사과하는 행위 자체를 아이에게 가르치기 시작할 때 사과의 내용은 대체로 도덕에 적합한 것일 터이다. 그런 의미에서 분명 사과는 도덕적 기대 및 감성의 형성과 깊이 관련되어 있다. 닉 스미스도 이와 같은 점을 다음과 같이 강조하고 있다.

> 우리가 어릴 때 부모나 교사는 우리가 자신의 행동을 반성하고 규범이 되는 공동체에 융화될 수 있도록 사과하라고 타이른다. 우리는 대체로 이때 도덕성에 관해 배운다(Smith 2008: 12).

+ 인간관계 복원이라는 목적

사과의 중요한 특징으로서 다음으로 들고 싶은 것은 광의의 의미에서의 **인간관계 복원**이다.

실제 사과의 주안점을 이 점에서 찾고자 하는 논의는 많다. 페티그로브와 콜린스가 도덕적 실패에 의해 위협받은 (혹은 파괴된) 인간관계 복원이야말로 사과의 중심적 기능이라고 지적하고 있다는 것은 이미 살펴본 바와 같다(본서 146쪽). 또 예를 들어 언어학자 쿠마가이 토모코(熊谷智子)도 "사과는 상대와의 문제와 마찰을 해결하고 인간관계를 복원하는 목적을 달성하기 위한 행위이다"(쿠마가이 1993: 10)라고 정의하고 있다. 나아가 카와사키 소이치(川﨑惣一)도 "사과는 단지 과거의 잘못에 대한 보상은 아니며, 오히려 그 자체가 가해자와 피해자 및 그 둘을 둘러싼 사람들 사이에 더 좋은 인간관계를 (재)구축하는 것을 목표로 한 구체적 액션이다"(카와사키 2019: 44)라고 강조하고 있다.

하지만 본서의 제2장 제2절의 종반(95-100쪽) 및 같은 장 제3절에서 추적하였듯이 관계 복원을 목적으로 하지 않는 종류의 사과도 다양하게 존재한다. 예를 들어 앞서 언급한 '한자와 나오키(半沢直樹)'의 마지막 회처럼 개별 인간 사이의 사적 제재 내지 처벌 혹은 복수로서 사과가 기능하는 케이스도 있다. 또 동해보복(同害報復, 탈리오Talio)에 의한 정의 실현 내지 복원의 일환으로서 사과를 파악할 수도 있다(=응보적 사법 이론). 그리고 사과가 피해자와 가해자 각각의 복원에 도움되는 면이 있음은 제2장 제2~3절에서 추적한 중요한 포인트인데, 그런 것들이 직접 인간관계 복원을 의미하는 건 아니다. 예를 들어 가해자로부터 사과를 받음으로써 피해자가 입은 정신적 손해가 치유되는 부분이 있다고 해도 피해자는 가해자에게 변함없이 강한 적대감정을 가지고 있는 케이스도 간혹 있을 것이다. 그렇기 때문에 인간관계 복원과 용서, 화해 같은 것이 항상 사과의 목적이나 의의를 의미한다고 할 수는 없다[28].

그렇다고 하지만 이것도 본서에서 다양한 각도에서 확인했듯이 이런 케이스 외의 많은 장면에서 사과의 주요 기능으로서 인간관계 복원을 들 수 있다. 예를 들어 지하철 사례에서의 〈가벼운 사과〉는 인간관계 속 일정한 위치를 전제로 한 신뢰 유지 내지 회복에 공헌한다. 또 꽃병 사례에서의 〈무거운 사과〉도 기존의 계속적 인간관계를 유지 내지 회복하는 역할을 수행하고 있다. 나아가 회복적 사법 이론을 개관하는 가운데 살펴보았듯이(110쪽) 강도 사례 같은 케이스에서도 범죄에 의해 생긴 피해자와 가해자의 적대적 관계를 치유하고 화해와 용서의 가능성을 여는 중요한 계기로서 사과라는 행위를 파악할 수 있다. 그리고 그것은 개별적 양자 관계의 복원뿐 아니라 각각이 속한 커뮤니티나 지역사회의 복원으로도 이어질 수 있다.

+ 용서받기를 지향하는 행위 혹은 응답을 요구하는 행위

반복하자면 사과에는 그 주요 기능으로서 인간관계 복원이라는 것이 포함될 수 있으며, 화해와 용서의 가능성을 여는 중요한 계기도 될 수 있다. 나아가 사과는 많은 경우 상대에게 용서받기를 지향하는 행위라고 특징지을 수 있다. 특히 "미안합니다", "용서해 주세요", "Excuse me" 같은 사과의 정형적 문구는 그 본래의 뜻을 볼 때 상대의 용서를 구하는 의지가 제시되어 있다고 해석할 수 있다(본서 54-55쪽, 93쪽 참조).

사회심리학자 오부치 겐이치(大渕憲一)는 자신이 한 일에 대해 해명하는 행위를 사과, 정당화, 변명, 부인(否認)의 4종류로 구별하여 사과의 특징을 명확히 하고자 시도하고 있다(오부치 2010: 19 이하). 오부치에 따르면 사과란 자신이 나쁜 일을 했음을 인정하고 또 자신의 책임을 인정하는 것을 포함하는 한편, **정당화**란 자신이 한 일은 애초에 나쁘지 않았다고 주장하는 것이다. 또 **변명**이란 자신이 나쁜 일을 했음은 인정하면서도 책임을 남에게 전가하는 것이다(지각을 했지만 그것은 사고로 지하철이 멈췄기 때문이다 등). 그리고 **부인**이란 애초에 자신이 그 행위를 했음을 인정하지 않는 것이다. 이상의 정리에서 사과 이외의 해명은 모두 그 행위에 대한 자신의 책임을 인정하지 않는 행위이기 때문에 당연히 이 중에서는 사과만이 용서를 지향하는 행위가 될 수 있다[29]. 타부치스도 정당화와 변명(핑계)을 대비하면서 사과가 상대의 용서를 구하고 화해를 지향하는 행위임을 강조하고 있다(Tavuchis 1991: 17).

물론 용서를 지향한다는 목적이 항상 사과라는 행위에 포함되어 있다고는 할 수 없다. 예를 들어 용서해 주기 바란다는 바람은 일절 없이 단지 상대에게 배상하고 싶다거나 사과하고 싶다는 마음만으로 행위하는 경우도 있을 것이다.

표10. 오부치(2010)의 '해명' 4분류

종류	내용
사과	자신이 나쁜 일을 했음을 인정하고 또 자신의 책임을 인정한다
정당화	자신이 한 일은 애초에 나쁘지 않았다고 주장한다
변명	자신이 나쁜 일을 했음은 인정하면서도 책임을 남에게 전가한다
부인	자신이 그 행위를 했음을 인정하지 않는다

그렇다고 하지만 사과란 손톱을 깎거나 이를 닦는 것과는 달리 항상 누군가를 향해서 하는 것인 이상 그 누군가에게 무언가의 응답을 요구하는 행위로서의 측면을 가지고 있다 – 그리고 그 응답의 하나로 용서가 포함된다 – 는 것은 확실하다. 사자(死者)를 비롯해 응답할 수 없는 상대에게 사과하는 케이스도 존재하지만 (이 점에 관해서는 제4장 제2절에서 다시 다룬다) 기본적으로 사과는 상대의 응답을 끌어내는 행위

라고 할 수 있다. 설사 상대가 사과를 무시하고 가버렸다고 하더라도 그것은 그것대로 하나의 응답이다. 즉, 사과를 허락하지 않는다(사과로서 받아들이지 않는다)는 응답이다. 언어학자 M. C. 그루버도 강조하고 있듯이 어쨌든 많은 케이스에서 "사과는 응답을 요구하고 있다"(Gruber 2014: 148)는 것이다.

상대의 응답을 요구하는 행위에는 명령, 의뢰, 인사 등 다양한 종류가 있는데 사과의 경우에는 특별히 어떤 응답을 요구하고 있다고 할 수 있을까? 앞 단락에서 이미 제시한 것도 포함하여 간단히 생각나는 것을 시험 삼아 열거해 보자.

- 용서한다
- 용서하지는 않더라도 관대함과 자비를 발휘한다
- 보상할 기회를 준다
- 약속을 받아들인다
- 사과로서 받아들인다(사과하는 것을 허락한다)

이 〈사과란 기본적으로 상대에게 특정 종류의 응답을 요구하는 행위이다〉라는 점과 관련해 한 가지 애매하면서도 중요한 논점을 제시해 두자. 자신이 손해를 입힌 상대에게 이런 응답을 요구하는 것은 어떤 의미에서는 이기적인 행위라고도 파악할 수 있다. 그리고 이것은 특히 〈무거운 사과〉에 요구되는 성실함이라는 특징과 부딪칠 가능성이 있다. 즉, 그런 타산이 있다면 마음으로부터의 진지한 사과라고는 할 수 없지 않을까라는 의문이 다소간 생겨날 수 있다는 것이다.

예를 들어 앞서 언급한 그루버는 미국의 형사재판에서 피고인이 하는 사과에 주목해 상세한 분석을 보태고 있는데, 그녀는 그 속에서 다음과 같이 지적하고 있다. 피고인이 발화하는 사과의 정형적 문구는 재판관에게 양형을 가볍게 하는 등의 관대함과 자비를 발휘하도록 요구하는 것으로 종종 받아들여진다. 피고인 자신의 진의는 어떻든 이것은 당사자의 사과에 이기적 동기의 그림자를 드리운다. 그리고 "이런 이기성이라는 특징은 피고인이 사과의 언어를 발화할 때의 성실함(sincerity)을 손상시켜 그 결과 사과 자체의 미점(美點)도 손상시키는 것처럼 생각된다."(Gruber 2014: 148)는 것이다. 다른 한편, 그녀는 이렇게도 분석하고 있다. 피고인이 "I apologize" 등의 정형적 문구로 일관하지 않고, 더 듬거리는 말투로라도 자기 자신의 지금 생각을 말하고자 노력하고 자신이 얼마나 후회하고 있는지, 자신이 상처 준 사람에 대해 어떻게 생각하고 있는지 등을 표현하는 편이 적어도 재판 현장에서는 설득력을 획득하고 있다는 것이다(ibid.: 249-154).

분명 "I apologize"나 "사과드립니다", "죄송합니다", "미안합니다" 같은 말은 사과를 실행하고 있음을 명시적으로 나타내고자 하는 행위 수행적(performative)(본서 21쪽 참조)인 정형적 문구인 이상, 이런 말을 들은 상대는 앞서 언급한 바와 같이 무언가의 응답을 직접 요구받고 있는 것처럼 느낄 것이다. 그렇기 때문에 거기서 용서와 자비 등을 바라는 이기적 동기를 발견하기도 쉽다. 즉 사과하고 있다는 퍼포먼스 내지 호소가 전면에 너무 드러나면 성실함이라는 요소가 아무래도 줄어든다는 것이다. 거꾸로 정형적 문구에 의지하지 않고 자신의 생각과 인식, 보상에 대한 의지 등을 구체적으로 전달하고자 노력한다면, 그 내용과 자세에 따라서는 상대로부터 용서나 자비를 끌어내고자 하는 말뿐인 퍼포먼스로서가 아니라 진지한 사과로서 받아들여질 가능성이 오히려 높아질 것이다. 그렇기 때문에 그루버는 "진지한(sincere) 사과 수행에는 어떤 종류의 감정 표시가 동반된다"(ibid.: 23)고 강조하는 것이다.

+ 자발적 내지 자주적 행위

사과에 요구되는 성실함이라는 것은 이미 본서에서 몇 번이나 언급해 온 포인트인데, 이것에 관해서는 다른 절에서 주제로 다룬다. 그 전 단계로 이 절에서는 마지막으로 자발성 내지 자주성이라고 부를 수 있는 사과의 특징에 초점을 맞추기로 한다.

많은 케이스에서 사과는 자발적으로 하는 것이 기대되고 있다. 예를 들어 언어학자 마리온 오웬은 "사과란 주위로부터 재촉 받지 않고 하는 것이 기대되는 종류의 행위이다"(Owen 1983: 136)라고 지적하고 있다. 사과는 자신이 저지른 일을 누구도 알지 못하는 단계에서 나쁜 일의 고백과 함께 수행되는 경우도 있고, 또 앞서 언급한 바와 같이 상대의 해명 요구 – 예를 들어 "왜 약속을 갑자기 취소했는가?"라는 물음 – 에 대한 응답으로서 수행되는 경우도 있다. 그리고 이 두 경우 모두 사과는 누군가에게 재촉받거나 강요받지 않고 자발적으로 수행되고 있다.

물론 실제로는 이 〈자발적으로 수행한다〉는 기대에 부응하지 못하거나 혹은 애초에 부응할 마음이 없는 사과도 존재한다. 이제까지 몇 번인가 다루었던 '한자와 나오키(半沢直樹)' 마지막 회에서 엎드려 조아리는 것이 그런 종류의 사과에 해당하는데, 여기서는 다른 예도 생각해 보자. 예를 들어 어떤 초등학생이 친구에게 상처를 입혔다고 하자. 며칠 후 그 아이는 부모에게 이끌려 친구 집을 방문한다. 그 아이는 잘못했다고는 생각하지만 좀처럼 스스로 사과하지 못한다. 부모는 기다리다 지쳐 그 아이의 머리를 눌러 억지로 고개를 숙이게 한다. 이런 광경은 별로 드물지 않다.

하지만, 이처럼 강제적으로 이루어지는 사과는 당연히 그 성의에 대해 의심이 생길 수 있다. '한자와 나오키(半沢直樹)'의 케이스는 제재와 복수 같은 것을 목적으로 하는 사과이기 때문에 거기에 성의가 있는지 여부는 문제가 되지 않는다. 하지만 지금의 초등학생 케이스에서는 아마도 가능하면 그 아이가 스스로 고개를 숙이고 상처 입힌 친구에게 "미안해"라고 말하는 것이 기대되고 있다. 즉, 단지 상대에게 잘못했다고 반성할 수 있는 것뿐 아니라, 그 생각을 자발적으로 상대에게 전달할 수 있는 것이 기대되고 있다. 오히려 상대 입장에서 보면 그 아이가 스스로 사과하는지 여부 자체가 그 아이가 정말로 잘못했다고 생각하고 반성하는지 여부를 가름하는 커다란 판단 재료가 되는 것이다.

제 3 절
성실함 요청과 사과를 둘러싼 회의론

+ 자기 이익 추구 및 위기관리를 위한 전략적인 사과

앞 절에서는 사과의 중요한 여러 특징을 몇 가지 검토했는데, 그 가운데 종종 떠오른 것이 사과의 성실함, 진지함, 성의의 유무 같은 포인트이다. 사과는 많은 경우 가해자의 죄책감이나 반성하는 마음 등을 피해자에게 전달하는 것이 되며, 또 그런 만큼 그 생각이 전달될지 여부 – 혹은 가해자가 정말 그 생각을 갖고 있는지 여부 – 가 사과 성립이나 용서 가능성에 장애가 될 수도 있는 것이다.

예를 들어, 중대한 손해를 입은 피해자와 그 가족 등이 가해자에게 사과를 요구할 때에는 겉치레뿐인 공허한 사과를 요구하는 게 아니다. 그들은 가해자가 단지 형벌을 받거나 배상을 하는 형태로 책임을 질 뿐 아니라 책임을 느끼기를 바란다[30]. 자신이 무엇을 했는지, 자신이 빼앗은 게 얼마나 소중한 것이었는지 이해하고 절실히 느끼기를 바란다. 즉, 그들은 쉽게는 변하지 않는 내면의 그런 변화가 가해자에게 일어나기를 요구한다. 그리고 많은 경우 그 변화를 확인하는 것이 용서의 중요한 조건이 된다.

하지만 사과를 둘러싼 설명과 논의 속에는 가해자의 이런 진지한 생각이라는 요소를 괄호 안에 넣은 것이 많다. 예를 들어 오부치 겐이치(大渕憲一)도 기본적으로는 그동안의 많은 사회심리학 연구와 언어학 연구에 따라 사과라는 것을 자기이익적 목표를 추구하는 종류의 전략적 행위로서 분석하고 있다(오부치 2010: 93). 즉, 처벌이나 배상 등의 불이익을 피하기 위한 위기관리적 전략 내지 수단으로서 사과를 파악하는 입장이다.

얼핏 보면 사과는 이런 목적들을 추구하는 데는 맞지 않는, 말하자면 고비용의 행위가 아닐까 생각된다. 왜냐하면 사과하면 벌을 받거나 배상 책임을 지는 등 비용이 확실히 생기기 때문이다(ibid. 14). 따라서 사람은 합리적으로 생각한다면 해명 행동 중 사과가 아니라 변명, 정당화, 부인 쪽을 선택하고 벌이나 배상 자체를 피하려고 시도할 것 같다. 하지만, 오부치가 실시한 국제 조사에서는 "이 합리적 예측과는 반대로 문제 상황에서 행위자가 가장 많이 사용하는 해명은 책임을 수용하는 해명, 즉 사과(ibid. 90)"였다고 한다. "즉, 일본인뿐만 아니라 유럽인과 미국인의 경우에도 피해 사태에 대한 관여가 의심받는 행위자는 합리적 예측에 반하여 책임 부인이 아니라 책임 수용적 해명(사과)을 하고자 한다"(ibid. 90-91)는 것이다. 오부치는 이 점을 다음과 같이 설명하고 있다.

> 사과를 받은 피해자는 불쾌한 감정을 누그러뜨리고 가해자에게 긍정적 인상을 가지며, 그 결과 가해자를 용서하고자 합니다. 가해자는 이런 피해자의 반응을 예측하고, 그렇기 때문에 피해자의

용서를 얻고 벌이나 불이익을 피하기 위해서는 사과가 가장 효과적일 거라고 판단하는 것입니다(ibid. 92).

사과를 받은 피해자는 불쾌한 감정이 누그러질 수 있다는 점에 대해서는 이미 제2장 제2절에서 확인한 바와 같다(85-86쪽). 또 그뿐 아니라 가해자가 사과했다는 사실은 그 사람을 용서하라는 주위 사람의 압력을 피해자에게 가하는 경향이 있다고도 할 수 있으며, 또 주위 사람도 피해자 자신도 가해자에 대해 〈성실하다〉, 〈책임감 있다〉, 〈협조적 인간이다〉 같은 긍정적 인상을 갖는 경우도 있을 수 있다. 사람들은 이런 효과를 예측하며 벌이나 배상의 확대를 억제할 수 있다 – 경우에 따라서는 용서받고 벌이나 배상을 감면받는다 – 고 믿고 있다. 오부치에 따르면 이것이 사람들이 사과하는 기본적 이유이다.

물론, 이런 효과를 항상 기대할 수 있다고 할 수는 없다. 변명이나 정당화나 부인을 선택하는 편이 벌이나 배상을 피할 수 있거나 최소한으로 억제할 수 있는 효과를 기대할 수 있는 경우도 있을 것이다. 하지만 사과에 비해 이런 해명 행동은 피해자와 제3자의 반발과 불신을 초래하기 쉽고, 실패하면 역효과가 될 리스크도 있기 때문에 그 성공 가능성을 신중히 검토할 필요가 있다(오부치 2010: 106). 요약하면, 여러 종류의 해명 행동 간 이익과 비용을 비교한 후에 사람들은 많은 케이스에서 사과라는 해명 행동을 전략적으로 선택하고 있다는 것이 오부치의 기본적 설명이다.

+ 사과의 목적이 상대에게 알려져서는 안 된다? - 〈무거운 사과〉의 밑바탕에 있는 것

분명, 자기 이익을 추구하는 전략으로서 사과가 실행되는 케이스는 실제로 많을 것이다. 예를 들어 자기 자신은 미안하다고 생각하고 있지 않지만, 벌이나 배상을 최소한으로 억제하기 위해 사과해 둔다는 케이스이다.

하지만, 오부치 자신은 여기서 다음과 같이 주의를 촉구하고 있기도 하다. 해명 선택의 전략성이라는 관점에서 사과를 파악하면 심각한 "패러독스"(ibid. 94)에 빠지게 된다. 즉, 가해자가 사과하는 목적은 용서받아 벌이나 배상을 회피(혹은 그런 것들을 최소한으로 억제)하는 것인데, 이런 목적이 피해자와 제3자에게 알려지면 목적을 달성할 수 없을 뿐 아니라 역효과가 될 수도 있다는 역설적 사태이다.

그렇지만 사람이 사과하는 목적은 자기 이익 추구일 뿐이며, 모두가 한결같이 그것을 잘 알고 있는 경우 이 사태는 결코 역설적이지 않다. 행위자의 진짜 목적이 상대에게 알려지는 경우 그 목적을 달성할 수 없는 구조는 거짓말하는 행위 전반에 적용되는 것이다. 자신은 미안하다고 느끼지 않지만, 성실하다거나 책임감이 있다고 생각될 목적으로, 그리하여 잘되면 용서받는 것을 목적으로 "미안하다", "죄송하다"라고 말한 후에, 그게 거짓임이 들통나면 거꾸로 성실성이 의심받는 것은 당연하다.

여기서 확실히 말할 수 있는 것은 사람이 사과하는 목적은 자기 이익 추구뿐만은 아님을 모두가 잘 알고 있다는 것이다. 바꿔 말하면, 사람은 많은 경우 자신이 정말로 미안하다고 생각하고 그것을 상대에게 전하고 싶다고 생각하기 때문에 자발적으로 사과한다 – 혹은 상대로부터 그렇게 기대받고 있다 – 는 것이다. 특히 〈무거운 사과〉의 경우에는 종종 본서의 제1장 제1절(25쪽) 이래 반복해서 확인한 바와 같이 그런 성실함과 진지한 마음이 진정한 사과의 밑바닥에 있다고 기대되고 있다.

+ 진정한 사과와 표면적(타산적, 전략적) 사과, 그 단계와 혼합

실제로 오부치도 사과의 전략적 측면에 주축을 둔 논의를 전개하면서도 동시에 사과에는 '진정한 사과'와 '표면적(타산적, 전략적) 사과'의 2종류가 있다고 강조하고 있다.

오부치에 따르면 "진정한 사과란 다른 사람에게 피해 준 것을 마음속으로부터 미안하다고 생각하고 가해자가 자책하는 마음과 죄악감을 가지고 하는 사과"(오부치 2010: 10-11)를 말하는 것이며, "이 유형의 사과는 '피해자의 고통을 치유하고 싶다', '피해를 보상하고 싶다'는 마음에서 자발적으로 수행되는"(ibid.) 것이다. 그리고 실제로 이 유형의 사과를 실행하고 있다고 피해자가 믿는다면 사과가 받아들여지기 쉬워지며 용서받을 가능성도 나타난다. 거꾸로 "타산적 사과라고 지각되면 오히려 벌은 무거워지는"(ibid. 110) 경향이 있다.

하지만, '진정한 사과'와 '표면적(타산적, 전략적) 사과'는 종종 구분하기 힘들다. 이 점에 대해 오부치는 "진정함 혹은 전략성이라는 성질은 정도의 문제"(ibid. 96)라고 지적하고 있다. 즉, 사과는 진정한 것과 전략적인 것 2종류로 명확히 구분되는 게 아니라, 어떤 사과에도 다소간 두 요소가 포함되어 있어 전략성이 매우 희박한 사과에서부터 그 요소가 매우 농후한 사과까지 다양한 단계가 있다는 것이다. 분명, 마음으로부터 사과하는 장면에서도 거기에는 다소나마 연기적 요소가 포함되어 있다고 할 수 있을지 모른다. 즉, 죄책감과 반성의 마음 같은 것이 자신의 내면에서 저절로(자연스럽게) 분출되고 있다기보다 자신의 생각을 상대에게 전달하기 위해 어느 정도 과장되게 표현하고 있는 측면을 발견할 수 있을지 모른다. 하지만 타산적 요소가 전혀 없는 사과가 존재함도 부정할 수 없을 것이다[31]. 물론, 전혀 미안하다고 생각하지 않는 표면상의 사과가 수행되고 있는 케이스는 더 많을 것이다.

어찌되었든 문제는 어떤 사과가 진정한 것인지 여부는 실천적으로는 매우 중요함에도 불구하고 그것을 완벽하게 구분하기는 원리적으로 어렵다는 것이다. 설사 본인은 마음으로부터 사과하고 있어도 주위 사람들은 그렇게 보지 않고 타산이 있을 것이다(혹은 타산적 요소가 매우 농후할 것이다)라고 의심하는 경우도 있는가 하면, 거꾸로 본인은 마음에도 없는 사과의 언어와 태도를 전략적으로 표현하고 있는데 주위 사람들은 진심에서 나온 사과라고 받아들이는 경우도 있다(ibid. 109). 그렇다면 지금 이때의 사과는 진짜인가, 그렇지 않은가? - 사과는 종종 가해자의 진정(眞情)에 관련된 이런 종류의 회의론에 시달리는 것이다.

회의론은 사과의 다양한 국면에 그림자를 드리운다. 정말 미안하다고 생각하고 있을 때조차 그것을 상대에게 전달하는 행동으로 나서는 건 결국 본인이 편해지고 싶어서일 뿐이 아닌가 – 그런 의미에서 역시 자기 이익을 추구하는 이기적 행위인 건 아닌가 – 라는 종류의 의심이 타자에게 생길 뿐 아니라 자기 자신의 내면에도 생길 수 있다. 이처럼 사과를 둘러싼 회의론은 상당히 뿌리깊은 것인데, 그것은 사과의 성실함에 대해 사람이 갖는 깊은 관심의 표현이기도 하다.

캐슬린 질은 사과라고 진정으로 부를 수 있는 행위는 성의 있는 (sincere) 것이어야 한다는 전제 아래 사과에 관한 독자적 논의를 전개하고 있다(Gill 2000: 14-15). 사과에는 의례적인 〈가벼운 사과〉도 있는 한편, 제재나 처벌의 요소가 짙은 사과도 있음을 감안한다면 이 전제는 적당한 것이라고는 할 수 없다. 하지만, 특히 〈무거운 사과〉의 대부분에서 성의 있다고 인정할 수 있는지 여부가 결정적 포인트가 되는 것도 확실하다. 그리고 그렇기 때문에 사과에는 운명적으로 회의론의 그림자가 항상 따라다니는 것이다.

+ "성의란 게 뭐지?" – 사과의 표시·성의의 증거로서의 보상에 대한 재고(再考)

이상의 논점을 잘 나타내고 있는 예로서 텔레비전 드라마 "북쪽 고향에서 '92 독립(北の国から '92巣立ち)" 후편(후지테레비 계열, 1991년 5

월 23일 방송)에서 사과의 성의가 초점이 되고 있는 장면을 여기서 다루어 보자.

이 이야기의 주인공 고로(五郎)는 홋카이도(北海道) 후라노(富良野)에 살고 있는데, 빈궁한 가운데에서도 손수 통나무집을 짓는 일에 정열을 불태우고 있다. 그에게는 준(純)이라는 20세 정도의 아들과 그보다 2살 정도 아래의 호타루(蛍)라는 딸이 있다. 아들 준은 도쿄에서 일하고 있는데, 사귀고 있는 비슷한 연령대의 여성 타마코(タマコ)가 자신의 아이를 임신하자 준은 타마코를 피하게 된다. 그 후 타마코는 스스로 낙태를 선택한다. 준은 타마코가 부모 대신 몸을 의탁하고 있는 그녀의 삼촌에게 불려 간다. 준은 "죄송합니다, 제…"라고 입을 떼자마자 그 남성에게 얻어맞는다. 그리고 강요에 의해 아버지 고로의 연락처를 알려주게 된다.

연락을 받은 고로는 곧장 도쿄로 날아간다. 그리고 낙담한 준의 기운을 복돋우려고 조금 익살맞고 가볍게 다음과 같이 말을 건다.

사과하자, 어찌되었든. 무슨 말을 들어도 절대 거스르지 말고 계속 사과하자. 응? 응? 둘이서 사과하면 어떻게든 될 거야. 어쩔 수 없잖아. 그것 말고 방법이 없어. 응? 아빠는 사과하는 데 이력이 났으니까(웃음). 따라 해. 아빠가 하는 대로.

두 사람은 타마코의 삼촌을 만나러 간다. 자신이 키운 호박 5개를 들고 가서 준과 함께 계속 엎드려 조아리는 고로에게 그 남성은 "연극 같은 짓은 이제 그만 둬"라고 말한다. 고로의 생활이 상당히 힘들다는 건 이해하고 "당신은 어쨌든 곧장 날아왔다. 그것도 당신의 성의일 것이다"라고도 한다. 하지만 그다음에 고로에게 이렇게 말한다. 당신의 딸이 타마코 같은 입장에 놓였다고 상상해 봐. 자신의 딸이 누구에게도 상담하지 못하고 부끄러움을 참으며 산부인과를 알아보고 혼자 가서 진찰대에 눕는다고. "그걸 진심으로 상상해 봐". 그렇게 소리 높여 말한다. 그리고 이렇게 덧붙인다.

> 당신은 아까부터 '성의'라는 말을 하고 있어 당신에겐 이렇게 하는 게 최대한의 성의일지 모르지만 이쪽에서는 성의라고 받아들일 수 없어.
> 성의란 게 뭐지? 당신은 멀리서 날아와서 부끄러움을 참고 머리를 숙여서 그것으로 기분이 풀렸을지 모르겠지만.

그때 그 자리에서 부끄러움을 참고 계속 엎드려 조아리고 그것으로 매듭지으려는 고로의 사과에서 가벼움을 간파한 그는 사과를 거절한다. 홋카이도로 돌아온 고로는 "성의란 게 뭐지?"라는 타마코 삼촌의 말을 계속 반추하다가 결국 마음을 정하고 통나무집을 짓기 위해 소중히 간직해 두었던 목재를 전부 팔아버린다. 고로는 그렇게 해서 100만 엔의 현금을 만들어 타마코에게 보낸다. 그녀는 "마음은 이미 받았습니다"라고 말하고 "마음은 알았으니까, 이 일은 이제 서로 잊읍시다"라는 삼촌의 말도 전달하며 100만 엔을 그대로 되돌려주었다.

이것으로 용서나 화해라고 부를 수 있는 관계 복원이 이루어졌다고는 할 수 없을지 모른다. 하지만 타마코도 삼촌도 고로의 성의를 어쨌든 인정하고 사과를 받아들였다는 것은 확실하다. 그리고 그 이유는 호박 5개라는 현물이 아니라 100만 엔을 보냈기 때문이라는, 단순한 금액 때문은 아닐 것이다. 그 돈을 준비하는 게 고로에게 얼마나 힘들고 얼마나 고통스러웠는지 알기 때문에 거기서 성의를 확인했을 것이다. 그런 의미에서 여기서의 100만 엔 보상은 그야말로 '사과의 표시' 내지는 '성의의 표시'(본서 75-76쪽 참조)라는 상징적 의미를 가지고 있다. 그리고 그것과는 대조적으로 고로와 준이 처음에 했던 엎드려 조아리는 행위는 〈사과하고 있는 자신들의 기분이 풀린다〉, 〈이 매듭짓기와 죄 씻음만 끝나면 자신들이 편해진다〉는 이기적인 의미로만 상대에게 해석된 것이다.

앞서도 언급한 바와 같이 사과한다는 행위에는 벌이나 배상을 피하기 위해서라는 의미에서의 이기성뿐만 아니라, 편해지기 위해서라는 의미에서의 이기성도 발견할 수 있다. "죄송합니다(스미마셍 すみません)"라는 말이 원래는 "자신의 성이 차지 않음, 수습되지 않음"을 나타낸다는 점도 이미 확인한 바와 같다(본서 52쪽 참조). 사과는 사심 없는 성실함이 종종 요구되는 것이면서도 거기에는 이기성이 깊이 각인되어 있기도 한 것이다. 그리고, 그렇기 때문에 성의 표시를 보임으로써 성실함에 대한 회의를 불식시키는 것이 많은 케이스에서 필요하게 되는 것이다.

+ 본 장의 마무리와 다음 장의 전망

이 제3장의 마무리로 본서에서 지금까지 추적해 온 사과의 중요한 여러 특징을 표로 정리해 두자(표 11).

본 장에서는 꽃병 사례와 강도 사례 혹은 지하철 사례 같이, 사과라고 하면 곧바로 떠올릴 수 있는 유형의 사건에 적합한 여러 특징을 파고들었다. 그리고 그런 것들은 어떤 종류의 사과에는 적용되지만, 다른 종류의 사과에는 적용되지 않는다는 의미에서 사과의 '본질적'이라고는 할 수 없는 것이었다. 실제 표 11에서 들고 있는 특징 중 어느 것도 포함되지 않는 사과는 무수히 존재한다. 따라서 그야말로 실천적으로 중요하다고 할 수 있는 것은 자신이 지금 하려는 사과 - 혹은 자신이 지금 요구하는 사과 - 의 특징을 제대로 파악하는 것이다. 즉, 그 사과가 여러 종류의 특징 중 어떤 것과 어떤 것을 포함하고, 또 어떤 특징이 특히 초점이 되고 있는가를 명확히 이해하는 것은 적절한 사과를 하기 위한 중요한 발판이 될 것이다.

다음 장에서는 꽃병 사례와 강도 사례 같은 예에서는 두드러지지 않지만, 사과에 대해 생각하는 데 필수적이라고도 할 수 있는 또 다른 여러 특징, 즉 모든 사과에 적용되는 특징을 몇 가지 새로운 사례를 통해 부각시켜 보기로 한다. 미리 얘기하면 그 특징이란 '당사자성(當事者性)' 및 '커뮤니케이션의 기점(起點)'이다. 이런 특징들은 사과뿐 아니라 변명과 고백, 혹은 호소와 감사 등 다른 많은 종류의 행위에서도 똑같이 확인되는 것이기 때문에 그런 의미에서 역시 사과에 있어 '본질적'이라고 할 수 있는 것은 아니다. 즉, 이런 특징들만으로 사과라는 행위의 특이성이 드러나는 것은 아니다. 하지만 이런 특징들에 전혀 주목하지 않는다면 사과의 매우 중요한 측면을 놓칠 수도 있다. 그 점을 다음 장에서 밝히고자 한다.

표 11. 사과의 중요한 여러 특징과 그것이 적용되지 않는 사과의 예

특징	왼쪽 특징이 적용되지 않는 사과의 예
자기 자신의 분할(or 분할 의지 제시) [예] "그것은 순전히 부주의였습니다", "그때의 저는 미숙했습니다", "그때의 저는 정신이 나가 있었습니다" 등	• 자신은 부주의한 인간이라고 자각하고 있는 사람이 자신의 부주의에 대해 사과한다 • 큰 리스크를 각오하고 사업을 일으켜 실패한 기업가가 자신은 앞으로도 변하지 않을 것을 선언하면서도 자신의 인과 책임을 인정하고 사과한다 등
사과의 내용이 되는 사건 인식	• 다음 제4장의 예
자기에 대한 책임 귀속	• 다음 제4장의 예
후회 · 자책	• 위에 언급한 기업가의 예
피해자에 대한 보상(or 보상 의지 제시)	• 〈가벼운 사과〉를 한다 • 사과 속에서 새사람이 될 것을 약속한다 • 다음 제4장의 예
미래에 대한 약속 [예] "이제 하지 않겠습니다", "다음에는 하겠습니다" 등	• 〈가벼운 사과〉를 한다 • 노인이 임종 시 과거에 자신이 저지른 죄를 고백하고 피해자에게 사과한다 등
도덕에 대한 다짐, 정의의 복원 [예] "약속을 깨뜨려 미안합니다", "거짓말을 해서 미안합니다" 등	• 어떤 집에 강도로 들어간 2인조 중 1명이 자신의 솜씨 나쁨을 상대에게 사과한다 등 • 다음 제4장의 예
피해자 복원 ※상세한 내용은 앞서 제시한 표7(100쪽) 참조	• 사과로 피해자의 마음은 풀리지 않고 오히려 허무함과 씁쓸함에 괴로워한다 등

가해자 복원(양심의 가책·죄책감·수치의식 경감, 존엄 회복, 커뮤니티나 지역사회로의 복귀·참가, 긍정적 인물 평가 획득)	• 사과에 의해 가해자가 커다란 벌을 받거나 커다란 배상 책임을 지거나 프라이드(체면)가 손상되는 케이스 전반
인간관계 복원(및 커뮤니티·**지역사회 복원**)	• 제재나 처벌 등을 받겠다는 의미로 사과한다 • 동해보복(同害報復)에 의한 정의 실현·복원의 일환으로 사과한다 등
용서 추구, 응답 요구 [예] "미안합니다", "용서해 주세요", "Excuse me" 등	• 단지 상대에게 사과하고 싶다거나 보상하고 싶다는 마음만으로 사과한다 • 응답할 수 없는 상대나 응답을 기대하고 있지 않은 상대(사망한 사람 등)에게 사과한다 등
자발성 내지 자주성(누군가에게 재촉 받거나 강제되지 않을 것)	• "사과해"라는 상대의 요구에 따라 사과한다 • 부모에게 머리를 억지로 눌려서(혹은 부모의 동작을 따라하며) 사과한다 등
성실함(진지함, 성의 있을 것) 요청	• 〈가벼운 사과〉를 한다 • 제재나 처벌 등을 받겠다는 의미로 사과한다

제 4 장

사과의 전모에
도달하기

제 1 절
비유형적 사과는 무엇을 의미할 수 있는가

+ 반도덕적 사과의 또 다른 형태 – 트럭 사례 ①

 본서의 이제까지 논의에서는 아직 충분히 드러나지 않은 사과의 중요한 특징이 있다. 그리고 그것은 모든 사과에 적용되는 것이다. 그것이 무엇인가를 명확히 하기 위해 다음 같은 케이스를 생각해 보자. 이 케이스는 철학자 버나드 윌리엄스가 간결하게 제시한 예(Williams 1981: 28/46)를 바탕으로 그의 논점을 부각시키기 위해 변형한 것이다[32].

 [트럭 사례] 어떤 남성이 직업적으로 트럭을 운전하고 있다고 하자. 그는 줄곧 완벽한 안전운전을 하고 있었는데 도로 옆 숲풀에서 갑자기 뛰어나온 아이와 충돌했다고 하자. 그는 곧바로 차를 멈추고 구급차를 불렀지만 치료한 보람도 없이 그 아이는 몇 시간 후 병원에서 사망했다.
 트럭에는 블랙박스가 탑재되어 있고 또 거리의 방범카메라 영상도 남아 있어 사고 모습이 잘 기록되어 있었다. 그것은 누가 어떻게 보더라도 아이가 뛰쳐나오는 걸 트럭 운전수가 예견하는 것은

불가능했으며, 충돌을 회피하는 것도 불가능했다. 그렇기 때문에 그는 누구에게도 비난받지 않았고 처벌받지도 않았다. 하지만 그는 이것을 머리로는 알고 있었지만, 매우 낙담해서 자신이 무슨 짓을 했는가라든가, 아이를 쳐서 죽게 했다 같은 생각을 한다. 마음을 결심한 그는 그 아이의 장례에 출석해서 처음 대면한 유족에게 "죄송합니다"라고 말하고 고개를 숙였다.

우선 말할 수 있는 것은 이 트럭 운전기사의 사과는 도덕적 원칙이나 규범에 따른 게 아니다 – 그런 의미에서 반도덕적이다 – 라는 것이다.
일반적으로 사람이 과실을 범했다고 인정되는 것은 (1)어떤 사건이 일어나는 것을 예견할 수 있고, 또 (2)그것이 일어나는 것을 예방할 수 있었는데도, (3)예방하는 것을 태만히 한 경우에 한정된다. 그리고 이 조건의 배경에 있는 것은 〈사람에게 도덕적 의무를 부과하거나 도덕적 평가의 대상으로 삼아도 되는 것은 그 사람이 컨트롤 가능한 행위여야 한다〉는, 모두가 자연스럽게 받아들이고 있는 원칙이다.
이 원칙은 종종 '**해야 한다**'는 '**할 수 있다**'를 **함의한다**는 형태로 단적으로 표현되고 있다. 예를 들어 바다에 아이가 빠져 있었다고 하자. 이때 자신도 수영을 못하기 때문에 도우러 가지 않은 사람에게 "당신은 아이를 도우러 가야 했다"라고 비난하는 건 불합리할 것이다. 마찬가지로 누군가가 사고를 일으켰다고 비난할 수 있는 건 그 누군가가 그 사고를 예견하거나 예방하는 게 가능했다 – 상황을 컨트롤하여 사고를 막는 게 가능했다 - 는 경우에 한정될 것이다.

하지만 이 트럭 운전기사에게는 그런 **컨트롤 가능성** - 예견 가능성과 회피 가능성 - 이 없었기 때문에 이번 사건에 관해서는 책임질 필요는 없으며 애초에 책임을 져서는 안 된다. 실제 그는 사고에 관해 누구로부터도 비난받지 않았다. 그럼에도 불구하고 그는 자책의 마음에 시달려 아이의 유족을 만나 사과했다. 그렇기 때문에 그의 행동은 강도가 그 솜씨 나쁨을 사과하는 것(본서 147쪽 참조)과 같은 의미에서 반도덕적인 것은 아니지만, 그럼에도 또 다른 형태에서 도덕적 원칙·규범에 반하는 사과인 것이다.

+ 2종류의 후회(자책) 형태 - 트럭 사례 ②

이처럼 위의 트럭 사례는 앞 장에서 다룬 사과의 여러 특징 중 〈도덕에 대한 다짐〉에 적합하지 않은 케이스라고 할 수 있다. 하지만 이 사례가 제시하는 중요한 포인트는 이것뿐만이 아니다.

도덕적으로는 (그리고 법적으로도) 비난받지 않고 책임지지 않아도 되는 사고에 대해 이 트럭 운전기사가 사과한 것은 과연 불합리한 행동인 것일까? 그는 엉뚱한 이유로 자신을 자책하고 책임을 느끼고 있는 것이며 결국 머리가 혼란해져 있는 것일까? 실제 우리는 예를 들어 그의 친구였다고 한다면 당연히 "네 탓이 아니야, 자신을 책망하지 마"라거나 "어쩔 수 없었잖아, 마음을 다잡아" 등이라고 말하며 위로할 것이다.

하지만, 시간이 흘러 차차 회복한다면 몰라도 그 위로에 그가 곧바로 납득하고 "확실히 얘기를 들어보니 그러네. 맞아, 불운한 사건이 일어 났을 뿐이야"라고 아무렇지도 않게 다시 기운을 차린다면 어떨까? 우리는 그것은 그것대로 이상하다고 생각하고 그에게 불신을 가질 것이다.

윌리엄스가 이 트럭 사례를 논의의 대상으로 삼은 것은 그야말로 이점에 주의를 끌기 위해서이다. 그는 다음과 같이 논하고 있다.

> 이 트럭 운전기사에 대해 사람들은 틀림없이 그를 위로하려고 하고, 그의 마음 상태를 후회(agent-regret)를 느끼고 있는 상태에서 방관자적 심경에 가까운 상태로 이행시키고자 시도할 것이다. 하지만 중요한 것은 우리는 그런 위로가 필요하다고 간주하는 한편, 그 운전기사가 너무 담담하고 간단하게 방관자적 입장으로 이행한다면 그에게 무언가 불신을 가질 수 있다는 것이다. 우리는 그 운전기사를 불쌍하게 생각하지만, 그 감정은 다음과 같은 이해와 공존하고 있으며 실제로 그 이해를 전제로 하고 있다. 즉, 이 사건에 대한 그의 반응에는 무언가 특별함이 있는데, 그 특별함은 단지 '자신의 과실이 아니다'라고 생각함으로써 제거할 수 있는 것이 아니라는 이해이다.(Williams 1981: 28/46-47)

본서에서 이미 몇 번인가 확인하였듯이(49, 130쪽), 영어의 'regret'이라는 말은 문맥에 따라 (1)어떤 사건에 대해 유감스럽게 생각한다는 의미와 (2)그 사건의 발생에 깊이 관계되는 자신의 행위를 후회한다는 의미 등 2종류의 의미를 가질 수 있다. 위의 인용에서 윌리엄스는 우선 후자인 (2)의 의미를 가진 regret를 'agent-regret' 즉, '행위자의 regret'라고 표기함으로써 양자의 의미 차이를 명확히 하고 있다.

아이와 트럭이 충돌하는 교통사고를 목격한 방관자는 이 사건이 일어난 걸 유감스럽게 생각(regret)할 것이다. 하지만 그 트럭 운전기사는 단지 유감스럽게 생각할 뿐 아니라 '그때 자신이 그 길을 지나지 않았다면…'이라든가, '그날 운전하지 않았더라면…' 등이라고 후회(agent-regret)할 것이다. 윌리엄스가 우선 강조하는 것은 이 차이이다.

표 12. 사고에 대해 '유감스럽게 생각'하는 것과 '후회'하는 것의 구별

	유감스럽게 생각한다(regret)	후회한다(agent-regret)
과실에 의한 사고 사례	행위자와 방관자가 모두 갖는 감정: '무슨 일이 일어난 거지…', '차가 지나가는 타이밍과 아이가 뛰어나온 타이밍이 조금이라도 어긋났다면…'	행위자만이 갖는 감정: '자신이 더 주의해서 운전했다면 (법정속도를 지키고 있었다면 등) 사고를 피할 수 있었는데…'
트럭 사례	위와 같음	행위자만이 갖는 감정: '(후회해도 소용없지만) 그때 자신이 그 길을 지나지 않았더라면…', '(후회해도 소용없지만) 그날 운전하지 않았더라면…'

단, 주의가 필요한 것은 이 트럭 운전기사가 갖는 후회 감정은 예를 들어 부주의 등의 과실에 의해 교통사고를 일으킨 사람이 갖는 후회 감정과는 내용이 다르다는 것이다. 과실에 의한 교통사고의 경우 운전자는

'자신이 더 주의해서 운전했다면 사고를 피할 수 있었는데…' 라는 식으로 후회한다. 즉, 자신에게는 예견 가능성도 회피 가능성도 있었음에도 불구하고 사고를 일으켰다는 것을 후회한다. 그렇기 때문에 이 운전자는 이 사고에 관한 인과 책임이 있음을 동시에 자각한다. 또 그 이외의 사람도 그를 도덕적으로도 법적으로도 비난하고 처벌 및 손해배상 등 책임지기를 요구할 것이다.

한편, 앞서 언급한 트럭 운전기사는 사고가 일어나는 것을 자신은 피할 수 없었음을 알고 있다. 이번 사고는 누구나 인정하는 완전히 불운하고 불행한 사건이었던 것이다.

따라서 '그때 자신이 그 길을 지나지 않았더라면…'이라는 후회는 아무 소용없는 반사실적(counterfactural) 소망에 지나지 않는다. 그렇기 때문에 우리는 그에게 "어쩔 수 없었잖아"라고 위로하거나 "네 탓이 아니야, 자신을 책망하지 마" 라고 권유하는 것이다.

+ 대신할 수 없는 경험을 한 당사자만이 가질 수 있는 후회 – 트럭 사례 ③

문제는 그가 그 권유에 따라 정말로 너무 담담하고 간단히 다시 기운을 차렸다면 우리는 그에게 불신을 가질 수 있다는 것이다. 이것은 우리의 언동이 일관되지 않다거나 머리가 혼란되어 있다는 이야기일까?

그렇지 않다. 앞선 인용의 후반부에서 윌리엄스가 지적하고 있듯이 우

리가 그를 불쌍하게 생각하는 건 그가 순전한 불운에 휘말렸기 때문만
은 아니다. 어쩔 수 없었다고 생각하고 마음을 다잡으려 해도 어쩔 수
없이 '그때 자신이 그 길을 지나지 않았더라면…' 이라고 후회하지 않을
수 없는 그의 심경, '자신이 무슨 일을 저지른 것인가'라고 자신을 책망
하지 않을 수 없는 그의 심경을 잘 이해할 수 있기 때문이다. 우리는 자
연히 이렇게 상상한다. 자신이 그의 입장이었다면 역시 상당히 괴로울
것이다. 어찌되었든 아이와 충돌한 그 트럭은 다름 아닌 자신이 운전했
던 것이다. 그렇기 때문에 '자신이 아이를 쳐서 죽게 했다'는 생각으로부
터 쉽게는 벗어날 수 없을 것이다.

  이 사고에 대한 그의 관여가 너무 깊고 특별하며 그렇기 때문에 이 사
고에 대한 그의 반응도 특별함을 우리는 잘 이해할 수 있다. 그는 이 사
고에 관해 다른 누구와도 바꿀 수 없는 경험 – (글자 그대로) 대신할 수
없는 경험 – 을 했으며 그런 의미에서 트럭에 치인 아이와 함께 이 사
고의 가장 중요한 당사자이다. 그리고 당사자로서 그가 갖는 후회와 자
책의 마음은 단지 '이 사고는 자신의 과실이 아니다'라고 생각함으로써
간단히 제거할 수 있는 것은 아니다 – 우리는 이런 이해를 전제로 하여
그를 위로한다. 그렇기 때문에 그가 위로에 따라 아무렇지도 않게 다시
기운을 차린다고 한다면, 즉 사건에 후회를 느끼고 있는 당사자로서의
심경에서, 사건을 단지 유감스럽게 생각할 뿐인 방관자적 심경으로 담
담하게 이행한다면 그것은 이상하지 않은가라고 생각하고 그에게 불신
을 가지게 되는 것이다.

+ 당사자성의 유래와 그 불명료함 - 트럭 사례 ④

그는 이 사고의 가장 중요한 당사자 중 한 명이다. 이것은 단지 사고 발생 시에 그곳에서 가장 가까운 거리에 있었다는 단순한 공간적 근접성에 의한 것은 아니다. 설령 그 트럭의 조수석에 그의 동료가 타고 있었다고 해도 그 동료는 그와 똑같은 후회(agent-regret)의 감정에 괴로워하지는 않는다. 왜냐하면 동료는 운전이라는 행위를 하지 않았고 단지 가장 가까이서 사고를 목격했을 뿐이기 때문이다.

그렇다면 이 트럭 운전기사의 깊은 당사자성(當事者性)은 자신이 운전한 차가 사고를 일으켰다는 점에서 유래하는 것일까? 어떤 의미에서는 그렇지만, 다른 의미에서는 그렇지 않다. 이것이 가장 미묘한 포인트이다.

분명 그는 '자신이 무슨 일을 저지른 것인가', '자신이 아이를 쳐서 죽게 만들었다'라는 식으로 사고를 회고하고 있다. 단, 이것은 도덕적 내지 법적 인과 책임이 그에게 있다는 게 아니다. 이 사고에 관해 그에게는 컨트롤 가능성(=예견 가능성+회피 가능성)이 없고, 그렇기 때문에 그에게는 어떤 잘못도 없기 때문이다. 즉, 이 사고가 그의 과실에 의해 일어난 게 아니라는 의미에서 그가 이 사고를 일으킨 건 아니다[33].

하지만, 그가 차를 운전하고 그 차가 아이와 충돌하고 그 아이가 사망했음은 확실하다. 이 사건과 차를 운전한 그의 행위가 너무 깊게 관련되어 있어 그야말로 인과적으로 직접 결부되어 있기 때문에 그 자신도 제3자도 그를 적어도 당사자로서 인식하지 않을 수 없는 것이다. 따라서 예를 들어 트럭의 접근으로 새가 놀라서 날아올라 옆 차선의 차와 충돌하여 그 차의 운전기사가 핸들을 인도쪽으로 꺾어 인도에 있던 아이를 그 차가 쳤다는 등의 복잡한 인과 연쇄가 개재하는 경우에 이 트럭 운전기사는 '자신이 아이를 쳤다'는 생각에 사로잡히는 경우는 없었을 것이다.

그렇다면 자신의 행위와 해당 사건 사이의 인과적 결부가 어느 정도 접근하면 혹은 어떤 식으로 결부되면 사람은 그 사건을 당사자로서 받아들이게 되는 것일까? 그것은 본질적으로 불명료하며 사람과 상황에 따라 바뀔 수 있다. 무언가 명확한 기준에 의해 사전에 객관적으로 선을 그을 수 있는 종류의 것이 아니다.

+ 인과 책임도 역할 책임도 아닌 책임 – 트럭 사례 ⑤

트럭 사례에서 '그때 내가 그 길을 지나지 않았더라면…'이라고 후회하고 '내가 아이를 쳤다'라고 자신을 책망하는 운전기사는 아이의 장례에 참석하여 그 아이를 애도하고 유족에게 "죄송합니다"라고 말하고 고개를 숙였다. 이때 그는 인과 책임도, 역할 책임도 아닌 미묘한 책임을 졌다고 할 수 있을 것이다.

인과 책임이라고 하기 힘들다는 건 앞서 언급한 바와 같이 사고 전 그의 행위에는 어떤 잘못도 없기 때문이다. 즉, 그가 비난받아야 할 잘못된 행위를 하고 그 행위가 사고를 일으킨 게 아니다. 하지만 분명히 그가 운전하던 트럭이 아이와 충돌한 것이며, 그가 운전하지 않았다면 사고가 일어나지 않았다는 것도 확실하다. 그런 의미에서 '무슨 일을 저지른 것인가?'라고 그가 자책의 마음에 시달리는 것도 무리는 아니다.

그렇다면 그가 아이의 장례에 가서 사과한 것은 역할 책임을 진 것일까? 어떤 의미에서는 그렇게 말할 수 있을지 모른다. 왜냐하면 그는 아마도 이렇게 생각했을 것이기 때문이다. 도덕적·법적 책임은 없다고 해도 자신은 사고와 가장 깊이 관계되는 당사자로서 다른 사람들과 바꿀 수 없는 위치에 있다. 그런 이상 아이를 애도하고 기도하고 유족에게 무언가를 하지 않을 수는 없다.

단, 이것은 〈도덕적 내지 법적 의무로서 일반적으로 수행되어야 하는 것〉으로서의 역할 책임은 아니다. 즉, 이런 경우에는 누구나가 장례에 참석해야 한다거나 유족을 만나서 사과해야 한다는 건 아니다. 어디까지나 그는 자기 개인의 생각에 근거하여 자신의 판단으로 행동하고 있는 것이다.

우리는 이렇게 상상할 것이다. 자신이 그의 입장이었다면 얼마나 강한 후회와 자책의 마음에 빠지고 언제까지 깊이 낙담할 것인가? 주위로부터 어느 정도 위로를 받고 어느 정도 시간이 흐르면 사고에 대해 잊어버리게 될 것인가? 또 자신이라면 아이의 장례에 가서 유족을 만나 고개를 숙일 것인가? 가고자 생각하면서도 발이 향하지 않을지 모른다. 혹은 그렇게까지 할 필요는 없다고 생각할지 모른다. ─ 이 트럭 사례는 과실을 범한 자가 일반적으로 해야 하는 것과 관련된 도덕적 사례가 아니기 때문에 이상의 포인트는 사람에 따라 다양하게 다를 수 있으며 실제로 다를 것이다. 즉, 이것은 자기 자신이 어떤 인간인가, 어떤 인간이고 싶은가, 어떤 인간이라고 생각되고 싶은가 같은 점을 둘러싼 문제이기도 한 것이다.

+ 〈가벼운 사과〉도 〈무거운 사과〉도 아닌 사과 – 트럭 사례 ⑥

이처럼 트럭 사례 속 사과는 운전기사가 사고 당사자로서 느끼고 있는 책임 – 인과 책임도 역할 책임도 아닌 애매한 책임 – 을 지는 것의 일환이라고 특징지을 수 있다.

그렇다면 이 사과는 〈가벼운 사과〉일까 아니면 〈무거운 사과〉일까? 실제로 어느 쪽이라고도 하기 힘들다. 이 운전기사가 그냥 예의로서 "죄송합니다"라고 말하고 고개를 숙였을 뿐이라고 한다면, 그리고 유족측도 그것에 대해 고개를 숙여 답하고 그것을 끝으로 양자가 접촉하는 경우가 없다고 한다면 그것은 〈가벼운 사과〉에 가까운 것처럼 보인다.

하지만, 적어도 유족의 마음은 그것만으로는 수습되지 않을 것이다. 즉, 그의 사과에 의해 유족의 마음이 풀릴 리는 없고 그 후에도 어찌할 수 없는 심정에 오래 괴로워할 것이다. 또 유족이 사과에 대해 반드시 고개 숙여 답하기만 할 뿐이라고 단언할 수는 없다. 예를 들어 "사과라니 당치 않습니다. 사과할 필요 같은 건 없습니다. 와주셔서 감사합니다" 등이라고 응답할지 모른다. 혹은 감사를 표하면서 "피차 괴로우니 더이상 만나지 않도록 합니다. 서로에 대해 잊읍시다" 등이라고 말할지 모른다. 혹은 그에게 책임이 없다는 건 알고 있지만 감정을 억제하지 못해 "아이를 돌려줘!" 같은, 상대를 책망하는 말을 던질지 모른다.

또 운전기사쪽도 장례 자리에서 유족에게 사과할 뿐 아니라, 그 후 유족에게 조의금을 보낼지 모른다. 혹은 아이의 묘소 참배를 몇 년간 계속할지 모른다. 그런 경우 그의 사과는 〈무거운 사과〉에 가까운 것처럼 생각된다.

그의 사과가 가벼운 것이 될지 아니면 무거운 것이 될지 그것은 사고의 무게뿐 아니라 그와 유족의 사람됨에 달려있기도 하며, 그들이 각각 사과 후에 무엇을 하고 무엇을 생각하고, 또 그들이 어떤 관계를 가질지에 달려 있기도 하다. 오히려 여기서 주목해야 하는 건 운전기사에 의한 사과는 그들의 커뮤니케이션의 기점으로서 기능한다는 것이다. 그들은 장례식장에서 처음 접촉했다. 그리고 그들의 교류는 그것만으로 끝날지 모른다. 혹은 오래 연락이 계속될지 모른다. 어떤 경우든 운전기사에 의한 사과라는 행위는 자연히 유족의 응답을 요구하게 되고 유족이 어떻게 응답하느냐에 따라 거기에 다양한 관계성이 구축될 수 있게 되는 것이다.

+ **단순한 도식으로는 파악할 수 없는 사과의 형태 – 트럭 사례 ⑦**

본 절에서는 여기까지 트럭 사례를 상세히 분석했다. 이 케이스 속 사과는 과실 성립 요건이 되는 컨트롤 가능성(=예견 가능성+회피 가능성)

이 행위자에게 인정되지 않는 것이며, 그렇기 때문에 도덕적 내지 법적 책임에 대한 알기 쉬운 단순한 도식 – 그것은 본서에서도 '역할 책임'과 '인과 책임'의 구별이라는 형태로 받아들인 것이다 – 으로는 파악할 수 없다. 바꿔 말하면 트럭 운전기사의 사과는 인과 책임을 지고 있다고도, 역할 책임을 지고 있다고도 하기 어렵다. 또 그것은 〈가벼운 사과〉라고도 〈무거운 사과〉라고도 하기 어렵다.

트럭 사례 속 사과의 미묘함과 복잡함은 사과에 대한 응답에도 적용된다. 예를 들어 유족이 "사과라니 당치 않습니다. 사과할 필요는 없습니다. 와주셔서 감사합니다"라고 응답했다면 그 유족은 사과를 거절한 것일까? 즉, 그가 사과하는 걸 허락하지 않은 것일까? 아니면 그의 사과를 받아들이고 그를 용서한 것일까?

어느 쪽도 아니다. 아마도 유족은 이때 그의 심정 – 차를 운전한 당사자로서의 고뇌, 자신을 책망하는 마음, 아이를 애도하는 심경, 유족에 대한 배려 등 – 을 짐작하고 〈사과하는 쪽과 받는 쪽〉이라는 것과는 다른 관계성에서 그와 마주하고 싶다고 바랐을 것이다. 그리고 그것도 또 사과라는 행위가 가져올 수 있는 귀결 중 하나인 것이다.

앞장 제1절에서 소개한 5종류의 '사과를 구성하는 필수 요소'(131쪽) 중 트럭 사례의 사과는 우선 (2) '자기에 대한 책임 귀속'이라는 요소에 별로 적합하지 않다. 왜냐하면 트럭 운전기사는 보통 의미에서의 인과 책임을 (그리고 역할 책임도) 자기에게 귀속시키고 있지 않기 때문이다. 또 그렇기 때문에 (3) '후회·자책'이라는 요소에 관해서도 그는 자신이 사고를 회피할 수 있었다는 의미에서 후회하고 자신을 책망하고 있는 건 아니다. 그리고 (4) '피해자에 대한 보상'에 관해서도 그와 아이와 유족은 애초에 가해자와 피해자의 관계가 아니며, 그의 사과는 의례적 수준에서 끝날 가능성도 있는 것이기 때문에 어찌되었든 트럭 사례에 이 요소는 포함되지 않는다.

하지만 트럭 사례는 사과의 유형적 분석을 혼란스럽게 할 뿐인 복잡하고 예외적인 케이스가 아니다. 이 케이스처럼 앞서 언급한 5요소의 대부분이 별로 적합하지 않은 사과는 다양하게 존재한다. 예를 들어 예측도 예방도 힘든 병에 시달려 죽음이 가까워진 부모가 자식에게 정말 미안하다고 생각해 "너를 남기고 가는 걸 용서해 주기 바란다"라든가 "네 성장을 지켜볼 수 없어서 미안하다" 등이라고 말하는 경우가 있을 것이다. 또 어떤 의사가 치료에 필사적으로 노력하고 흠결 없이 할 수 있는 한 모든 것을 했지만, 애석하게도 환자를 살릴 수 없었을 때 진지한 마음에서 그 환자의 가족에게 "힘이 닿지 못해서 죄송합니다"라는 말을 하는 경우도 있을 것이다.

이런 것들은 결코 기묘한 예가 아니며 또 특수한 예도 아니다. 그리고 이런 예에는 (4) '피해자에 대한 보상'이라는 요소는 포함되지 않으며, (2) '자기에 대한 책임 귀속'과 (3) '후회·자책'이라는 요소도 적어도 소박한 형태로 귀속시키는 것은 불가능하다. 왜냐하면 이런 예들에서 부모와 의사는 〈자신은 이 사태를 피할 수 있었는데 하지 않았다〉는 의미에서 후회와 책임을 느끼는 게 아니며, 그렇다고 부모나 의사로서의 역할을 다하지 못했다는 사실만을 순수하게 유감스러워하거나 애석해하는 것도 아니기 때문이다. 거기에는 결국 자신이 그때까지 해 온 것과 하지 못했던 것에 대한 감회가 있고 거기서 생겨나는 심정 – "미안합니다"나 "죄송합니다", "면목없습니다"라는 말을 이용하는 게 가장 자연스러운 심정 – 이 확실히 존재하는 것이다. (참고로, 이 의사 사례와 비슷한 것에 관해서는 제3절에서 주제로 다룬다).

이 복잡한 사회에서 사람들이 현실적으로 하는 사과는 실로 다양해서 몇 가지 단순한 유형을 추출해도 거기서 벗어나는 케이스가 다수 나타난다. 그런 케이스를 예외로 하고 사과 분석에서 제외하면 우리 생활 속에서 숨쉬는 사과 실천의 대부분을 무시하게 될 것이다.

+ 당사자성이라는 특징, 커뮤니케이션의 기점으로서의 기능 – 트럭 사례 ⑧

또 그뿐 아니라 트럭 사례를 비롯한 비유형적 사과에 주목함으로써 확실히 드러나는, 모든 사과에 적용되는 중요한 특징 – 단, 다른 다양한 종류의 행위에도 마찬가지로 적용되는 특징 – 도 존재한다. 본 절의 주요 목적도 그것을 밝히는 것이었다. 되돌아보자.

(1) 당사자성

어떤 사과이든 그것을 행하는 자는 사과의 내용이 되는 사건과 어느 정도 깊은 관계가 있는 당사자라는 의식을 가지고 있을 것이다.

하지만 이 경우에 '당사자'라고 묶을 수 있는 사람의 범위는 상당히 애매하다. 사과하는 쪽에 대해 말하면, 예를 들어 앞서 언급한 "북쪽 고향에서 '92 독립(北の国から '92巣立ち)"의 고로(五郞)처럼 자식의 문제에 관해 부모로서 책임을 지고 사과하는 케이스가 있다. 또 거꾸로 부모의 일로 자식이 사과하는 케이스도 있고 부하의 문제로 상사가 사과하는 케이스도 있다. (그리고 사과받는 쪽에 관해서도 직접 피해자뿐 아니라 그 가족이나 연인 등도 당사자에 포함될 수 있을 것이다. 이런 종류의 애매성에 관해서는 제2절에서 상세히 다루기로 한다).

지금 트럭 사례와 관련해 주목하는 것은 어떤 사건에 대해 설사 인과 책임이나 역할 책임이 존재하지 않더라도 누군가가 그 사건과 관련된 당사자임을 자타가 인정하는 케이스이다. 즉, 그 당사자의 행위 없이는 그 사건이 생기지 않는 케이스를 비롯해, 당사자와 사건 사이에 특별히 깊은 관계가 있다고 인정되는 경우이다.

이런 경우 그 당사자는 '자신이 그때 그것을 하지 않았더라면(그것을 했더라면)…'이라고 후회하고 있다. 그 사람은 문제가 된 사건에 관해 타자가 대신할 수 없는 경험을 하고 있으며, 그 사건에 대해 자신만이 취할 수 있는 시점(視點)(비(非)방관자적 시점)에서 자신만이 가질 수 있는 감정을 가지고 있다. 그리고 그 사건이 일어남으로써 중대한 손해를 입은 자에 대해 그 마음을 배려하면서 자신의 마음을 전달하고 싶어서 – 혹은 전달하지 않을 수 없어서 – 사과하는 것이다. (물론, 사과하는 자가 위에 언급한 종류의 '자신이 그때…'라는 후회나 자책의 마음을 가지고 있지 않은 케이스도 다수 존재한다. 그것은 예를 들어, 130쪽에서 다룬 기업가의 예, 혹은 뒤의 제2절과 제3절에서 다룰 여러 종류의 예이다.)

(2) 커뮤니케이션의 기점

사과라는 행위는 그것을 하는 쪽과 받는 쪽의 커뮤니케이션의 기점으로서 기능한다. 그리고 이것도 모든 사과에 적용되는 특징이다.

사과는 대면이든, 사과문을 주고받는 형태이든 특정 사람들 사이 – 많은 경우 가해자와 피해자를 비롯한 당사자 사이 – 에 직접적 접점을 만든다. (혹은 양자(兩者)에게 이미 인간관계가 존재하고 있었다면 거기에 새로운 접점을 부가한다.)

그리고 사과를 통해 양자(兩者)는 그 사건을 서로가 어떻게 이해하고 받아들이고 있는지 그 인식 내용을 다소간 알 수 있다. 예를 들어 트럭 사례의 운전기사가 장례식장을 방문해 사과했을 때 유족은 그 사실로부터, 또 그 자리에서 그의 언어와 태도, 표정 등으로부터 이번 사고가 그에게 어떤 사건이었는지, 그가 자신의 문제로서 사고를 얼마나 심각하게 받아들이고 있는지에 관해 다소나마 알게 될 것이다. 또 운전기사쪽도 사과에 대한 유족의 응답 모습에서 유족에게 이번 사고가 얼마나 중대한 것이었는지 확인할 것이다.

그리고 양자(兩者)는 그런 서로에 대한 이해를 기초로 하여 커뮤니케이션을 시도할 수 있다. 앞 장 제2절에서 확인하였듯이(151-152쪽) 사과는 상대에게 응답을 요구하는 행위이며, 사과를 받은 시점에서 상대는 (무시도 포함하여) 무언가의 반응을 나타내는 입장에 놓여 있다. 커뮤니케이션은 그 자리에서 끝날지도 모르고, 오래 계속될지도 모른다. 그리고 커뮤니케이션이 항상 우호적이거나, 혹은 건설적인 것이 되는 건 아니다. 한쪽이 한층 더 굴욕이나 피해를 받을 가능성도 있고 교류를 통해 양자(兩者)가 정신적으로 한층 더 깊이 상처입을 가능성도 있을 것이다. 단, 그 한편으로 양자(兩者)의 상처가 치유될 가능성도, 인간관계나 커뮤니티 등이 복원될 가능성도 사과를 기점으로 한 커뮤니케이션에 의해 종종 열리는 것이다.

+ 참지 못해 터져 나오는 "미안합니다" - 『에고이스트』 속 사과 ①

단, 이상의 논점을 추출하는 데 도움이 되었다고는 하지만, 트럭 사례 그 자체는 별로 현실적인 케이스라고 할 수 없다. 왜냐하면 사고에 관한 인과 책임이 운전기사에게 전혀 없다는 것이 사고 초기부터 누구에게나 명백한 교통사고 사례는 실제로는 찾아 볼 수 없기 때문이다. 설사 블랙박스나 방범 카메라의 영상이 남아 있다고 해도 현실에서 차를 운전하고 있던 사람은 아무래도 '더 주의 깊게 보고 있었다면 아이가 뛰어나오는 걸 알 수 있지 않았을까'라거나 '그 길은 사실 더 속도를 낮추고 달릴 수 있지 않았을까'라는 식으로 자신에게 과실이 있었을 가능성에 생각이 닿을 것이다. 그리고 그것은 피해자와 그 가족 그리고 제3자에 관해서도 마찬가지이다.

따라서 여기서 또 하나 관련되는 더 현실적인 케이스도 다루어 보자. 그것은 소설 『에고이스트(エゴイスト)』(타카야마 마코토(高山真), 쇼가쿠칸분코(小学館文庫), 2022년[34])에서 주인공 코스케(浩輔)가 한 사과이다. 우선 그 앞뒤 줄거리를 소개하자.

14세 때 어머니를 병으로 잃은 코스케는 30대 중반에 접어들었을 무렵 퍼스널 트레이너인 류타(龍太)를 만난다. 그들은 모두 게이인데 류타는 그것을 주위에 감추면서 병을 앓는 어머니를 부양하며 둘이서 살고 있었다. 코스케는 류타에게 끌리고 두 사람은 이윽고 연인관계가 되는데 어느 날 류타로부터 더이상 만나고 싶지 않다는 말을 듣는다.

포기할 수 없는 코스케는 류타의 소식을 쫓던 중에 그가 트레이너뿐 아니라, '(남성에게 몸을 파는) 남창(男娼)'도 하고 있었음을 알게 된다. 어머니의 치료비와 생활비를 염출하기 위해서이다. 코스케는 류타를 만나 매달 10만 엔을 줄 테니 남창을 그만두기 바란다고 말한다.

류타는 이 제안을 받아들이고 남창 대신 도로공사 아르바이트를 시작한다. 그는 "드디어 어머니에게 진짜 직업을 말할 수 있게 되었다"고 말한다. 그 후 코스케는 류타의 트레이너 고객이라는 모양새로 그의 어머니와도 교류를 깊이 하게 된다. 그녀의 생일을 셋이서 축하하는 경우도 있었다. 코스케는 류타와 시간을 보낼 수 있는 것에 대해 자신의 어머니에게는 못했던 걸 그의 어머니에게 할 수 있어 만족하고 있었다.

하지만 그렇게 몇 년이 지난 어느 날 코스케는 류타 어머니의 전화에서 충격적인 소식을 듣는다. 그날 아침 류타는 이불에서 나오지 않았다. 죽어 있었다는 것이다. 전날 밤 두 사람은 전화로 얘기했었다. "평소와 같은 전화였다. 걱정되는 부분 같은 건 전혀 없었다"(Ibid. 120).

단, 지금 되돌아보면 걱정되는 부분은 있었다. 이 무렵 류타는 엄청나게 피로해 보였다. 눈 주위에는 다크서클이 진해지고 코스케의 방에 들어오면 곧바로 잠들어 버리는 경우도 종종 있었다. "나는 전부 보았다. 그리고 전부 모르는 척했다"(Ibid. 122). 자신이 남창 일을 그만두게 했기 때문에 류타는 도로공사라는 가혹한 육체노동을 하루 종일 하게 되고 그 때문에 몸을 해친 건 아닐까? "류타에게 '일을 그만둬'라는 말을 해서는 안 되었다"(Ibid. 124)라고 코스케는 후회한다. "타인의 어머니에게 내가 멋대로 감정이입을 강하게 하고, 타인의 생활에 내가 멋대로 신발을 신은 채 들어가고, 타인의 수면시간을 내가 멋대로 줄이게 했다. 내가 한 일은 결국 병을 앓는 어머니를 남기고 죽은 27세 남자와 효성 지극한 자식을 잃은 병약한 여인을 남게 했을 뿐이었다"(Ibid. 131-132).

그리고 류타의 장례식 전날, 그는 이렇게 자문(自問)한다.

사과하고 싶다… 하지만 어떻게?
류타 어머니는 내가 아들의 연인이었으리라고는 생각지도 못하리라. 아들의 업무 상대자가 뒤에서는 연인의 얼굴을 하고 자신들의 인생을 완전히 파괴해 버렸으리라고는 생각지도 못하리라. 장례식장에서 류타 어머니 이외의 사람도 앉아 있는 친족석을 향해 한 사람의 남자가 예절을 무시하면서까지 무릎 꿇고 조아린들 그 조아림에 무슨 의미가 있는지 짐작할 수 없는 친족들은 당황할 뿐이리라. 조아림의 의미를 전달하고자 하면, 연인이 남자였다는 것과 류타가 끝까지 숨겼던, 몸을 팔아 돈을 벌고 있었다는 두 가지 비밀을 폭로할 뿐이리라. 무엇을 어떻게 해도 내 사과는 장례식을 망치고 류타 어머니와 친족의 슬픔에 먹칠을 할 뿐이다.

… 해야 할 것은 하나뿐임을 알고 있었다. 자기 만족에 지나지 않는 사과 따위는 하지 말고 친족에게 폐가 되지 않도록 향을 피우고 필요한 절차가 끝나면 택시 타고 돌아오면 된다. 단지 그것만을 내일 몇 시간 안에 하면 된다. 자신을 책망하고 싶으면 그게 끝난 후 실컷 하면 된다. (Ibid. 132-133)

장례식 날이 되어 코스케는 장례식장을 향했다. 줄을 선 그에게 향 피우는 순서가 왔다. 그저 류타의 업무 상대자로서 담담하고 올바르게 행동하려 하지만, 향 앞에서 두 손을 모으자 "미안합니다"라는 말밖에는 머릿속에 떠오르지 않는다. 이 말을 입 밖에 내지 않으려 피가 날 정도로 입술을 깨물고 친족석에 인사하고 그 자리를 떠나고자 하는데, 다리가 꼬여서 그 자리에 넘어진다. 일어나려 해도 힘이 들어가지 않는다. 눈물이 하염없이 흘러나온다. 그는 얼굴을 가리고 울었다. "류타와 류타 어머니와 류타의 친족에게 마음속으로 사과하면서 소리내어 계속 울었다"(Ibid. 136). 그때 문득 누군가가 코스케의 양 옆구리를 뒤에서 안았다. 돌아보자 눈물투성이인 류타 어머니였다.

나는 곧바로 얼굴을 돌리고 숙였다. 얼굴을 볼 자격조차 내게는 없다고 생각했다. 곧장 일어나 걸어 나가지 않으면 안 된다. 그걸 알고 있으면서도 나는 그녀의 손을 잡고 맹세를 깨뜨리고 말았다.

"미안합니다, 미안합니다, 미안합니다"

터진 입에서 모기 울음 같은 작은 소리로 똑같은 말이 흘러나온다. 넘어진 병에서 새어 나온 물은 병으로 되돌릴 수 없다. 이 말을 없었던 것으로 할 수는 없는데도 멈출 수가 없다.

"왜 사과해? 왜 당신이 사과해야 하는데?"

류타 어머니가 내 등을 문지르면서 귓가에 속삭였다.…

"사과하지 마. 부탁이야. 사과하지 마. 왜냐하면 나, 알고 있으니까. 당신이 류타를 사랑해 주었다는 것, 나, 알고 있으니까"

잘못 들은 것이라고 생각할 정도로 희미한 목소리였다. 놀라서 얼굴을 든다. 뒤돌아보니 류타 어머니가 울면서 몇 번이고 끄덕이고 있었다.

"그래, 나, 알고 있으니까. 당신이 사과하면 류타가 제일 슬퍼하니까"

주위의 누구에게도 들리지 않을 작은 소리로 류타 어머니가 내게 말하고 있었다. (Ibid. 136-137)

장례식장 밖에서 두 사람은 여러 얘기를 했다. 사실 류타 어머니는 아들과 코스케의 관계를 처음부터 알고 있었고 그것을 류타에게 직접 묻고 확인했었다고 한다. 류타는 "코스케 씨가 구해 줬어요", "어머니, 지옥만 있는 게 아니었어요"라고 했다고 한다. 그녀는 코스케에게 "정말 고마워. 고마워"(Ibid. 141)라고 말했다. 두 사람은 그 후 그녀가 임종을 맞이할 때까지 류타의 추억을 얘기하면서 교류를 계속하게 된다.

+ 사과라는 형태로 밖에 표현할 수 없는 심정 – 『에고이스트』 속 사과 ②

류타의 사인(死因)은 작품 속에서는 명확하지 않다. 과로사였음을 엿보게 하는 서술이 많지만 자살이거나 혹은 다른 원인이 있었을지도 모른다. 하지만 적어도 코스케는 류타 사망의 인과 책임이 자신에게 있다고 생각되어 견딜 수 없다. 물론, 〈남창 일을 그만두도록 자신이 재촉한 탓에 류타는 죽음에 이르게 되었다〉는 것은 객관적으로 보면 상당히 불명확하고 약한 인과관계 추정이다. 그럼에도 자신의 어머니에게는 못했던 것을 하기 위해 자신은 류타와 그 어머니를 이용한 게 아닌가라는 의문과 꺼림직함도 맞물려서 코스케는 그 생각에 빠져들어 간다.

코스케는 장례식장에서 류타와 그 어머니, 친족들에게 사과하고 싶다고 소망한다. 하지만 사과를 하는 건 그들 누구를 위한 것도 되지 않는다고도 생각한다. 류타를 그저 추모해야 하는 자리에서 사과라는 형태로 자신의 생각을 토로하는 건 단순한 자기만족이다 – 이기적인(egoistic)

행위이다 – 라고 생각한다. 하지만 결국 생각을 억누르지 못해 "미안합니다"라는 말이 눈물과 함께 흘러나오게 된다.

　무언가 중대한 사건이 일어났을 때 사람은 그것이 우연히 불합리하게 일어났다는 식으로는 받아들이기 어렵다. 그 대신 그 일이 생긴 이유나 원인을 추구하는 강한 경향이 있다[35]. 코스케의 경우에는 그 원인을 자신의 행동에서 찾고 자신을 비난의 대상으로 삼았다. 이것은 한편으로는 무리없는 자연스런 사고라고도 할 수 있다. 코스케는 류타 사망의 그야말로 직전까지 누구보다도 깊게 그와 관계하고 그에게 가장 큰 영향을 주었다. 그런 코스케가 류타의 사망이라는 사건에 관해 류타 어머니와 병행하는 당사자로서 자신을 인식하고 어쩔 수 없이 책임을 느끼는 건 이 이야기를 읽는 제3자도 잘 이해할 수 있는 것이다. 오히려 코스케가 어떤 책임도 느끼지 않고 단지 슬픈 사건이 일어났을 뿐이라고 생각한다면 그쪽이 부자연스럽고 이상하게 생각될 것이다.

　하지만 다른 한편으로는 코스케의 사고와 감정은 폭주하고 있다고도 할 수 있다. 독자들은 그에게 동정해서 그의 탓이 아니다, 자신을 그렇게 책망할 필요는 없다고 생각할 것이다. 또 소설 속 류타 어머니의 경우 그가 왜 사과하고 있는지 구체적 내용까지는 아직 모르기 때문에 "왜 사과해? 왜 당신이 사과해야 하는데?"라고 당혹해하고 있다. 단, 그럼에도 그가 류타의 사망에 관해 강하게 책임을 느끼고 있다는 사실 자체는 이해하면서 사과하지 말라고 얘기하는 것이다. 그리고 그것은 그의 사고와 감정이 정말로 혼란상태라고 판단하기 때문이 아니다. 반복하지만,

우리도 류타 어머니도 코스케가 책임을 느끼는 것 자체는 잘 이해할 수 있다. 이해할 수 있기 때문에 그에게 다가가서 후회와 슬픔으로 심신이 피폐해지기 전에 구원받기 어려운 이 비극에서 벗어나 그가 다시 일어서기를 바란다고 소망한다. 그것은 류타의 사망은 자신과 관계없는, 아무래도 상관없는 것이라고 그가 간주하기 바라는 것이 아니다. 그게 아니라 그가 류타와의 날들과 류타의 사망이라는 사건을 (자신으로부터 분리시키는 게 아니라) 자신의 인생을 구성하는 필수적인 부분으로서 받아들이면서도, 그럼에도 그 후의 인생을 걸어가기 위한 빛을 찾아내기 바라는 것이다.

류타 어머니가 코스케의 사과를 접하고 "사과하지 마. 부탁이야. 사과하지 마", "당신이 사과하면 류타가 가장 슬퍼지니까"라고 말했을 때 이것은 (타마코의 삼촌처럼) 상대의 사과를 거절한 게 아니다. 그렇다고 사과를 받아들이고 상대를 용서한 것도 아니다. 그녀는 코스케의 사과라는 행위에 접함으로써 류타에 대한 그의 생각과 그라는 인간을 깊이 이해했다. 그리고 그런 이해에 기반하여 그를 위로했다. 또 그도 동시에 자신의 사과에 대한 그녀의 응답에 접함으로써 그녀의 생각과 그녀라는 인간을 깊이 이해했다. 이때 그녀와 코스케는 그때까지와는 다른 새로운 관계를 구축하는 입구에 선 것이며, 이 두 사람의 결합이야말로 그녀와 코스케가 그 후의 인생을 걸어가기 위한 빛이기도 한 것이다.

사람은 때로는 사과라는 형태로만 표현할 수 있고, 또 사과라는 형태로만 상대로부터 이해받을 수 있는 그런 독특한 심정을 갖는다. 코스케도 그때 자신의 심정을 나타내는 솔직한 표현으로서 "미안합니다"라는 말밖에 떠오르지 않았다. 그 말과 태도는 겉으로 드러내지 않겠다는 자신의 결의와는 반대로 내면에서 넘쳐 나왔다. 그것은 거짓없는, 마음으로부터의 사과이며, 그런 의미에서 진지한 사과이다. 그리고 사람은 그런 사과와 사과에 대한 응답에서 상대에 대해 많은 것을 알 수 있다. 그리고 그것을 기점으로 서로와 새로운 방식으로 관계 맺기도 가능한 것이다[36].

+ 본 절의 마무리

본 절에서는 트럭 사례 및 『에고이스트(エゴイスト)』 속 사과 장면을 분석함으로써 주로 다음 같은 점을 확인했다.

무언가 중대한 나쁜 사건이 생겼을 때 그 발생과 특별히 깊은 관계가 있다고 자각하는 당사자는 다른 누구와도 바꿀 수 없는 당사자로서 자신과 그 사건과의 관계를 인식하고 있다. 그리고 누구로부터도 비난받지 않고 인과(因果) 책임을 요구받지 않는 경우라도 – 혹은 과실이라고 간주하기에는 너무 불명확하고 약한 인과관계 밖에 추정할 수 없는 경우라도 – '그때 자신이 이렇게 했었다면(혹은 이렇게 하지 않았다면) …' 이라든가 '더 이렇게 할 수 있지 않았을까' 같은 종류의 후회나 자책의 마음을 가질 수 있다. 그 심정은 종종 사과라는 형태를 취함으로써 가장 자연스럽게 표현되며 애초에 사과 이외의 표현을 찾는 것 자체가 어렵다.

한쪽이 사과하고 다른 쪽이 무언가의 방식으로 응답한다 - 그런 상호작용에서 양자는 상대가 그 사건을 어떻게 파악하고 있고 자기 자신과 다른 사람들이 어느 정도 중요한 것으로 받아들이고 있는지 안다. 거기서부터 양자의 (새로운) 커뮤니케이션이 시작한다. 그것은 그 자리에서만의 사과와 응답으로 끝날지도 모르고, 코스케와 류타 어머니처럼, 한쪽이 사망에 이르기까지 오래 계속될지도 모른다. 류타 어머니는 코스케의 사과를 거절하지도 받아들이지도 않았다. 그녀의 응답은 자신들의 관계가 〈사과하는 쪽과 받는 쪽〉이 아님을 상대에게 확인 내지 제안하는 의미를 가지고 있었다고 할 수 있을 것이다. 그것은 또 동시에 다른 관계성 아래 당신과 마주하고 싶다는 의지의 표명이기도 했던 것이다.

실제로 상대의 사과에 대해 거절도 수용도 아닌 방식으로 응답하는 것은 매우 많은 장면에서 볼 수 있다. 예를 들어 지하철에서 흔들려 타인이 자신의 발을 가볍게 밟은 때나 약속한 상대가 조금 지각했을 때 등에 상대가 "죄송합니다"라고 말하고 고개를 숙이면 그에 응하여 "아뇨, 아뇨" 라든가 "괜찮습니다" 등이라고 말하고 고개나 손을 젓는 식의 대화를 우리는 생활 속에서 일상적으로 반복하고 있다. 그것은 약속된 의례적 응답일지도 모르고 정말로 신경쓰고 있지 않다는 의사 표시일지도 모른다. 혹은 신경은 쓰고 있지만 상대에게 배려하거나 아첨하거나 미안해하고 있는 것일지 모른다. 혹은 또 류타 어머니처럼 상대가 사과하는 심경을 이해하면서 상대를 배려하고 감사하는 마음이 나타난 것일지 모른다. 그것은 경우에 따라 다르다.

어찌되었든 중요한 것은 우리는 사과에 대해 〈받아들인다/받아들이지 않는다〉는 양자택일의 형태로 항상 응답하고 있는 건 아니라는 것이다. 그렇게 단순화하기에는 우리가 타자와 마주하는 방식도, 인과관계나 위치 및 책임 등에 대한 이해 방식도 너무 미묘하고 불명확한 경우가 많다. 용이하게는 결론낼 수 없는 이 현실과 그 속에서 생활하는 우리의 관계와 심정의 복잡함을 사과를 기점으로 한 커뮤니케이션의 여러 형태는 반영하고 있는 것이다.

제 2 절
사과란 누가 누구에게 하는 것인가

+ 사과의 '당사자(와 그 대리)'는 어디까지 넓어질 수 있는가

앞 절에서 다룬 『에고이스트(エゴイスト)』에서 코스케(浩輔)가 사과한 대상은 류타(龍太)와 그의 어머니, 그리고 다른 친족이었다. 또 텔레비전 드라마 '북쪽 고향에서 '92 독립(北の国から '92巣立ち)'의 케이스(본서 167쪽 이하)에서 고로(五郎)는 직접적으로는 타마코(タマコ) 자신이 아니라 그녀의 삼촌에게 사과했다. 그리고 본서의 강도 사례의 한 버전에서 C 씨는 피해자와 그 가족에게 사과함과 동시에 세상 사람들에게도 사과했다(106-107쪽). 이처럼 사과의 객체(=사과하는 상대)에는 다중성과 다양성을 발견할 수 있다. 또 사과의 주체에 대해서도 고로가 아들의 문제에 대해 사과하고 있듯이, 그 범위는 확대되거나 애매해질 수 있다.

사과는 손톱을 깎거나 이를 닦는 것과는 달리 항상 누군가에게 행해지는 행위이다(본서 151쪽). 즉, "사과란 한쪽 당사자가 다른 쪽 당사자에게 하는 행위의 일종인 것이다"(Cohen 2020: 24). 단, 당사자 자신이 아니라 당사자의 대리가 되는 자가 사과를 하거나 사과를 받는 케이스도 다양한 형태로 존재한다.

예를 들어 사망한 부모 대신 자녀가 사과하거나 의료 사고로 사망한 자녀 대신 그 부모가 사과를 받는 경우이다. 이 경우 '대리'라고는 해도 사과의 내용이 되는 사건과 일정 정도 깊은 관계가 있다는 점에서는 넓은 의미에서 '당사자'의 카테고리에 넣을 수도 있다. 단, 자기 자신이 한 일에 대해 사과하거나 자기 자신의 피해에 대해 사과받는 케이스와는 역시 다르기 때문에 그 점에서 구별할 필요도 있을 것이다.

어찌되었든 그런 '(대리도 포함한)당사자'들의 내용 자체가 때로 애매하거나 매우 복잡할 수 있다는 것이 본 절에서 검토하고자 하는 포인트이다. 실제, 당사자란 과연 어디까지 넓어질 수 있는 것일까?

+ 사과 객체의 확장성과 그 한계에 관한 기준의 일례

우선 사과의 객체부터 검토해 보자. 예를 들어 류타 어머니는 류타의 갑작스런 사망이라는 사건의 틀림없는 당사자이다. 왜냐하면 그녀는 류타와 가장 가까웠던 사람 중 한 명이며, 또 그를 낳고 키우고 그가 사망할 때까지 오래 함께 생활한 인물이다. 그뿐 아니라 그가 죽은 것을 최초로 발견한 인물이기도 하기 때문이다.

그렇다면 그의 장례에 참석한 다른 친족은 어떨까? 그와 친밀한 관계에 있고 그의 사망으로 강한 충격을 받고 상실감과 슬픔에 사로잡혀 있는 사람도 있을지 모른다. 거꾸로 그와 거의 면식도 없지만 혈연상 관계 때문에 의리상 참석하고 있을 뿐인 사람도 있을지 모른다.

그와의 친밀함이나 그의 사망에 의한 영향이라는 점에서 말하면 그와의 관계가 희박한 친족보다 평소 교류가 깊은 친구나 직장 동료 등이 당사자라고 부르기에 적합하지 않을까? – 물론 그런 개별 사정이 명확하다면 그들도 당연히 사과의 대상에 포함될 수 있다. 그것은 경우에 따라 다르다. 하지만 사정이 불명료한 경우 혈연관계라는 것은 애매해지기 쉬운 당사자의 범위를 일단은 구분 짓는 객관적 기준이 될 수 있다.

실제 사과를 해야 하는 상대란 사회적 관습과 규범 같은 것에 의해 암묵적으로 이해되고 있는 부분도 있다. 일반적으로 누군가 사망했을 때 그 배우자, 부모, 자녀, 형제자매에게는 설사 그들이 사자(死者)와 소원했다고 해도 조의를 표해야 한다는 인식과, 사과가 필요한 경우에는 사과 대상에 포함시켜야 한다는 인식을 적지 않는 사람들이 가지고 있다고 할 수 있을 것이다. 코스케가 사과 대상에 류타 어머니뿐 아니라 다른 친족을 자연히 넣은 것도 이런 종류의 인식에 기반하고 있기 때문이라고 생각된다.

+ 사과 객체의 애매성

물론, 혈연관계 유무가 어떤 사회나 어떤 장면에서도 절대적 기준이 되는 건 아니며, 또 애초에 혈연관계라는 개념 자체가 상당히 애매한 것이다. 예를 들어 사망한 사람의 기억을 거의 갖지 않는 손자는 사과를 받아야 하는 친족에 포함될 수 있을 것인가? 혹은 그 다음 세대는 어떠

한가? 즉, 몇 세대나 떨어진 자손도 사과의 대상이 될 수 있는 것일까?

이것도 경우에 따라 다르다. 선조(先祖)가 입은 손해(침략, 수탈, 폭력, 모욕 등)와 관련해 자손이 사과를 요구하는 사태는 세계 각지에서 반복하여 발생하고 있다. 그리고 그때마다 다양한 배경과 생각, 타이밍 등의 영향 아래 사과 요구의 정당성도 포함하여 다양한 논의가 사람들 사이에서 교환되고 사과가 실제로 실행되거나 혹은 거부되고 있다.

정치학자 데이빗 밀러는 현대에 초점이 되는 경우가 많은 역사적 보상 요구를 아래 4종류로 크게 나누고 있다(Miller 2007: 138-139/169).

(1) 과거 어떤 시점에 부정하게 빼앗긴 토지, 귀중한 예술작품, 신성한 사물에 대해 그 소유자의 자손이 반환을 요구하는 것.

(2) 노예나 식민지 주민 같은 착취 피해자의 자손이 선조의 손에서 빼앗긴 것과 같은 가치를 가진 것을 요구하는 것.

(3) 폭력이나 구속 등 피해자에게 위해를 가한 부정한 행위가 이루어진 것에 대해 피해 당사자나 그 자손에게 금전 등의 물질적 보상을 하도록 요구하는 것.

(4) 부정을 저지른 자에게 역사를 있는 그대로 기록하고 역사적 부정(不正)의 책임을 인정하도록 요구하는 것.

이 각각의 케이스에서 사과 객체는 다양하고 또 다중적이 될 수 있다. 예를 들어 침략에 의해 부정하게 토지를 빼앗긴 사람들은 당연히 사과받을 권리가 있지만 그 자손들도 그 토지가 있다면 손에 넣었을 혜택과 기회를 계속 빼앗겼다고 간주할 수 있다. 그리고 그 경우 그들 자신도 사과를 받아야 하는 당사자라고 파악할 수 있다. 마찬가지로 예를 들어 억울하게 죄를 뒤집어쓴 당사자뿐 아니라 그 자손도 선조의 오명에 의해 자신의 가계(家系)에 자부심을 가질 수 없었거나 열등감을 느껴 온 피해자로서 사과 객체가 될 수 있다.

사과 객체는 지금까지 들었던 '친족', '자손', '친구', '동료' 외에 '고객', '시청자', '팬', '주민', '국민', 혹은 각종 '소수자' 등 실로 다양할 수 있다. 어떤 경우에 어떤 사람들이 사과 객체에 포함되는지 그것을 미리 구분할 수 있는 간편한 기준은 존재하지 않는다. 사건의 내용과 그것을 둘러싼 사회 상황, 공유된 가치관, 사람들의 관계성 같은 사정이 그때마다 달라질 수 있는 이상 개별 케이스별로 그때마다 검토되고 판단되어야 하는 사항인 것이다.

+ **사과 객체의 다중성과 사과 내용의 다면성**

단, 이상과 같은 점과 관련해 주의해야 할 일반적 포인트도 여기서 몇 가지 열거할 수 있다. 첫째는 사과 객체가 여럿 있는 경우 사과 내용은 각각 부분적으로라도 달라질 수 있다는 것이다.

앞서 언급한 역사적 보상 케이스나 혹은 소설『에고이스트(エゴイスト)』케이스가 그런 것처럼 사과 대상에는 사자(死者)나 의식이 돌아오지 않은 사람, 소식 불명인 사람 등 사과에 대해 스스로 응답할 수 없는 사람도 포함될 수 있다[37]. 앞 장 제2절에서 확인한 바와 같이(151쪽) 사

과에서 사람이 항상 상대의 응답을 요구하는 것은 아니지만 대개의 경우 그것을 요구하는 것도 확실하다. 예를 들어 자신이 사과하고 싶은 상대가 소식 불명이어서 오랫동안 그 행방을 찾았는데 이미 죽었음이 판명된 경우 결국 그 사람에게 사과할 수 없었다고 생각하는 건 부자연스럽지 않다. 그리고 적어도 그 사람의 친족에게 대신 사과하고자 생각하는 것도 부자연스럽지 않다. 그런 케이스도 포함하여 사과해야 할 당사자 이외의 사람들에게 사과하는 경우에는 그 사람들을 당사자의 대리로 취급하고 응답을 요구하는 측면도 있을 것이다. 그리고 이런 측면만 본다면 사과 내용은 당사자와 친족 등 간에 차이가 없게 된다.

하지만 예를 들어 『에고이스트』에서 코스케가 류타 어머니와 친족에게 사과할 때에는 그들을 류타의 대리로 취급하고 있을 뿐 아니라 그들로부터 류타를 빼앗은 점, 또 그것에 의해 그들을 괴롭고 슬프게 한 점에 대해서도 사과하는 것이며, 이 후자의 내용은 당연히 류타에 대한 사과 속에는 포함되지 않는다.

다른 예를 생각해 보자. E 씨가 어느 음식점에 들어가서 무리한 주문을 하거나 식기류를 혀로 핥는 등의 행위를 반복하고 그 모습을 촬영한 영상을 재미 삼아 동영상 사이트에 올렸다고 하자. 동영상을 본 시청자로부터 비난이 쇄도하여 E 씨는 그 음식점 점주와 시청자에게 사과하게 된다. 이 경우 가게 영업을 방해하거나 식기류를 못쓰게 만든 것 자체는 시청자에 대한 사과 내용에는 포함되지 않는다. 또 거꾸로 (점주가 그 동영상을 보지 않았다면) 동영상을 봄으로써 불쾌함과 불안을 느낀 것은 점주에 대한 사과 내용에는 포함되지 않는다.

이 종류의 차이에 주의하지 않고, 예를 들어 당사자 전원을 한데 묶어 사과한 경우 한층 더 비난을 초래할 수도 있다. 예를 들어 이 사례의 E 씨가 사과할 때 "점주 및 시청자 여러분이 불쾌함을 느끼게 해서 죄송합니다"라고 했다고 하자. 이 경우에 "점주는 '불쾌함' 정도가 아니라 실제 피해를 입었는데 무슨 소리를 하는 거냐?"라거나, "자신이 무슨 짓을 했는지 알고 있는가!" 같은 비난을 받을 것이다. 본서에서 여러 번 확인했듯이 사과하는 자에게는 사과의 내용이 되는 사건을 어떻게 인식하고 있는가라는 질문이 우선 제기된다. 그리고 그 인식에는 때로는 다면성이 요구된다. 왜냐하면 한쪽 사과 대상에 대해서는 적절한 인식이 다른 쪽 사과 대상에 대해서는 부적절하거나 불충분한 경우가 종종 있기 때문이다.

+ 사과할 상대의 순서에 대한 도리

그리고 또 한 가지 포인트는 단일한 사건에 관하여 사과 대상이 복수 존재하는 경우 사과의 순서도 중요해질 수 있다는 것이다.

예를 들어 위의 민폐 동영상에 관해 얘기하자면 E 씨가 사과하고자 할 때 먼저 사과를 위한 새로운 영상을 동영상 사이트에 올리는 형태로 한다고 해 보자. 그 경우 E 씨가 사과 대상으로 삼은 것은 우선 민폐 동영상을 본 불특정 다수의 시청자가 되기 때문에 사과 동영상에서 E 씨는 "여러분이 불쾌함을 느끼게 해서 죄송합니다"라고 말하고 고개를 숙이는 등의 태도를 보일지 모른다.

하지만 시청자의 대부분은 자신들이 불쾌함을 느낌과 동시에 점주를 동정하고 가게를 걱정하기도 할 것이다. 아니 오히려 후자의 감정과 배려 때문에 불쾌하게 생각하고 있는 부분도 클 것이다. 그렇기 때문에 E 씨가 그런 사과 동영상을 올렸다고 해도 결국 "'불쾌함'이라니!"라는 반발을 사거나 "사과할 상대가 잘못되었다!"라는 비난을 받을 것이다.

사과 대상이 여럿 있을 때 사람은 종종 더 영향력이나 권력이 있는 자에게 먼저 우선적으로 사과하려는 경향이 있다. 하지만 〈사과를 우선적으로 받아야 하는 것은 당사자 중에서 최초로 직접 손해를 입는 자이거나 가장 중대한 손해를 입은 자이다〉라는 것은 우리에게 널리 공유되어 있는 도리이다. 이 도리에 따르고 있는지 여부도 사과의 적절함을 측정하는 요소에 포함될 수 있는 것이다.

+ 사과 주체의 확장성, 애매성, 다중성 – 감독 책임을 지는 케이스

여기까지 사과 객체의 확장성과 애매성, 다중성에 대해 검토했는데 똑같은 점은 사과 주체에 대해서도 말할 수 있다. 다음으로 이 점에 대해 확인해 보자.

예를 들어 어떤 기업의 사장이 그 기업이 일으킨 뇌물사건에 대해 사과한다고 하자. 이것은 기업이 한 일에 대해 어떤 개인이 사원을 대표해 사과하는 예이다. 하지만 이 사장이 뇌물사건의 당사자라고 한다면 어떨까? 즉, 공무원에게 뇌물을 준 것이 사장 본인이었다면 어떨까? 이 경우 사장에 의한 사과는 기업으로서의 사과와 개인으로서의 사과가 겹쳐 있는 것이라고 볼 수 있다.

다른 예도 들어 보자. 예를 들어 아이가 문제를 일으켰을 때 부모는 일반적으로 감독 책임 – 즉, 아이를 지도감독하는 역할 책임 – 을 지고 있다고 간주된다. 그런 이상 부모는 아이 대신 또는 아이와 함께 피해자에게 사과할 것이 요구되는데 언제까지나 감독 책임을 져야 한다고 간주되는 건 아니다. 실제, 현재 일본에서는 아이가 성인이 되었는지 여부가 부모도 사과 당사자 내지 그 대리가 되어야 하는지 여부를 구분하기 위한 일단의 상식적 기준이 되고 있다. 그 점에서는 앞서 언급한 "북쪽 고향에서 '92 독립(北の国から '92巣立ち)"에서 자식인 준(純)은 이미 20세를 넘었기 때문에 고로(五郎)가 준과 함께 사과하는 건 과보호라거나 부적절하다는 관점도 있을 수 있을 것이다.

또 거꾸로 부모가 한 일에 대해 자식이 사과하는 케이스도 때로 볼 수 있다. 예를 들어 일본에서 치매인 부모가 사건이나 사고를 일으킨 경우에 법정(法定) 감독 의무자로 되어 있는 자식이 사과하는 케이스를 생각해 보자. 이것은 (법과 사회통념 등에 비추어) 충분히 가능하고 또 필요하다고 생각되는 케어와 지원을 자식이 부모에게 하지 않았기 때문에 그 부모가 문제를 일으켰다고 간주될 수 있는 케이스이다.

+스스로는 사과할 수 없는 부모 대신 자식이 사과하기 위한 조건 ①

그렇다면 자식이 부모의 감독 책임을 지지 않는 다른 일반적인 케이스는 어떨까? 부모가 일으킨 문제가 타인에게 중대한 손해를 주거나 사회에 큰 악영향을 준 경우, 혹은 그 부모가 사회적 영향이 큰 인물인 경우 자식이 부모 대신 사과하는 케이스가 있다. 특히 그 부모가 이미 사망하는 등 당사자가 직접 사과할 수 없는 경우 자녀가 자발적으로 사과하거나 자녀에게 피해자 등이 사과를 요구하는 케이스가 많다고 할 수 있을 것이다.

이것은 특별히 일본에 한정된 이야기가 아니다. 예를 들어 앞서 언급한 밀러는 〈사망한 아버지가 과거에 심한 짓을 하고 타인을 모욕했음을 알았다〉라는 상황을 가정한 후에 이런 경우 자신이 아버지 대신 사과하는 건 올바른 일이라고 말하고 있다(Miller 2007: 157/191). 단, 밀러는 여기서 어떤 흥미로운 논점을 추가하고 있다. 자신이 아버지 대신 사과하기 위해서는 아버지의 입장에 서서, 만일 기회가 있다면 아버지는 분명 사과하고 싶다고 생각했을 거라고 상상해야 된다는 것이다. 즉, 어떤 의미에서 자신과 아버지를 하나라고 인식할(identify) 필요가 있다는 것이다.

거꾸로 자신을 아버지와 하나라고는 전혀 인식하지 않고, 아버지의 삶의 방식에 전혀 찬동할 수 없는 경우, 그럼에도 아버지의 행동에 대해 사과할 수는 있지만, – 그 사과는 이웃집 잔디밭을 더

럽힌 애완 고양이 때문에 하는 사과와 같다. — 그러나 아버지 대신(on his behalf) 사과할 수는 없다. 왜냐하면 아버지 대신 사과하기 위해서는 자신이 아버지의 입장에 서서, 아버지가 하고 싶었으리라 생각되는 내용을 말하는 것이 포함되기 때문이며, 그것을 위해서는 자신과 아버지의 동일시(identification)가 필요하기 때문이다. (ibid. 157-158/191)

이웃집 잔디밭을 더럽힌 애완 고양이 대신, 혹은 장난치다 이웃집 친구를 다치게 한 어린아이 대신, 혹은 잘못해서 이웃집에 침입한 치매 아버지 대신 내가 피해자에게 사과할 때 그것은 그 고양이나 자녀나 아버지는 자신이 한 일의 사회적 의미를 이해할 수 없거나 충분한 사과를 할 능력이 없다고 내가 판단하기 때문이다. 한편 밀러가 예시하는 케이스에서 그의 아버지는 그런 이해와 행동 능력을 갖추고 있었다고 가정되고 있다. 그리고 아버지와 자신 사이에 무언가의 일체성 내지 연속성을 발견한 자녀가 자신이 아버지였다면 이같이 이해하고 이같이 행동하리라는 생각에 근거하여 사과를 실행하고 있다.

하지만 사과의 원인이 되는 행위를 한 것은 다름 아닌 아버지 자신이다. 따라서 아버지와 자신을 하나라고 간주한다면 과거의 그 행위에 대해서도 이해한다는 의미가 되지 않을까? 법철학자 카와세 타카유키(川瀬貴之)도 지적하고 있는 바와 같이 "사과는 가해 당시의 가해자의 가치관 부정을 동반할 가능성이 있기 때문에 그 동일시 정도도 너무 강한 것이라면 사과 그 자체가 불가능해진다"(카와세 2011: 29).

그렇기 때문에 밀러는 사망한 아버지 대신 자녀가 사과하는 등 앞 세대 대신 뒷세대가 사과하는 행위가 진지한 사과가 되기 위해서는 "동일시와 비동일시 모두가 요구된다"(Miller 2007: 159/193)고 주장하고 있다. 지금 예로 말하자면 자신의 신념이나 가치관과 부모의 그것을 동일화(=동일시)하면서 동시에 부모가 일으킨 문제에 관해서는 자신의 신념이나 가치관에 반하는 것으로서 비난(=비동일시)하는 태도이다.

하지만 이 논의에는 무리가 있다. 예를 들어 부모가 일으킨 문제가 특정 소수자에 대한 차별적 언동이었다고 하자. 그런 행위는 그야말로 부모의 뿌리깊은 신념이나 가치관의 체계로부터 나온 것인데, 그 속에서 자신과는 양립할 수 없는 부분만 편리하게 예외시하고 잘라내는 일은 불가능하다. 그런 이상 자신의 신념이나 가치관을 부모의 그것에 포개고 있다면 부모의 언동은 자신에게는 비난받아 마땅한 것이 되지는 않을 터이다. 그렇다면 진지한 사과에는 부모와의 동일시와 비동일시 모두 필요하다고 해도 그 내용은 밀러의 주장과는 다른 것이이어야 한다.

그렇다면 그것은 어떤 태도일까? 예를 들어 부모의 차별적 관점을 잘못이라고 인식하게 된 후의 부모의 신념이나 가치관에만 자신을 포개는 것일까? (그리고 이것에는 부모가 살아있다면 그렇게 인식을 변화시켰으리라는 상상도 포함될 수 있다). 즉, 어느 시기 이후의 부모의 신념이나 가치관과 자신의 그것을 포개면서 그 이전의 부모의 신념이나 가치관과는 포개지 않는 것일까? 하지만 이같이 가정하면 왜 자신이 부모 대신 사과라는 행위를 할 필요가 있는지가 불분명해진다. 왜냐하면 지금 케이스에서 사과란 본래 부모가 과거 자신이 한 일에 대해 하는 것으로, 부모가 더이상 그것을 할 수 없기 때문에 자녀가 대신한다는 것인데, 자녀가 그 과거의 부모에게는 자신을 포개고 있지 않다(=자녀가 대리하고 있는 것은 그 이후의 부모만이다)면 자신이 대리로서 사과해야 할 과거가 존재하지 않게 되기 때문이다. 바꿔 말하면 이 경우에 자신은 과거에 차별적 언동을 한 인물을 비난한다거나 그 언동에 의해 상처입은 쪽을 지지하거나 명예회복을 도모하는 것은 가능하지만 그 인물 대신 사과하는 것은 불가능하다는 것이다[38].

+ 스스로는 사과할 수 없는 부모 대신 자식이 사과하기 위한 조건 ②

이상의 문제는 대리가 아니라 당사자가 사과하는 경우에는 생기지 않는다. 왜냐하면 신념이나 가치관이 크게 변화한 후에도 (당연하지만) 당사자의 신체나 기억은 그 과거로부터 계속 연속되어 있으며 자기 동일성 자체는 확고하게 유지되고 있는 이상 과거의 차별적 언동도 자신이 한 게 틀림없기 때문이다.

앞 장에서 "사과란 개인이 자기 자신을 2개 부분으로 분할하는 체스처이다"라는 고프먼의 정의를 소개했다(127쪽). 자기를 분할하고 과거의 자신을 어떤 의미에서 현재의 자신으로부터 떼어내고 "그때 자신의 생각은 틀렸습니다. 반성하고 있습니다"라는 식으로 말할 수 있는 것은,

과거의 자신도 자신이라는 것 자체는 (신체와 기억의 연속성 때문에) 원리적으로 유지되고 있기 때문이다. 그 점에서 자기 분할이라는 것은 어디까지나 비유일 뿐이다.

하지만 당사자 이외의 사람이 대신 사과하는 경우에는 신체와 기억의 연속성이 존재하지 않는 이상 똑같을 수는 없다. 예를 들어 밀러가 주장하듯이 자식이 자신의 신념이나 가치관을 부모의 그것과 포갤 수 있는지 여부가 자식이 부모를 대신할 수 있는 조건이라고 해 보자. 그 경우 이전의 부모의 차별적 신념이나 가치관과 자식의 그것이 다르다면 자식은 이전의 부모의 대리가 될 수 없게 된다. 그렇다면 반복되지만 자신이 과거에 한 일에 대해 사과하는 부모의 행위를 자녀가 대리하는 건 불가능하게 되는 것이다.

여기서 밀러의 논의의 어디에 문제가 있는지 확실히 보인다. 부모와 자신을 하나로 간주할 수 있는지 여부가 부모의 삶의 방식 – 그리고 그 배경에 있는 부모의 신념이나 가치관 – 에 공명할 수 있는지 여부에 달려 있다면 그 인물과 자신을 동일시하면서 동시에 그 일부분만을 자신으로부터 분리하는 건 지극히 어려운 일이다. 따라서 부모 대신 자식이 사과하기 위해서는 신념이나 가치관의 일치라는 요소보다도 결국 지금의 자기 자신을 형성하는 중요한 여러 요소를 부모로부터 계승하고 있다는 인식이 필요할 것이다. 구체적으로는 부모가 자신을 낳았다고 하는 혈연상의 강한 결합 감각과, 주로 부모를 통해 언어를 비롯한 문화와 전통을 계승하고 그것에 의해 자신의 정체성의 큰 부분이 형성되었다는 인식, 나아가서는 부모가 자신을 길렀다는 기억, 애정과 재산, 생활환경, 교육, 그 외의 문화자본 향유 등의 형태로 부모로부터 은혜를 받았다는 인식 등이다. (또 사과를 받는 쪽에서도 상대가 그런 인식을 가지고 있다는 것이 상대를 애초에 사과 주체로서 인정하기 위한 요건, 즉 당사자도 아니면서 왜 이 사람이 사과하는가라는 의문이나 위화감을 갖지 않기 위한 본질적 포인트가 되고 있다고 할 수 있다.)

물론 부모 대신 사과하고자 하는 적극적 의지를 갖기 위해서는 (문제를 일으켰을 때 이외의) 부모의 삶의 방식에 공명하거나 부모에게 깊은 애정을 갖는 점도 중요한 요소가 될 수 있다. 하지만 부모와 자식 사이에 사과 주체로서의 일체성 내지 연속성을 발견하는 데 있어 본질적 요소는 그것이 아니다.

+ 앞 세대의 대리로서의 사과, 앞 세대와 관계있는 당사자로서의 사과

지금 부모의 일로 자녀가 사과하는 것과 관련해 추출한 포인트는 당연히 조부모나 그 이전 선조의 일로 자손이 사과하는 케이스에 대해서도 적용된다. 단, 그렇게 시대가 내려가면 내려갈수록 혈연적 결합의 강한 감각과, 지금의 자기 자신을 형성하는 중요한 여러 요소를 선조로부터 직접 계승하고 있다는 인식은 자연히 약해지는 경향이 있다고 할 수 있을 것이다.

또 이상의 포인트는 자식이나 손자, 자손이라는 존재가 부모나 조부모, 선조 대신 사과한다는 당사자 대리로서의 측면뿐 아니라 당사자 자신으로서의 측면도 가질 수 있음을 제시하고 있다. 이 점을 명확히 하기 위해 여기서 한 가지 실례를 들어보자.

『찰리와 초콜릿 공장(Charlie and the Chocolate Factory)』 등의 작품으로 세계적으로 유명한 작가 로알드 달(1916-1990)은 살아있을 때 유대인에 대한 편견을 얘기하고 반유대주의자임을 공언(公言)하기도 했다. 그의 사망 후 30년이 지난 2020년, 그의 유족과 판권관리회사 로알드 달 스토리 컴퍼니는 달의 공식 웹사이트에 "달 일족과 로알드 달 스토리 컴퍼니는 로알드 달의 반유대주의적 발언이 많은 사람에게 오랫동안 고통을 준 것에 대해 깊이 사과드립니다"라는 문구로 시작되는 사과문을 게재했다. 또 그 후에는 "사랑하는 할아버지의 말에 대해 사과하는 것은 괴로운 일이지만, 더 괴로운 것은 그 말이 어떤 커뮤니티 전체에 깊이 상처입혔다는 점입니다"라고도 썼다. 이 사과에 대해 반유대주의에 항의하는 어떤 단체는 달 일족이 사과하는 데 30년이나 걸린 것은 유감스런 일이라고 코멘트했다[39].

달의 손자를 비롯한 유족에 의한 이런 사과는 차별적 언동으로 많은 사람에게 상처를 입힌 당사자인 달을 대리해서 사과하고 있다고 볼 수도 있다. 단, 동시에 사과 배경에는 다음과 같은 생각이 있었다고도 간주할 수 있다. 즉, 유족은 지금도 달의 작품에서 인세와 원작사용료 등 막대한 이익을 얻고 있는 이상 그 정(正)의 유산만을 입맛에 맞게 계승하는 게 아니라, 부(負)의 유산도 계승하여 달의 언동으로 상처입은 사람들을 치유하고 차별이라는 부정의(不正義)를 바로잡는 것에 공헌해야 한다는 생각이다.

물론, 달 일족이 이상과 같은 생각에 근거하여 사과했다고 해서 똑같은 상황에 놓인 유족이 모두 항상 그렇게 하지 않으면 안 된다는 도덕적 규범이 일반적으로 확고하게 존재하는 건 아니다. 즉, 부모나 선조로부터 재산 등을 계승했다고 해서 그들이 한 일에 대해 자신들이 사과할 필요는 없다고 판단하는 사람들이 있다고 해도 별로 이상한 건 아니다. 이 종류의 상황에서 사과할지 여부는 그것이야말로 각자의 삶의 방식과 신념·가치관에 따른 부분이 클 것이다. 또 사과하지 않는 것의 단점 – 작품이 외면당하거나 불매운동이 일어날 가능성 등 – 을 계산하는 전략적 내지 타산적 고려 혹은 사과를 요구하는 주위의 비난과 압력에도 크게 좌우될 것이다. (그리고 그런 비난과 압력은 그 자체의 정당성에 대해 당연히 의문이 제기될 수 있다. 즉, 누가 어떤 요구를 어떤 이유나 권리 아래 하고 있는가라는 것이다.)

+ 자신이 하지 않은 일에 대한 사과 – 입사 전 발생한 일에 대해 사원이 사과하는 경우

자식이나 손자나 자손은 당사자의 대리(=부모나 조부모나 선조 대신 사과한다)로서의 측면과 동시에 당사자 자신(=부모나 조부모나 선조로부터 자신이 중요한 것을 계승하고 있음을 이유로 사과한다)으로서의 측면도 가질 수 있다. 단, 어떤 경우든 사과 내용이 되는 사건에 관하여 그들 자신이 그 원인이 되는 행위를 한 것은 아니다. 지금의 예로 말하자면 반유대주의적 언동을 반복한 것은 달 자신이지 그 유족이 아니다. 즉, 그들은 자신이 한 일에 대해 사과하고 있는 게 아니다.

실제, 우리는 때로 자신이 하지 않은 일에 대해 책임지고 사과하는 경우가 있다. 예를 들어 어떤 기업 A사가 경영하는 공장에서 폭발사고가 일어나 주변의 주거와 자연환경 등에 피해가 발생했다고 하자. 사고 후 그 A사에 입사한 사원은 당연히 사고 발생으로 이어지는 어떤 행위도 하지 않았다. 하지만 A사가 배상금을 지불할 때 감봉 등의 형태로 그 비용의 일부를 부담하는 경우도 있을 수 있고, A사의 일원으로서 현장에서 주변 주민에게 직접 사과하는 경우도 있을 수 있다.

그렇다면 왜 이 신입사원에게는 사과할 이유가 있다고 할 수 있는 걸까? 첫째는 그때 이 사원은 A사를 대표해 주변 주민을 상대하고 있기 때문이다. 앞서 언급한 밀러의 사례는 아버지가 이미 사망해서 자신이 일으킨 문제에 대해 직접 사과할 수 없기 때문에 그 대리(representative)로서 자녀가 사과한다는 케이스였는데, 기업의 경우도 당연히 그 집단 내지 법인 그 자체가 직접 사과의 언어를 발화하거나 사과문을 쓰거나 고개를 숙일 수는 없다. 기업 그 자체는 단일한 의식도 신체도 존재하지 않기 때문이다. 그렇기 때문에 기업의 대표(representative)로서 그 기업에 속하는 누군가 개인이 그때마다 사과라는 행위를 할 필요가 있다.

또 하나의 이유로 사고 후에 입사한 사원이라고 해도 그 기업으로부터 보수나 복리후생 등의 이익을 얻고 있다는 점도 들 수 있다. 달의 유족이 정(正)의 유산을 계승하고 있다면 부(負)의 유산도 함께 계승해야 한다고 볼 수 있는 것과 마찬가지로 어느 기업으로부터 이익을 얻고 있는 자는 그 기업이 지고 있는 책임도 계승하지 않으면 안 된다는 생각도 있을 수 있을 것이다.

그리고 어찌되었든 그 신입사원이 A사에 의한 사고의 책임을 부분적으로 지거나 사과하는 건 적어도 원리적으로는 피할 수 있다. 왜냐하면 A사를 그만두거나 애초에 A사에 입사하지 않는 선택지가 있기 때문이다. (다른 한편 예를 들어 달의 생물학적 손자임을 그만두거나 피하는 것은 원리적으로 불가능하다. 이 논점에 대해서는 나중에 다룬다.)

+ 인과관계가 불명확한 일에 대해 집단의 대표자가 사과하는 이유

하지만 많은 경우 기업을 대표해 사과하는 것은 신입사원이 아니라 그야말로 대표이사나 CEO(최고경영책임자) 혹은 사장 같은 직책을 가진 개인의 역할이다. 그리고 그런 책임자 내지 대표자가 문제 발생 당시부터 그 직책에 있던 경우 등에는 〈자신이 하지 않은 일에 대해 사과한다〉는 식으로 간단히 파악할 수 없다는 애매함이 존재한다. 왜냐하면 문제 발생을 미연에 막기 위해 체크 체제를 정비하거나 연수를 실시하는 등의 대책을 취할 수 있지 않았는가 – 그런 의미에서 문제에 관한 인과 책임이 있지 않은가 – 라는 지적과 비난이 집단의 대표자에게는 제기될 수 있기 때문이다.

그리고 그런 종류의 지적은 문제가 중대하면 할수록 생기기 쉽고 또 비난 정도도 강해지는 경향이 있다. 예를 들어 A사 공장의 폭발사고가 매우 대규모여서 사상자가 많이 나왔다고 하자. 그 경우에는 구체적으로 누가 그 사고를 일으켰는지가 집요하게 추궁되고 그 사람의 어떤 행위가 사고의 원인이 되었는지가 사고의 상당한 이전까지 거슬러 올라 찾아지게 된다. 그야말로 사고의 직접 원인을 만든 현장의 작업원뿐 아니라 그것을 감독하는 입장에 있던 상사와 안전관리 책임자, 그리고 이사와 대표이사 등의 책임도 추궁될 것이다. 거꾸로 만일 사고가 운 좋게 작업원 한 사람의 무릎이 살짝 까지는 정도로 끝난 경우 등에는 사과에 이르기까지의 인과 연쇄가 그다지 깊이 탐색되는 일은 없으며, 전체 대표자의 감독 책임과 관리 책임이 엄격하게 추궁되는 일도 없을 것이다.

오부치 겐이치(大渕憲一)는 "위반 행위를 한 당사자도 아니고 이것을 직접 지시한 것도 아니며 또 현실적으로 제어할 수 있는 입장에 있지도 않았다고 생각되는 사람들의 책임이 추궁되는 경우가 왜 있는 것인가?"(오부치 2010: 55-56)라고 묻고 "사람들은 위반이나 피해를 목격하면 관계자에게 벌을 가하고 싶어 하는데 조직의 경우 그것이 불가능하므로 그 대리로서 조직 대표자를 벌하고자 한다"(Ibid. 56)는 인간의 일반적 심리 경향성에서 답을 찾고 있다. 그리고 나쁜 결과에는 무언가 원인이 있을 것이다 - 특히 인위적 원인이 있을 것이다 - 라는 편향적 추론에 의해 사람은 종종 실제 인과관계를 무시하고 책임자를 찾고자 한다고도 강조하고 있다(Ibid. 58). 즉, "나쁜 일이 일어나면 어떻게 해서든 책임자를 찾아내서 벌하고 싶다는 인과응보 욕구"(Ibid. 59)가 인간에게는 있다는 것이다(참고로, 인간의 이 경향성에 대해서는 본서에서도 192쪽에서 이미 언급했다).

물론 기업과 그 외 집단의 대표자에게 실제로 명확한 인과 책임이 인정되는 케이스도 있을 것이다. 하지만 어떤 사건에 이르는 인과관계란 원래 종종 불명확한 것이다. 특히, 집단을 구성하는 불특정 다수의 사람이 다양한 형태로 의사결정에 관여하고 개개인의 작위와 부작위가 복잡하게 서로 관련되어 있는 일에서는 기업의 문제라는 식으로 그 사건을 일으킨 행위 주체로 집단 전체를 막연하게 지시할 수밖에 없는 경우도 많다[40]. 코엔도 지적하듯이 "기업이 사과하지 않으면 안 되는 과실 중에는 그 집단에 현재 있는 성원 누구에게도 용이하게 귀속시킬 수 없는 행위가 포함된다"(Cohen 2020: 129)는 것이다.

그리고 인과관계가 불명확하다면 그 사건에 관해 누구도 책임져서는 안 된다는 것도 너무 극단적이다. 오히려 어떤 집단이 문제를 일으켰다는 사실 자체는 명확할 때 그 집단의 대표자로서 비판의 표적이 되고 사과하거나 사임하는 등의 책임지는 역할을 하는 자 - 그런 의미에서 역할 책임을 지는 자 - 를 사전에 집단 내에서 선택하고 그 자에게 권한을 부여해 두는 것은 보상의 신속한 실시에 의한 피해자 구제 혹은 사회

질서 유지, 집단 전체 유지 등을 위한 합리적 방법이 될 수 있다. 즉, 사건의 중대함에 부응한 책임을 집단의 대표자가 지는 것을 일률적으로 인간의 심리적 경향성에 기반한 착오라고 단언할 수는 없다는 것이다.

　이상의 포인트에서 보면 어떤 특정 개인이 어떤 집단의 대표자이기 때문에 그 집단의 문제에 관해 명확한 인과 책임의 유무에 관계없이 사과해야 하는 것은 대표자 되기를 스스로 선택하고 그것에 동반하는 역할 책임을 지고 있기 때문이라고 할 수 있을 것이다. 또 앞서 언급한 논점을 반복한다면 대표자 이외의 성원이 때로는 집단을 대표해 사과해야 한다고 간주되는 것도 그 근저에는 〈집단에 들어가거나 집단에서 나오는 선택지가 존재한다〉는 조건이 있기 때문이라고 할 수 있을 것이다.

+ 집단에서 이탈하기 곤란한 케이스, 이탈 불가능한 케이스
－ 집합적 책임의 문제로

　단, 이같은 선택지의 존재는 어디까지나 원리적 차원의 이야기이지 실제로 집단에서 이탈하는 선택을 할 수 있을지 여부는 또 다른 문제이다. 예를 들어 재취직이 매우 어려운 상황에서 A사를 그만두면 자신과 가족이 확실히 길거리에 나앉게 되는 경우 사표 내기는 현실에서는 매우 곤란할 것이다.

　국적 이탈 가능성에 관해서도 마찬가지이다. 예를 들어 어떤 국가가 타국을 침략하고 거기서 약탈과 폭력 등의 만행도 저질렀다고 하자. 그런 행위에 직접 관여한 사람들의 책임이 사실관계 조사도 포함하여 엄격하게 추궁되어야 함은 말할 필요도 없다. 단, 그것과는 별도로 특히 앞 세대가 충분한 사과나 배상을 하지 않고, 또 침략받은 나라의 사람들로부터 용서를 얻지 못해 비난이 계속되고 있는 경우에는 뒷세대인 소위 전후(戰後) 세대 – 전전(戰前)·전중(戰中)에는 어린아이였던 사람들 혹은 전후에 그 나라에 태어나고 자란 사람들 – 도 피해를 당한 나라의 사람들과 그 자손 등으로부터 사과나 배상을 요구받는 경우가 있다. 전후 세대는 앞 세대의 행위에 관해 어떤 인과 책임도 갖지 않고, 그 점에서 비난받아야 할 어떤 일도 하지 않았음에도 불구하고 그런 요구를 받는다.

이런 경우 전후 세대 사람들이 사과나 배상을 거절하기 위해 국적을 이탈하는 건 대개의 경우 현실적 선택지가 아닐 것이다. 자신이 태어나고 자란 국가의 국적을 잃는 것은 대부분 사람에게 매우 커다란 부담과 손실이 되며 이제까지의 생활을 버리고 타국의 국적을 취득해 거기서 생활한다는 것도 용이하지 않기 때문이다.

나아가 국적을 벗어났다고 해서 앞 세대의 행위와 완전히 절연된다고도 할 수 없다. 그 나라에 세금을 납부하는 일이 없어지면 배상금이라는 부담 자체는 사라질지 모르지만 적어도 사과가 불필요해진다고는 할 수 없는 것이다.

이 점을 아렌트의 용어에 따라 **집합적 책임**(collective responsibility)이라는 관점에서 명확히 해 보자. 아렌트에 따르면 이 '집합적 책임'이라는 개념은

(1) 자기 자신이 하지 않은 일에 대해 제기되는 것

(2) 자신의 자발적 행위로는 이탈할 수 없는 집단에 속해 있기 때문에 져야 하는 것

이라는 두 가지 조건을 동시에 만족시키는 책임이다(Arent [1968]2003: 149/277-278). 따라서 예를 들어 어떤 기업에 속해 있기 때문에 사원이 지는 책임은 아렌트가 말하는 '집합적 책임'에 포함되지 않게 된다(Ibid.). 왜냐하면 사원은 보통 기업에서 자발적으로 이탈 가능하다고 간주되기 때문이다. 그렇다면 어떤 국가에 속해 있기 때문에 그 국민이 지는 종류의 책임도 국적을 이탈할 자유가 있다고 한다면, '집합적 책임'에 포함되지 않을 것이다.

이상의 포인트를 고려한다면 '집합적 책임'이란 전형적으로는 어떤 나라의 출신자라거나 누군가의 생물학적 자식이나 손자라는 등의 의미에서 국가나 일족 등의 집단에서 원리적으로 이탈할 수 없는 자가 져야 하는 책임이라고 특징지을 수 있을 것이다[41]. 그렇다면 그런 자들에게 왜 사과나 배상 등을 할 이유가 있다고 할 수 있는 것일까?

+ 일본의 전후 세대는 어떤 의미에서 집합적 책임을 질 수 있는가

정치학자 사이토 준이치(斎藤純一)는 일본의 전후 세대에 속한 자의 한 명으로서 다음과 같이 논하고 있다.

전후 세대가 집합적 책임을 져야 하는 이유는 우리가 많은 부정의(不正義)를 새긴 역사적 관계성을 선행 세대로부터 계승하고, 우리 자신도 그런 관계성 속에 이미 살고 있다는 사실에 있다고 생각한다.… 전후 다양한 사정으로 일본 국적을 취득하고 국민이 된 사람들이 집합적 책임과 관련해 우리와 동일한 위치에 서지 않는 것은 그녀/그들이 우리와 똑같은 역사적 위상을 갖지 않기 때문이다. 집합적 책임의 이유는 국민(데모스)으로서 정치적 및 기타 특권과 이익을 향유하고 있다는 요인만으로는 설명할 수 없는 것처럼 생각된다.(사이토 1999: 89)

일본의 전후 세대가 책임을 져야 하는 이유가 있다고 할 때 그것이 일본이라는 국가의 국적을 가지고 있음으로써 특권과 이익을 향유하고 있기 때문이라고 한다면 그런 특권과 이익을 포기한 경우 그만큼의 책임은 감면될 것이다. 오히려 중요한 것은 그런 특권이나 이익의 원천 – 일본의 문화와 전통, 관습, 유산, 재산, 인프라 등 – 아래 자신이 태어나고 자라서 자기 정체성의 많은 부분이 형성되었다는 사실이다. 그 사실 자체는 자신의 의지로 얻은 것이 아니며 또 자발적으로 분리할 수 없는 것이다.

부모나 조부모의 대리로서 – 또는 그들로부터 중요한 것을 계승하고 있는 당사자로서 – 그들이 한 일에 대해 사과하는 경우와 마찬가지로 전전·전중 세대가 한 일에 대해 일본의 전후 세대가 책임을 지고, 특히 사과라는 행위를 한다면, 그 주된 이유도 그러한 원리적으로 자신으로부터 분리할 수 없는 요소 때문이다. 즉, 자신이 어디에서 누구로부터 태어나고 어떤 환경에서 자랐는가라는 요소이다. 그것이 집합적 책임을 지고 사과한다는 것의 의미이다. 그리고 이 종류의 요소 속에는 선행 세대가 타국 사람들과 어떻게 관계해 왔는가라는 것도 포함된다. 그런 여러 종류의 역사적 관계성의 연장선 위에 후속 세대와 타국 사람들의 지금의 관계성도 있는 것이다.

다른 한편, 예를 들어 외국에서 태어나고 자란 사람이 전후에 여러 사정으로 일본 국적을 취득하여 생활하고 있는 경우, 자신이 납부하고 있는 세금의 일부가 배상금으로 이용되고 있다면, 그 점에서 책임지는 행위의 일부를 분담하고 있다고 할 수 있다. 나아가 일본 국적을 취득하지 않고 외국인으로서 일본에서 생활하고 있는 사람도 소비세나 소득세 등 여러 종류의 세금을 납부하고 있기 때문에 그 점에서 역시 책임을 분담하고 있다고도 파악할 수 있다. 하지만 그들(=전후에 일본 국적을 취득하여 생활하고 있는 사람 및 일본 국적을 취득하지 않고 일본에서 생활하고 있는 사람)은 일본이라는 국가가 과거에 저지른 침략행위나 비인도적 행위에 대해, 적어도 사과해야 한다고는 간주되지 않을 것이다. 그것은 앞선 인용에서 사이토가 지적하고 있는 바와 같이 그들은 일본에서 태어나고 자란 전후 세대와 "똑같은 역사적 위상을 갖고 있지 않기" 때문이다. 바꿔 말하면 앞 세대로부터 계승하고 있는 것의 내용이 다른 것이다.

+사과의 주체는 어디까지 확장될 수 있는가, 그 한계 사례로서의 집합적 책임 부담

자신이 어디에서 누구로부터 태어나 어떤 환경에서 자라고 어떻게 형성되었는가라는 사실은 원리적으로 자신으로부터 분리할 수 없다. 그리고 그런 것을 앞 세대로부터 계승하고 짊어지고 있다는 것이 자신과 앞 세대 사이에 일체성 내지 연속성을 발견한다는 의미에서의 '동일시'를 가능하게 하고 있으며 그 가능성이 있기 때문에 사람은 앞 세대가 한 일에 대해 집합적 책임을 지고 사과할 수 있는 것이다.

거꾸로 말하면 만일 이처럼 자신과 앞 세대 사이에 일체성 내지 연속성을 발견하고 앞 세대의 계승자임을 자인(自認)하는 부분이 없는 경우에는, 앞서 210쪽에서도 언급한 바와 같이, 사람은 앞 세대가 한 일에 대해 사과할 이유는 가질 수 없게 된다. 물론, 앞 세대가 한 일이 정의에 어긋난다고 생각한다면 그것을 비난할 이유는 있으며 앞 세대가 한 부정의(不正義)(침략, 수탈, 탄압 등)에 의해 자신들이 토지나 재산 등의 혜택을 받고 있는 경우에는 그런 것들을 피해자의 자손 등에게 반환하거나 보상하는 등의 형태로 책임질 이유도 있다. 하지만 반복하지만 사과할 이유는 없다[42]. 예를 들어 〈자신들은 일본인이지만 일본국(日本國)에서 태어나고 자란 국민이지 대일본제국(大日本帝國)에서 태어나고 자란 국민이 아니기 때문에 대일본제국(의 국민)이 한 일을 비난하거나 그 부정의를 바로잡을 이유는 있어도 그것에 대해 사과할 이유는 없다〉는 식이다. 이 종류의 논리에 반대한다고 생각되는 것이 독일 출신 작가

토마스 만에 의한 다음과 같은 주장이다.

> … 자국민이 일으켰던 헤아릴 수 없을 정도로 많은 증오에 영합하고, 재판관 역할을 하고, 독일을 매도하고, 저주하고 … 자신은 죄 많은 독일과는 정반대의 사람이며 이것과는 어떤 관계도 없는 '좋은 독일'이라고 말하며 자신을 선전하는 것도 독일에서 태어난 인간에게 별로 적합한 것이라고 저에게는 생각되지 않습니다. 독일인으로서 태어났기 때문에 독일의 운명 및 독일의 죄와 관계가 있는 것입니다. (Mann 1957:75/8)

> … 나쁜 독일과 좋은 독일이라는 2개의 독일이 있는 것이 아닙니다.… 그렇기 때문에 죄를 지은 나쁜 독일을 완전히 부인하고 "나는 좋은 독일, 고귀한 독일, 청렴결백하고 올바른 독일입니다. 나는 여러분이 나쁜 독일을 절멸하도록 내버려둡니다"라고 선언하는 것은 독일을 정신의 고향으로 삼는 인간에게는 전혀 불가능한 것입니다. (Ibid.: 92/36)

단, 1875년에 태어나서 1955년에 사망한 만은 자신이 성인으로서 두 번의 세계대전을 경험하고 두 번째의 대전 직전에 조국에서 망명한, 그야말로 전전·전중 세대의 사람이다. 그렇기 때문에 제2차 대전 전과 후로 조국을 2개로 분할하는 관점에 전혀 동의할 수 없었음은 당연하다고도 할 수 있다. 거꾸로 제2차 대전으로부터 시간적으로 멀리 떨어져 태어난 사람일수록 독일인이든, 혹은 일본인이나 다른 나라의 사람들이든 옛날 세대와 자신과의 사이에 일체성이나 연속성을 찾는 것은 어려워질 수 있으며, 옛날 세대가 한 일에 대해 부모가 한 일 때문에 진지하게 사과하는 경우와 똑같은 기분으로 사과하는 것도 똑같이 어려워질 수 있다.

또 잊지 말아야 할 것은 선행 세대가 한 일에 대해 후속 세대가 질 수 있는 집합적 책임은 자신의 의지로 받아들이는 것도, 자신의 의지로 포기할 수 있는 것도 아니라는 것이다. 그들은 컨트롤 가능성(본서 170쪽 참조)에 기반한 인과 책임을 지고 있는 것도, 자발적 역할 책임을 지는 것도 아니다.

이상의 내용에서 집합적 책임을 지는 일의 일환으로 사과하는 것은 사과 주체가 어디까지 확장될 수 있는가라는 점과 관련해 그야말로 그 한계 사례가 된다고 할 수 있을 것이다.

+ 집합적 책임을 지는 일의 일환으로서의 사과는 커뮤니케이션의 기점이 된다

그리고 한계 사례라는 건 사과할 이유가 있는지 여부에 대해 사람에 따라 판단이 크게 갈릴 수 있다는 것이기도 하다. 앞서 확인한 바와 같이(본서 214쪽) 재산이나 재산권 등 자신의 의지로 포기할 수 있는 것을 앞 세대로부터 계승하는 경우조차 도의적으로도 법적으로도 앞 세대가 한 일에 대해 사과하지 않으면 안 되는 건 아니다. 하물며, 어디에서 태어나 자라고 거기서 계승한 것이 자신의 많은 부분을 형성하고 있다고 하는, 사람이 자신으로서는 움직일 수 없는 사실에 의해 사과의 의무를 지는 일은 있을 수 없다[43].

그렇기 때문에 선행 세대가 저지른 행위의 피해자나 그 자손에 의해 후속 세대인 자신에게 사과가 요구되고 있다고 해도 그것만을 이유로 사과하는 건 단지 요구에 응했다는 것이나 압력에 굴했다는 것과 실질적으로 차이는 없다. 오히려 상대의 사과 요구가 어떤 내용이고 어떤 이유나 배경에서 이루어지고 있는가를 이해한 후에 그것에 대해 자신이 어떻게 응답할지가 그야말로 문제가 되고 있다고 할 수 있다. 그 점에서 이런 경우 애초에 사과할지 여부 – 혹은 어떤 사과를 할지 – 에 가장 중요시해야 할 것은 각자의 인식과 신념, 가치관, 목적 같은 것, 그리고 상대와의 상호 이해 의지 같은 것이 될 것이다.

따라서 집합적 책임을 수행하는 일의 일환으로서 물질적 보상·배상 등을 하는 것뿐 아니라 선행 세대가 한 일에 대해 후속 세대가 사과하는 것에서, 앞 절에서 개괄한 커뮤니케이션의 기점(184쪽)이라는 특징을 특히 명확히 찾을 수 있다. 사과는 적어도 사과 상대와 무언가 커뮤니케이션을 취할 의지를 보이는 행위이며, 또 사과나 그 표시로서의 보상·배상 등을 통해 초점이 되는 사건(전쟁, 전시 하의 사건 등)을 자기 자신이 어떻게 이해하고 받아들이고 있는지 그 인식의 내용을 밝히는 행위이기도 하다. 또 사람은 자신의 사과에 대한 상대의 응답에서, 혹은 상대가 애초에 사과를 요구하고 있다는 사실과 그 내용에서 상대가 그 사건을 어떻게 이해하고 받아들이고 있는지에 대해 많은 것을 알 수 있다. 거기서부터 시작되는 커뮤니케이션은 참담한 결과로 끝날 가능성도 있지만 서로를 알거나 서로의 인식을 접근시키거나 혹은 실효성 있는 보상 내지 배상의 약속이 교환됨으로써 서로의 관계를 복원하고 새로운 우호적 관계를 구축하는 계기도 될 수 있는 것이다.

+국가 대표자의 정치적 사과가 가진 특징과 의의

하지만 실제로는, 앞 세대 사람들이 한 일, 혹은 애매하게 "국가가 했다"고 형용되는 일에 대해 인과 책임이 없는 후속 세대 사람들이 개별적으로 구체적 장면에서 사과할 기회는 적다. 초점이 되는 사건이 그야말로 100년 전이나 수백 년 전 같이 옛날로 거슬러 올라가는 경우에는 더욱 그렇다.

'기업이 한 일'에 대해 대개 그 대표자가 사과하는 것과 마찬가지로 '국가가 한 일'에 대해 사과하는 것은 일반적으로 그 대표자인 국왕이나 대통령, 수상 같은 인물이다(혹은 당시의 국가가 이미 존속하고 있지 않은 경우에는 그 법적 내지 실질적 계승자라고 간주되는 국가의 대표자이다). 본 절의 마지막 논점으로서 이 점에 관해 확인해 두자.

어떤 국가에 의해 자신들의 선조가 중요한 것을 빼앗기거나 존엄에 상처를 입었다고 자손들이 호소하고, 그 역사를 있는 그대로 기록하고 그 부정(不正)의 책임을 인정하도록 요구할 때 거기에는 "보통, 대통령이나 국왕 같은 그 집단을 대표하는 인물에 의한 공식 사과"(Miller 2007: 139/169) 요구가 포함되어 있다고 밀러는 지적한다. 그리고 그는 다음과 같이 덧붙이고 있다.

> 부정(不正)의 애초 피해자들과 자신들을 하나라고 간주하는 사람들은 여기서는 생물학적 자손 또는 같은 문화에 속하는 자 중 어느 쪽일지라도 상대편 대표자가 공식적 사과를 언제까지나 거부하고 있기 때문에 정신적 고통을 받고 있다고 주장한다. 그리고 [자신들을 포함하는] 피해자의 현재 입장은 상대가 책임을 받아들이지 않고 적절한 (보통은 상징적인) 보상을 하지 않기 때문에 폄훼되고 있다고 주장한다(ibid.).

이 종류의 요구는 세계 각지에서 계속 볼 수 있는데 그것에 대한 실제 대표자들의 응답 방식은 다양하다. 예를 들어 오스트레일리아에서는 19세기 후반부터 1970년대에 걸쳐 선주민(先住民) 애버리지니 및 토레스 해협 제도의 혼혈 아이들 – 그 숫자는 10만 명이라고도 한다 – 이 정부와 기독교 교회에 의해 부모로부터 강제적으로 떨어져 강제수용소나 고아원이나 백인 가정 등으로 보내졌다. 1990년대 후반 이것이 큰 사회문제가 되어 이 '도둑맞은 세대(Stolen Generations)'라고 불리는 당사자뿐 아니라 널리 국민으로부터도 사과와 배상을 요구하는 목소리가 높아졌다. 또 이 무도한 국책(國策)에 대해 조사한 정부 보고서에서도 국가의 사과와 배상이 권고되었다. 하지만 당시의 오스트레일리아 수상 존 하워드는 '도둑맞은 세대'에 대한 공식 사과를 계속 거부했다(쿠보타(窪田) 2021: 74). 하워드는 1997년에 행한 연설에서 이렇게 말했다.

> 개인적으로는 선주민에 대한 앞 세대의 관행 아래 부당한 대우를 받은 우리나라의 동포에 대해 깊은 슬픔을 가지고 있습니다(I feel deep sorrow). 마찬가지로 오늘 여기 있는 많은 사람이 그런 관행의 결과로서 상처입고 트라우마를 계속 가지고 있으리라는 점에 대해 유감스럽게 생각하고 있습니다/죄송하게 생각하고 있습니다(I am sorry).
> 하지만… 지금 세대의 오스트레일리아인에게 자신들이 컨트롤할 수 없었던 과거 행위와 정책에 대해 죄와 비난을 받아들이도록 요구해서는 안 됩니다[44].

그리고 약 10년 후인 2007년 하워드가 당수를 맡고 있던 중도우파인 자유당이 총선거에서 대패하고 중도좌파인 노동당이 정권을 획득하자 하워드 대신 수상이 된 노동당 당수 케빈 러드는 다음 해인 2008년 자신의 선거공약에 근거하여 의회를 대표해 최초의 공식 사과를 했다. 그 연설 속에는 다음과 같은 문언이 있다.

우리는 이 토지의 선주민분들에 대한 처사를 반성합니다(reflect).

특히 '도둑맞은 세대'라고 불리는 분들에 대한 처사를 반성합니다. 그것은 우리나라 역사의 오점이 되는 한 장(章)입니다.…

우리는 역대 의회와 정부가 법률과 정책을 통해 우리 동포에게 깊은 슬픔과 괴로움, 상실을 준 것을 사과합니다(apologize).

특히 애버리지니 및 토레스해협 제도의 아이들을 가족과 커뮤니티와 고향에서 떼어낸 것을 사과합니다.

도둑맞은 세대와 그 자손 그리고 남겨진 가족에게 고통과 괴로움, 상처를 준 것에 대해 사과합니다(I say sorry).

가족 및 커뮤니티를 붕괴시킨 것에 대해 도둑맞은 세대의 어머니, 아버지, 형제자매에게 사과합니다.

그리고 자긍심 높은 사람들과 자긍심 높은 문화를 모욕하고 폄훼한 것에 대해 사과합니다.

우리 오스트레일리아 연방의회는 국가 복원의 일부로서 제시되는 이 사과가 동일한 정신으로 받아들여지기를 경의를 담아 요청합니다.

미래를 향해 우리는 이 위대한 대륙의 역사에 새로운 한 페이지를 새겨넣을 수 있다고 확신하고 있습니다. [그것은 다음 같은 미래입니다.]…

우리 연방의회가 과거의 부당한 행위를 결코 재현해서는 안 된다고 결의하는 미래.

평균 수명과 교육, 경제적 기회에 관한 선주민과 비(非)선주민 사이의 격차를 메우겠다는 모든 오스트레일리아 국민의 결의가 살아있는 미래.

과거의 잘못된 접근이 여러 해에 걸쳐 쌓은 문제에 대해 새로운 해결책의 가능성을 받아들이는 미래.

상호 존중, 상호 이해, 상호 책임에 기반한 미래.

모든 오스트레일리아인이 출신에 관계없이 진정 평등한 파트너가 되고 평등한 기회가 주어져 이 위대한 국가 오스트레일리아 역사의 새로운 장을 만드는 데 평등하게 참가할 수 있는 미래[45].

당시의 하워드 수상과 러드 수상, 어느 쪽의 연설 시에도 그 내용에 반대하는 오스트레일리아인은 일정 수 존재했다. 그리고 그 비판 속에는 예를 들어 러드 수상이 사과의 말을 표명했을 뿐 배상 실행을 약속하지 않았다는 것도 포함된다. 이것에 관해 어떤 지식인은 "배상이 없으면 진짜 사과라고 할 수 없다. 우리는 계속해서 정부에 구체적 배상을 요구해 갈 것이다"라고 코멘트하였다[46].

실제, 국가의 대표자가 어떤 종류의 정치적 판단 아래 수행하는 사과에는 내부의 반대의견을 잘라내거나 봉쇄하는 - 또 그것에 의해 때로는 대표자의 권력을 강화하는 - 측면이 동반됨은 부정할 수 없다. 하지만 다른 한편 전 국민의 의견이 완전히 일치하지 않는 한 국가로서 사과해서는 안 된다면 틀림없이 영원히 사과는 실현되지 않는다. 그렇기 때문에 국가의 대표자에 의한 사과는 국민의 글자 그대로의 총의(總意)에 기반한 것이 아님은 이런 종류의 사과의 본성에 속하는 것이다(단, 그 사과가 유효하기 위해서는 비교적 다수 국민의 지지가 필요함은 말할 것도 없다).

그리고 위의 러드 연설에는 확실히 큰 의의가 있었다고 할 수 있다. 그 내용은 여당인 노동당뿐 아니라 자유당의 대부분 의원으로부터도 지지받고 또 의회에 초대받은 '도둑맞은 세대'의 당사자들도 사과를 환영했다. 나아가 각지의 학교에서는 이 중계를 보기 위한 특별 집회가 열렸을 뿐 아니라 연방의회의사당 앞 광장에는 텔레비전 스크린이 설치되어 오스트레일리아 전국에서 달려온 다양한 사람들이 광장을 메우고 러드의 연설을 지켜봤다. 그리고 그들 중 많은 사람이 눈물을 흘리고 서로 포옹하고 환호성을 올렸다. 어떤 애버리지니는 수상에 의한 "sorry" 한마디에 이제까지 짊어졌던 무거운 짐이 내려간 기분이 되었다고 했다. 이제까지의 '부정(否定)의 세월'이 끝났음을 실감하게 하고 힘과 감정을 끓어오르게 하는 그런 상징적 의미가 그 한마디에는 있었던 것이다[47].

러드에 의한 사과의 말 후반은 출신에 관계없이 모든 오스트레일리아인이 평등하게 국가 만들기에 참가하는 미래를 강조하는 내용이 되어 있는데 확실히 이 사과는 선주민과 비(非)선주민 사이에 새로운 관계를 구축하기 위한 커다란 계기로서의 역할을 하였다.

우선 이 사과에서 러드는 과거의 정부와 의회가 정책을 통해 무엇을 하고 그것이 현재에 이르기까지 어떤 악영향을 주어 왔는가를 명확히 하고 그 구조적 부정의(不正義)의 역사를 후세에 전하고자 했다. 그리고 그 구조적 부정의는 자신도 포함한 모든 오스트레일리아인에게 중요한 문제이며 무언가의 형태로 시정해야 한다는 인식도 표명하고 그런 인식을 모두와 공유하고자 했다[48].

그리고 이상의 인식 표명과 공유는 그 자연스런 귀결로서, 또 사과가 진지한 것이라는 증거로서 시정(是正)과 배상을 위한 구체적 방책을 구상하고 그것을 실행하는 것으로 이어질 수 있다. 사실, 그 후 오스트레일리아에서는 2009년에 연방정부에 의해 애버리지니 트라우마 복원기금이 창설되었을 뿐 아니라 주정부 단위에서는 2015년부터 개인 보상 패키지도 구축되기 시작했다(쿠보타 2021: 75, 77). 또 러드의 사과로부터 정확히 15년이 되는 2023년 1월 13일, 앤서니 앨버니지 수상은 경제적으로 어려운 상황에 있는 선주민을 지원하기 위해 4억 2천 4백만 호주 달러(약 400억엔)의 격차 시정책을 강구하겠다고 발표했다[49]. 지금도 여전히 선주민은 오스트레일리아의 경제 및 사회의 거의 모든 지표에서 최하층에 머물고 있는데[50] 앞으로 어느 정도 실효적 성과가 나타날지는 미지수이다. 하지만 적어도 확실한 것은 선주민과 비(非)선주민 사이의 새로운 관계 구축을 향해 국가 전체의 정책이 바뀌는 커다란 지점에 러드의 사과가 위치하고 있다는 것이다.

+ 국가의 대표자의 사과에 관해 주의해야 할 2가지 포인트

이같이 사과에는 국가의 대표자이기 때문에 가능한 것이 있으며 그 종류의 사과는 때로 독자적인 중요한 역할을 수행하는 경우가 있을 수 있다.

단, 그런 만큼 여기에는 특히 주의해야 할 포인트도 존재한다. 첫째는 화해와 용서에 대한 압력이 생기기 쉽다는 점이다. 국가의 대표자에 의한 사과는 그것이 국가의 커다란 전기(轉機)가 되는 중요한 의미를 가지면 가질수록 텔레비전이나 인터넷 등에서 중계되고 반복해서 뉴스로 나온다. 그 말에 당사자들은 어쩔 수 없이 접하지 않을 수 없다. 그리고 사과 현장은 많은 경우 피해자와 그 가족을 비롯한 당사자들이 초대되고 많은 청중이 지켜보는 가운데 이루어지는 일종의 세리모니가 된다. 그런 자리에서 사과를 받아들이지 않거나 화해와 용서를 거부하기는 어렵다.

오부치는 "사과가 행해지면 피해자를 향해 이것을 수용하라는 사회적 압력이 작용하는데, 이것이 사과의 효과를 촉진하는 하나의 요인이다"(오부치 2010: 76)라고 지적하고 그것을 실증하는 심리학 연구 (Risen & Gilovich 2007)를 소개한 후에 다음과 같이 말하고 있다.

[사과를 수용하라는] 그 압력이란 "사과한 인간은 용서해야 한다"는 관용성 규범입니다. 관용성은 도덕성의 일부로, 많은 문화에서 관용성을 고상한 인격의 일부로 간주하고 있습니다. 그렇기 때

문에 피해자에게는 사과한 가해자를 용서하라는 사회적 압력이 작용하는 것입니다. (오부치 2010: 76).

이 종류의 압력 존재 가능성은 사과 일반에 해당하지만 세리모니로서 마련된 공적 장소에서 이루어지는 대대적인 사과에서는 더욱 압력이 가해지기 쉽다고 할 수 있다. 그렇기 때문에 사과를 받는 쪽에 그런 압력이 가해지지 않도록 배려해서 화해와 용서가 사실상 강요되는 일이 없도록 노력하지 않으면 안 된다. 그리고 그것을 위해서는 장소 설정 방식을 비롯해 사과 방법을 신중히 검토할 필요가 있다.

또 하나 주의해야 할 포인트는 국가의 대표자에 의한 사과가 '저희'나 '우리' 같은 큰 주어에 의해 이루어지는 점에 대한 우려이다. 그것은 한편으로는 과대 포함의 우려이다. 즉, 사과 주체에 너무 많은 사람이 – 본래라면 사과하지 않아야 할 사람도 – 포함될 수 있다는 것, 또 사과 주체가 질 책임 정도가 저감될 수 있다는 것이다. 그리고 다른 한편에서는 과소 포함의 우려가 있다. 즉, 어떤 사건에 대해 우리에게 책임이 있다고 말함으로써 그 사건을 실제 일으킨 자를 비롯해 구체적 인과 책임을 져야 할 특정 사람들의 책임을 면제하거나 과소평가할 수 있다는 것이다.

우선 전자의 과대 포함 우려에 대해 말하자면 예를 들어 사과 시에 국가의 대표자가 말하는 '저희'가 국민 전체를 가리킨다면 피해를 당한 선주민 자신이나 혹은 그 사건 이후에 이민 와서 국적을 취득한 사람도 형식적으로는 사과 주체에 포함되게 된다. 앞의 러드 연설에서는 "저희"가 일단 오스트레일리아 연방의회 의원을 가리킨다는 게 명확히 되어 있는데, 이런 신중한 배려가 때로는 필요해질 것이다.

다음으로 후자의 과소 포함과 관련해서는 예를 들어 아렌트가 다음 같이 논하고 있다.

[히틀러 정권이 유대인에게 한 일에 대해 전후(戰後)에 적지 않은 독일인이 발화한] "우리 모두에게 죄가 있다"는 절규는 얼핏 보는 한 매우 고귀하고 매력적인 것으로 들렸다. 하지만 실제로는 죄를 짊어져야 할 사람들의 죄를 상당 정도 가볍게 하는 역할을 했을 뿐이었다. 우리 모두에게 죄가 있다고 한다면 아무에게도 죄가 없다고 하는 게 되기 때문이다. (Arendt [1968]2003:147/274-275).

중요한 것은 '저희'를 주어로 한 국가의 대표자에 의한 사과가 개개인의 인과 책임을 유야무야하는 방패막이가 되어서는 안 된다는 것이다. 구체적 사건에 관해 누구에게 어떤 책임이 있고 어떻게 죄를 보상해야 하는가는 그 자체로서 추궁되어야 할 사항인 것이다.

특정한 인과 책임을 지는 자가 하는 사과와, 예를 들어 러드가 했던 것 같은 정치적 사과는 명확히 구별해 생각하지 않으면 안 된다. 코헨도 지적하고 있듯이 "정치적 사과란 정치적 공동체의 많은 사람이 공유할 수 있는 가치를 재확인하는 것"(Cohen 2020: 150)이며 "공적이고 상징적인 가치를 표명하는 행위"(ibid.)라고도 할 수 있다. 그리고 그런 가치 표명 내지 재확인에 근거하여 국가로서 앞으로의 존재 방식과 주변국과의 관계 등이 모색되어 간다. 사과는 그 기점이 될 수 있는 것이다.

+본 절의 정리

이상, 본 절에서는 사과 당사자(또는 그 대리)가 되는 주체와 객체를 둘러싸고 검토를 거듭하였다.

주체와 객체 어느 쪽도 경우에 따라 그 범위는 상당 정도 확장될 수 있으며 그 내용은 애매해질 수도, 다중적이 될 수도 있다. 또 특히 주체에 관해서는 집합적 책임지기의 일환으로서 사과하는 케이스에서 사과 주체가 어디까지 확장될 수 있는지에 대한 한계 사례를 발견할 수 있다. 그리고 특히 그런 종류의 사과는 앞서 표11(168쪽)에 제시한 사과의 중요한 여러 특징 중 **미래에 대한 약속**이나 **도덕에 대한 다짐·정의 복원, 피해자 복원, 가해자 복원, 인간관계 복원** 같은 특징에 적합할 수 있는데, 적어도 인과 책임을 인정한다는 의미에서의 **자기에 대한 책임 귀속**이라는 특징에는 적합하지 않으며 **후회·자책**이라는 특징에도 적합하지 않다. 또 러드의 사과가 그랬던 것처럼 **피해자에 대한 보상(or 보상 의지 제시)**이라는 것이 포함하지 않는 경우도 있을 수 있다.

다른 한편으로 초점이 되는 사건에 대해 인과 책임이 없는 자에 의한 사과는 자신의 죄에 대해 보상한다기보다 미래를 향한 관계 구축의 계기 – 사과받는 쪽과의 **커뮤니케이션의 기점** – 라는 색채가 짙어진다. 특히 그것이 집단에서 원리적으로 이탈불가능한 자(어떤 나라에 태어나고 자란 자, 어떤 일족의 생물학적 자손 등)가 집합적 책임지기의 일환으로서 사과하는 경우라면 더 그렇다.

단, 이런 경우 '우리'나 '저희' 같은 집합을 주체로 하는 사과가 어떤 종류의 과대 포함이나 과소 포함을 초래할 수 있다는 점에 대해서는 앞서 확인한 바와 같다. 그리고 이런 과대 포함이나 과소 포함 우려는 사과를 하는 쪽뿐 아니라 사과를 요구하는 쪽에 대해서도 있을 수 있다. 왜냐하면 누군가가 '우리'나 '저희'라는 주어 아래 사과를 요구할 때 그 '우리'나 '저희' 속에는 본래라면 다른 사람들과 똑같은 사과를 받을 권리를 갖지 않는 자, 혹은 다른 사람들보다도 특히 더 많은 사과와 배상 등을 받아야 할 자도 있을지 모르기 때문이다.

따라서 사과를 요구하는 쪽 – 또는 사과 요구를 지원하거나 대리하는 자 – 도 자신들이 어떤 입장에서 어떤 권리 및 이유로 누구에게 사과를 요구하고 있는지 고려할 필요가 있다. 그렇지 않으면 사과 요구도 그 자체가 부당한 압력이나 협박 혹은 폭력이 될 수 있는 것이다.

제 3 절

매뉴얼화의 무엇이 문제인가

− 'Sorry Works! 운동'을 둘러싸고

+다시, sorry의 다의성에 관하여

앞 절에서 소개한 하워드와 러드가 각각 오스트레일리아 수상 재임 시에 행한 연설의 비교로 돌아가 보자(본서 232−234쪽).

하워드가 연설 속에서 발화한 "I am sorry"라는 말은 "유감스럽게 생각한다"는 의미로도, "죄송하게 생각한다"는 의미로도 해석할 수 있는데, 문맥상으로도 그리고 "깊은 슬픔을 안고 있다(I feel deep sorrow)"라는 말과 상응하는 위치에 있다는 점에서도 "유감스럽게 생각한다"는 의미로 해석하는 게 자연스러울 것이다.

다른 한편 러드가 연설 속에서 발화한 "I say sorry"는 문맥적으로 틀림없이 "죄송하게 생각한다", "사과한다"는 의미에 중심을 두고 이해해야 하는 말이다.

'sorry'라는 말의 이러한 다의성 내지 애매성에 대해서는 제1장에서 이미 다루었다(26, 49쪽). 본 절에서는 'sorry'의 이 특징이 본질적 형태로 관련되어 있는 사과 문제를 다룬다. 하지만 그것이 영어의 'sorry'라는 말이나 이것을 이용하고 있는 미국이나 영국 등의 사회에만 해당하는 국소적 문제는 아니다. 오히려 그 문제는 본서에서 이제까지 언급해 온 많은 논점과도 상응하면서 사과 일반에 관한 마지막 중요 포인트를 드러내 줄 것이다.

+Sorry Works! 운동의 배경

2000년대 초부터 미국에서 'Sorry Works!'라는 운동이 일어나 고조되고 있다. 이것은 의료 분쟁 – 의료에 관련된 분쟁 및 그 이전의 인지·견해의 어긋남 – 의 예방과 해결을 향한 어떤 방법론을 제시하고 그것을 보급시키는 운동이다. 특히 운동의 이름이 되어 있는 것처럼, 'sorry'라는 말은 쓸 만하다(works)는 게 이 운동의 가장 중요한 슬로건이 되어 있다.

이 운동의 중심인물인 컨설턴트 더그 워체식과 변호사 J. W. 색스턴 및 M. M. 핑켈스타인 3명은 의료사고라고 의심되는 사안이 발생했을 때의 원내 조사와 정보 공개 그리고 사과 방식에 관해 *Sorry Works!* 라고 제목을 붙인 매뉴얼을 출간했다. 그 서문에는 다음과 같은 구절이 있다.

> "sorry"라고 말하는 것, 또는 공감(empathy)을 보이는 것은 곤란한 상황을 조금이나마 개선함으로써 거의 100퍼센트의 경우에 도움이 된다(works). (Wojcieszak et al. 2010: xvi/xvi)

이 경우 '도움이 된다(쓸 만하다, 효과적이다)'는 건 환자 및 그 가족 등의 분노를 누그러뜨리거나 소송 및 배상 리스크를 저감시킨다는 것이다. 그렇다고 해도 왜 그들은 "sorry"라고 말하는 것 – 또는 공감을 보이는 것 – 을 매우 중시하고 있는 것일까? 그것은 이 운동을 시작한 워체식 자신의 다음 같은 경험에 근거하고 있다.

1998년 워체식의 형 짐이 의료사고로 사망했다. 워체식과 그의 부모는 무엇이 일어났는지, 어째서 일어났는지, 똑같은 잘못이 일어나지 않도록 프로세스를 개선하는 것이 가능할지 등을 물었지만 병원측은 상대해 주지 않았다.

그들 유족과 병원 사이에 처음에는 대화가 약속되었지만 그것도 결국 실현되지 않았다. 어쩔 수 없이 그들은 병원 및 담당 의사에 대해 소송을 제기했다. 재판관은 오진 등 의료 미스가 있었음이 확실하다며 병원 및 의사에 대해 유족에게 배상하도록 했다. 그 결과 그들 유족은 상당액의 화해금을 받았지만, 자신들의 질문에 대한 충분한 답변은 얻지 못하고 병원 및 의사가 앞으로 어떻게 프로세스를 개선할지에 대해서도 듣지 못했다. 또 화해 후에 상대 변호사로부터는 사과의 말이 있었지만, 병원 대표자나 담당 의사를 비롯해 자신의 책임을 인정하고 사과한 당사자는 한 사람도 없었다.

금전 – 그것은 민사소송 개혁론자가 의료과실 소송의 성스러운 목적이라고 생각하는 것이다 – 을 받았음에도 불구하고 짐의 사망으로부터 10년 이상 지난 현재도 우리는 마음의 평온을 얻을 수 없었다. 한 번도 우리 앞에 와서 사과하려 하지 않은 의사들에게 우리는 여전히 분노하고 있다(ibid.: 7/10).

오랜 재판 과정도, 화해 후의 날들도 그들 유족에게 너무 괴로운 것이었다. 워체식 자신은 이 의료사고 이전에 민사소송 개혁과 관련된 일을 했다. 하지만 그 종류의 개혁뿐 아니라 애초에 소송에 이르기 이전에 철저한 정보 공개와 사과가 실현되는 것이야말로 중요함을 자신의 경험으로부터 알게 된 것이다.

+ 병원 사례 – "I'm sorry"라고 말하기 힘든 상황이 가져오는 폐해

앞서 언급한 매뉴얼 *Sorry Works!*에서 우선 강조되고 있는 것은 의료를 둘러싼 각종 이상사례 – 의료로 인해 일어날 수 있는 부정적 결과 – 가 발생한 후에 그와 관련된 당사자의 뇌리에는 종종 "I'm sorry"라는 말이 떠오르고 이 말을 상대에게 전하고 싶다고 생각한다는 것이다. (ibid.:xv/sv).

병원에서 일어날 수 있는 다음 같은 케이스를 여기서는 '병원 사례'라고 부르고 검토해 보자.

[병원 사례] 어떤 병원에서 환자가 수술을 받았다. 필사적인 치

료의 보람도 없이 그 환자는 수술 중 사망했다. 수술실 밖에는 환자 가족이 대기하고 있다. 담당 의사는 그들에게 다가가서 말을 걸려 한다.

이런 종류의 케이스가 영미권 병원에서 일어났다고 하자. 이때 의사는 – 혹은 간호사 등 다른 의료자는 – 환자 가족에게 "I'm sorry"라고 말하고 싶을 것이다. 그것은 자연스런 감정이다.

하지만 의료자에게는 이 말의 실제 발화를 주저하게 하는 생각도 때로 작동한다. 특히 의료 미스가 의심되는 케이스에서는 "I'm sorry"라고 말한 것이 자신의 과실을 인정한 게 되어 배상 등의 책임을 지는 처지가 되지 않을까라고 우려하는 경우가 있다. 실제 환자측과 트러블로 발전할 가능성이 있을 때 병원이나 보험회사 담당자 혹은 변호사는 재판에서 불리해지기 때문에 "I'm sorry"라는 말은 절대 하지 않도록 개별 의료자에게 요구하는 경향이 있다.

그리고 이 종류의 우려에는 앞 절(206쪽)에서 추적한 〈사과 주체의 다중성〉이라는 것도 관계될 수 있다. 의료자는 개인으로서만이 아니라 병원이라는 조직을 일정 정도 대표하는 자로서도 환자측을 상대하고 있다. 왜냐하면 병원 의료는 어떤 개인만이 아니라 병원 내 지시 계통과 역할 분담 아래 많은 구성원의 협동으로 성립되고 있기 때문이다. 그렇기 때문에 의료자는 집단의 구성원으로서 자신이 안이하게 과실을 인정하면 주위 동료에게나 병원 전체에게도 피해를 주지 않을까라고 우려할 수 있다. 이 점도 의료자가 "I'm sorry"라고 말하기를 때로 주저하게 되는 이유이다.

하지만 이런 우려 때문에 의료자가 "I'm sorry"라고 말하지 않는 것이 종종 환자측과 결정적 균열을 낳게 한다고 워체식 등은 지적하고 있다. 왜냐하면 "이상사례가 일어난 후 환자[혹은 그 가족]는 'I'm sorry'라는 말을 듣고 싶어하기"(ibid.: 24/30) 때문이다. 예를 들어 앞의 '병원 사례'같이 수술 중 환자가 사망한 경우 치료를 담당한 의사로부터는 당연히 "I'm sorry"라는 말이나 그와 유사한 말을 듣게 되리라고 환자 가족들은 기대하고 있다. 하지만 그런 종류의 말이 일절 발화되지 않았을 때 그들은 의사에 대해 불신을 갖기 시작한다. 나아가 의사를 비롯한 병원측이 형사책임이나 민사책임이 생길 것을 두려워하여 진상을 알 수 있는 정보의 공개를 거부하거나 불충분하게만 공개하면 그들의 불신은 더욱 높아져 간다.

워체식 등에 따르면 "환자가 소송에 이르는 주요 원인은 불충분한 커뮤니케이션이며, 또 의료자에 대한 배상청구액은 커뮤니케이션 중단 및 불만의 존재와 상관되어 있다"(ibid.: 22/27). 의료자나 병원측과의 커뮤니케이션에 어긋남이 있거나 커뮤니케이션 자체가 부족하면 환자측은 자연히 무언가 중요한 것이 은폐되고 있지 않는가라고 생각하게 된다. 환자 등을 의료과실 소송으로 몰아가는 것은 배상금을 얻고자 하는 탐욕이 아니다. 오히려 "불충분한 커뮤니케이션으로 인해 생기는 분노야말로 의료과실 소송을 초래하는 원동력인 것이다"(ibid.: 25/30).

또 워체식 등은 예를 들어 의료 미스가 일어난 후 의료자가 "I'm sorry"라고 말하기를 꺼리고 침묵해야 하는 상황은 환자측뿐 아니라 의료자 자신에게도 고통을 주고 있다고 지적하고 있다. 의료자 대부분은 이상사례가 일어났을 때 환자나 그 가족으로부터 도망쳐 숨거나 진상을 숨기도록 병원측으로부터 명령받는 것 자체에 의해 깊이 상처받는다. 그 경우 의료자는 "제2의 희생자"(ibid.: 30/34)이기도 하다고 워체식 등은 강조한다. (그렇기 때문에 거꾸로 말하면, 사과할 수 있다는 것 자체가 가해자에게는 구원이 될 수 있는 것이다. 그리고 그렇기 때문에 본서에서도 여러 번 확인한 바와 같이 사과라는 행위에는 어떤 종류의 이기성을 발견할 수도 있는 것이다.)

+ "I'm sorry"의 의미를 〈공감 표명〉으로 한정하는 것에 의한 문제 해결책

이런 희생자 확대 및 당사자 간 미스커뮤니케이션을 막기 위해 미국 대부분 주에서는 현재 사과를 면책하는 법이 제정되어 있다. 이것은 이상사례가 일어난 후 의료자가 사과하거나 과실을 인정하는 발언을 했다고 해도 그것을 재판 등에서 배상 책임을 인정하는 증거로 삼지 않는다고 규정하는 것이다(ibid.: 83ff, 96ff)[51].

단, 이런 종류의 법이 정비되었다고 해서 그것만으로 충분한 커뮤니케이션이 이루어지게 되는 건 아니다. 즉, 사과 방법이 부적절하거나 거꾸로 필요 이상으로 과실을 인정해 과다한 책임을 지게 되는 등의 케이스가 사라지는 건 아니다. 따라서 워체식 등은 의료자가 적절한 방식으로 "I'm sorry"라고 말하기 쉬운 환경을 만들어내기 위해 법 정비와는 다른 접근을 시도하고 있다.

그것은 "I'm sorry"의 의미를 한정한다는 것이다. 그들은 다음과 같이 주장하고 있다.

> "I'm sorry"라고 말하는 것은 환자나 그 가족에 대한 동정(sympathy)에 기반한 공감(empathy)[52]의 표명이라고 이해되어야 한다. "I'm sorry"라는 발화는 일반적으로는 과실 표명이 아니다(ibid.: 14/18-19).

그들에 따르면 "I'm sorry"라는 발화는 일반적으로 다음 2종류의 의미를 가지고 있다.

(1) 손해나 불이익을 입은 상대에 대한 공감(또는 동정)의 표명
(2) 자신에게 과실이 있음 – 따라서 그에 상응하는 책임이 있음 – 의 승인을 포함한 사과

그렇기 때문에 "불행하게도, 'I'm sorry'라고 말하는 건 그것에 의해 동정을 표시하는 것인가, 그렇지 않으면 책임 표명 내지 과실 인정을 하는 것인가에 관해 혼란을 낳았다"(ibid.: 14/19)고 한다. 이 혼란에 대한 해결책으로서 그들은 의료 분쟁을 비롯해 소송 리스크가 있는 문맥에서

"I'm sorry"라고 말하는 것의 의미를 (1)의 '공감 표명'에 한정해 이해하기를 제안하고 있다. 그들은 이렇게 명언(明言)한다.

"I'm sorry"는 공감 표명이다(ibid.: 14/19).

공감을 표명할 뿐 아니라 과실을 인정하고 사과하는 게 필요한 경우도 있다. 하지만 그것은 합당한 조사가 제대로 이루어지고 고문변호사에게 상담한 후에 비로소 이루어져야 하는 것이다 (ibid."15/20).

"I'm sorry"는 공감 표명만을 의미하며, 과실을 인정하고 사과하는 것을 의미하지 않음을 모두가 이해한다면 의료자는 안심하고 이 말을 사용할 수 있게 될 것이다. 그것에 의해 환자측과의 커뮤니케이션에 어긋남이 생기는 최초의 리스크를 피하고 또 그 후에도 철저한 정보 공개에 의해 양자(兩者) 사이에 신뢰를 구축하고 소송 리스크 등을 경감시킨다. ─ 이것이 워체식 등의 Sorry Works! 운동의 골자이다.

+ 공감 표명 사과와 책임 승인 사과? ─ 일본에서의 수용을 둘러싼 문제

이 운동은 일본에도 큰 영향을 주었다. 사과를 **공감 표명 사과**와 **책임**

인정 사과의 2종류로 나누어 파악하는 견해가 의료 분쟁 방지 및 해결에 관해 검토하는 여러 분야에서 현재 활발히 제기되고 있는 것이다(와다(和田) 2007, 오츠보(大坪)·아라가미(荒神)·사이카(雜賀) 2018: 43-44, 후지타(藤田) 2022, 등). 즉, 예를 들어 앞의 병원 사례에서 담당 의사가 환자 가족에게 "죄송합니다"라든가 "면목없습니다" 같은 말을 했을 때 그것은 공감 표명으로서 사과하는 케이스와 자신의 과실 등의 책임을 인정하고 사과하는 케이스의 2종류가 있다고 이해해야 한다는 것이다.

하지만 이 수용 방식에는 큰 문제가 있다고 하지 않을 수 없다. 왜냐하면 공감 표명은 그 자체로서는 명백히 사과가 아니기 때문이다. 공감 표명은 사과가 아니라는 것은 앞에서 확인한 바와 같이 워체식 등도 명언(明言)하고 있는 *Sorry Works!* 운동의 중요한 논점인 것이다.

물론 본서에서도 이제까지 몇 번인가 언급한 바와 같이 사과에는 상대의 심정을 고려하고 상대를 배려하는 자세를 보이는 측면이 포함될 수 있다. 그러나 당연하지만 이 측면만을 추출해도 그것은 공감이나 배려 표명 이외의 어떤 것도 아니다. 또 그 이전에 예를 들어『에고이스트(エゴイスト)』사례같이 상대에게 공감하고 그 심정을 배려하기 때문에 사과해서는 안 된다고 판단하면서도 그렇지만 결국 마음을 억제하지 못해 – 말하자면 이기적으로 – 사과를 실행하는 경우도 있을 수 있다(본서 191-194쪽 참조).

단순한 공감 표명과는 달리 사과의 경우에는 트럭 사례처럼 자신은 과실을 범하지 않았다고 확신하고 있는 경우에도 무언가 책임을 느끼는 게 포함된다(174-176쪽 참조). 또 어느 경우든 사과하는 자는 누구나 사과의 내용이 되는 사건과 일정한 관계가 있는 당사자(또는 당사자의 대리)라는 의식을 가지고 있으며, 그 사건이 자기 자신에게 어떤 의미를 가지며 어느 정도 중요한지에 대해 자신의 인식을 표명하고 있다(183-184쪽). 그리고 그 표명을 기초로 해야 사과는 상대와의 커뮤니케이션 기점으로서 기능한다(184-186쪽).

적어도 이런 측면을 가져야 비로소 사과는 사과로서 성립할 수 있다. 따라서 반복하지만 공감 표명만으로 사과가 되는 건 아니다.

+'공감 표명 사과'라는 기묘한 용어가 태어난 직접적 원인

단, Sorry Works! 운동을 일본에 수입하는 과정에서 이런 혼란이 생긴 것과 관련해서는 그 자체로서 중요한 포인트를 발견할 수 있다.

병원 사례에 관해 다시 생각해 보자. 일본어권에서 담당 의사는 이때 환자 가족에 대해 설사 자신에게 과실이 없다고 인식하고 있다고 해도 "힘이 미치지 못해 죄송합니다"라거나 "도움이 되지 못해 면목없습니다" 등이라고 말하는 경우가 있을 것이다. 그리고 그때의 "죄송합니다"나 "면목없습니다"라는 말은 분명 사과의 의미를 가지고 있다. 왜냐하면 이런 일본어는 보통 누군가를 부르거나 감사하는 것이 아니라면, 〈가벼운 사과〉든 〈무거운 사과〉든 어느 경우에도 사과할 때 이용되는 말이기 때문이다(본서 제1장 제1절 참조).

이 사실을 전제로 하면서 동시에 Sorry Works! 운동의 핵심을 이루는 〈공감 표명〉과 〈과실 인정을 포함한 사과〉라는 이분법 구조를 거기에 적용하면 위에 든 예에서의 '죄송합니다'나 '면목없습니다' 같은 말을 〈공감 표명〉 카테고리 쪽에 할당하지 않을 수 없게 된다. '공감 표명 사과'라는 기묘한 용어가 탄생하게 된 것은 바로 이 때문일 것이다.

+"I'm sorry"라는 말은 애초에 왜 도움이 되는가

그리고 이것은 Sorry Works! 운동을 일본에 수입한 측의 문제라고 일률적으로 말할 수는 없다. 문제의 원천은 애초에 워체식 등의 논의 자체에 있다. 예를 들어 병원 사례가 영미권에서 일어났다고 하자. 이때 담당 의사가 환자 가족에게 "I'm sorry"라고 말하는 것은 도움이 된다(쓸 만한다, 효과적이다)고 그들은 강조한다. 확실히 그럴 것이다. 그렇다면 애초에 왜 도움이 되는 것일까?

그것은 그런 장면에서 이 말을 사용하는게 자연스럽기 때문이다. 바꿔 말하면 의사는 당연히 이 종류의 말을 해야 한다고 생각하고 있으며 환자 가족도 만일 의사로부터 이 종류의 말을 듣지 않으면 부자연스럽다고 생각하고, 그렇기 때문에 불신을 가지기 쉽다는 것이다. 그리고 그 자연스러움은 이 말이 가진 양의적 내지 애매한 의미에 근거하고 있다. 이제까지 몇 번이나 확인한 바와 같이 "I'm sorry"라는 말은 대체로 (1) 유감스럽게 생각한다 ― 이 속에는 공감한다는 것도 포함된다 ― 라는 의미를 갖는 경우와 그뿐 아니라 (2)죄송하게 생각한다는 의미를 갖는 경우가 있다. 그리고 (1)이라고도 (2)라고도 단언하기 힘든 애매한 인식이나 심경을 나타내는 경우가 있다(본서 44쪽 참조). 영미권에서 이 말이 책임 회피나 얼버무림을 위해 사용될 수 있는 것도 이런 양의성과 애매성을 가지고 있기 때문인 것이다.

그리고 이 점은 이 말의 결함도 결점도 아니며 오히려 이 말의 특징이다. 트럭 사례를 다시 가져오면 사람은 이상사례 발생에 대해 자신에게 컨트롤 가능성이 없었다 – 따라서 자신은 과실을 범하지 않았다 – 고 알고 있는 경우에도 자신의 행위를 후회하고 죄송하다는 기분을 가질 수 있다. 이때의 심경을 영어로 표현할 때에는 "I'm sorry"나 "I regret…" 같은 말의 양의성·애매성이 그야말로 필요해지는 것이다.

더구나 현실의 케이스에서는 이상사례 발생에 대해 자신에게 컨트롤 가능성이 있었는지 여부가 적어도 처음에는 명확하지 않은 경우가 훨씬 많다(본서 185–187쪽 참조). 예를 들어 병원 사례에서 특히, 환자가 사망한 직후에는 원인이 무엇이었는지, 누구에게 판단 혹은 집도(執刀)상의 미스가 있었는지 여부 등을 담당의사나 간호사 등도 파악할 수 없는 경우가 충분히 있을 수 있다. 그리고 그 단계에서도 그들은 우선 환자 가족 등에게 무언가 말을 하지 않으면 안 된다. 이런 경우 사용하는 말로서도 양의적이고 애매한 의미를 띤 "I'm sorry" 같은 말이 가장 자연스럽다고 할 수 있을 것이다. 이런 종류의 말이기 때문에 그 단계에서는 반드시 과실 승인을 포함하지는 않는 후회나 죄송함을 표현할 수 있으며 이 말을 받아들이는 측도 상대가 그런 생각을 가지고 있음을 이해하고 상대에게 일단은 신뢰를 보낼 수 있다. 그렇기 때문에 "I'm sorry"라는 말은 도움이 되는 것이다.

+ "I'm sorry"의 의미를 〈공감 표명〉에 한정하는 것의 치명적 문제

하지만 워체식 등은 "I'm sorry"의 양의성·애매성은 오해와 혼란의 원천이며 미스커뮤니케이션을 초래한다고 하여 "I'm sorry"는 (1)'유감스럽게 생각한다' 같은 의미로만 사용해야 한다고 주장한다. 그리고 공감을 표명할 때는 "I'm sorry"라고 하고, 사과할 때는 "I apologize" 등이라고 할 것 - 즉, 전하고 싶은 내용에 따라 말 자체를 구분해 사용할 것 - 을 제안하고 있다.

이것은 요컨대 "I'm sorry"라는 말이 본래 가진 의미의 넓은 범위를 은연중 이용하면서도 과실 승인으로 이어지는 의미 - 즉, (2)"죄송하게 생각한다"와 비슷한 의미 - 쪽만을 부인함으로써 의료 분쟁 장면에서 "I'm sorry"라는 말이 도움되게 하는 것이다. 그리고 이것에는 크게 나누어 3종류의 치명적 문제가 있다. "I'm sorry"라고 말하는 쪽을 '의료자측', 그것을 듣는 쪽을 '환자측'이라고 부르고 정리해 보자.

(a) 우선 환자측이 Sorry Works! 운동과 그 주장에 대해 모르는 경우에는 그것이야말로 커뮤니케이션의 어긋남이 생길 수 있다. 더 확실히

말하면 의료자측은 환자측을 속이는 것도 될 수 있다. 왜냐하면 환자측은 적어도 의료자측이 "I'm sorry"라고 말함으로써 단지 이쪽에 대한 공감을 표명하고 있을 뿐 아니라 이상사례가 발생한 것을 자기 자신에게도 중대한 사태라고 인식하고 (반드시 과실 인정을 포함하는 것은 아닌) 후회나 면목없음도 표명하고 있다고 받아들이기 때문이다. 아니, 오히려 보통은 그렇게 받아들이기 때문에 의료자측으로부터 이 말이 발화되기를 자연히 기대하고 있는 것이며, 실제 발화되었을 때 이 말을 호의적으로 받아들이는 것이다. 하지만 의료자측이 실제로는 공감 표명이라는 의미만으로 "I'm sorry"라고 한다면 환자측에 오해를 줌으로써 의료 분쟁을 회피하고 있는 것이 된다.

(b) 다음으로 환자측이 이 Sorry Works! 운동 자체는 알고 있다고 하자. 이 경우 환자측은 의료자측으로부터 발화되는 "I'm sorry"라는 말의 의미에 대해 회의(懷疑)에 빠질 수 있다. 즉, 상대는 이 말을 함으로써 이쪽에 공감을 표명하는 데 지나지 않을 뿐이라는 회의이다. 그리고 이 회의는 의료자측에 대한 불신으로 직결된다.

왜냐하면, 반복되지만 환자측이 의료자측의 "I'm sorry"라는 말을 기다림으로써 보통 기대하고 있는 것은 단지 이쪽에 공감해주거나 동정해주는 것이 아니라 의료자측 자신도 사태를 중대하다고 인식하는 것이며 또 그 인식에 걸맞는 행동 – 진상 공개나 규명 등의 진지한 대응 – 을 앞으로 하는 것이기 때문이다.

(c) 마지막으로 환자측도 Sorry Works! 운동에 찬동하고 있다고 하

자. 이 경우 환자측은 의료자측으로부터 발화되는 "I'm sorry"라는 말은 단지 공감 표명만을 의미하고 있음을 잘 이해하고 있기 때문에 (a)의 경우같이 오해하는 경우도 없고 또 (b)의 경우 같은 회의에 빠지는 일도 없다. 단, 그 대신에 이 말을 이전처럼 중시하지 않게 될 것이다. 바꿔 말하면 워체식 등의 주장과는 반대로 "I'm sorry"라는 말은 그다지 도움이 되지 않는다(쓸 만하지 않다, 효과적이지 않다)는 것이 될 것이다. 다시 반복하자면 이 말이 사회에서 이제까지 전통적으로 도움이 되었던 건 이것이 공감 표명 이상을 의미할 수 있음이 널리 이해되어 왔기 때문인 것이다.

+ "죄송합니다"와 "I'm sorry"가 포함할 수 있는 애매성의 상이점·공통점

따라서 어떤 경우든 "I'm sorry"라는 말이 원래 가지는 의미의 넓은 범위를 〈공감 표명〉만으로 좁히고자 하는 시도는 적당치 않다. 그렇다면 "스미마셍(죄송합니다)"이나 "모시와케 아리마셍(면목없습니다)" 같은 일본어의 경우는 어떨까?

병원 사례가 일본어권에서 일어났을 때 담당의사가 발화하는 "스미마셍(죄송합니다)"이나 "모시와케 아리마셍(면목없습니다)"이라는 말도 애매함을 포함할 수 있지만, 그 내용은 의사가 자신의 과실을 인정하고 있는지 여부에 관한 애매함으로, 앞서 250쪽에서도 확인한 바와 같이 사과하는 것 자체는 변함이 없다. 즉, 이 애매함은 영어의 "I'm sorry"처럼 애초에 사과하는지 여부에 관한 애매함이 아니다.

그리고 이 애매함의 차이로부터 일본어권 문화와 영미권 문화의 차이를 간파할 수 있을지 모른다. 제1장 제3절의 말미(56-58쪽)에서 추적했듯이 일본어권 문화에서는, 적어도 영미권 문화와는 달리, 〈사과하는 것〉과 〈자신의 잘못을 인정하고 책임을 지는 것〉이 반드시 강력하게 결부되어 있지 않음이 자주 지적된다.

이것은 거꾸로 말하면 영미권 문화에서는 양자가 종종 강력히 결부되기 때문에 애초에 양자 사이에 애매함이 존재하지 않게 된다. 이 견해가 옳다면 영미권 문화에서는 거기에 애매함이 존재하지 않는 대신 〈사과하지 않고 유감스럽다는 생각을 전달하는 것〉과 〈자신의 잘못을 인정하고 책임을 지는 것도 포함하여 사과하는 것〉 사이에 애매함이 확보될 수 있다고 할 수 있을지 모른다.

단, 설사 그런 문화 간 차이가 있다고 해도 한 가지 점은 공통되어 있다. 그것은 '스미마셍(죄송합니다)'이나 '모시와케 아리마셍(면목없습니다)'이든 혹은 'I'm sorry'나 'I regret...'든 자신의 잘못을 인정하고 책임을 진다는 의지를 나타내고 있는지 여부에 관해 애매함이 존재할 수 있다는 점이다. 그리고 이것에는 상응하는 매우 중요한 역할을 발견할 수 있다.

표13. 병원 사례에 관해 일본어권과 영미권의 문화 차이로 가정되는 사항

	일본어권 문화	영미권 문화
의사가 발화하는 말	"스미마셍(죄송합니다)", "모시와케 아리마셍 (면목없습니다)" 등	"I'm sorry", "I regret…" 등
그 말이 포함할 수 있는 애매함의 내용	그 사과에 자신의 잘못을 인정하고 책임을 질 의지가 포함되어 있는가, 아니면 (아직) 그렇지 않은가라는 점이 애매	애초에 사과하고 있는지 여부 자체가 애매
애매함의 내용에 관해 일본어권과 영미권 문화에 차이가 있는 이유	일본어권 문화에서는 〈사과하는 것〉과 〈자신의 잘못을 인정하고 책임을 지는 것〉이 반드시 강력히 결부되어 있지 않은 반면, 영미권 문화에서는 양자가 강력히 결부되어 있어 이 점에 관해서는 애매함이 존재하지 않는다. →영미권 문화에서는 〈사과하지 않고, 유감스럽다는 생각을 전하는 것〉과 〈자신의 잘못을 인정하고 책임을 지는 것을 포함하여 사과하는 것〉 사이에 애매함이 존재할 수 있다.	

예를 들어 병원 사례에서 담당 의사는 자신들 의료자에게 과실이 없음을 확실히 인식하고 있는 경우라도, 혹은 자신들에게 과실이 있는지 여부가 아직 명확하지 않은 경우라도, 인과 책임도 역할 책임도 아닌 책임을 느끼고 있다. 그리고 그 이상사례를 자신들이 중대한 사태로 받아들이고 있다는 인식과 사망한 환자에 대한 애도의 뜻 그리고 환자 가족을 배려하는 마음을 가능한 한 전하고 싶다고 생각한다. 이미 확인한 것의 반복이 되지만(253쪽) 이런 생각을 표현하는 데 "I'm sorry"나 "스미마셍(죄송합니다)" 같은 말 이상으로 딱 맞는 것은 각각의 문화권에 존재하지 않을 것이다.

또 환자 가족도 조금 전까지 수술하던 담당의사나 그 외 의료자가 과

실이 있든 없든 자신들이 바꿀 수 없는 경험을 하고 이번 사태에 관해 다른 누구도 대신할 수 없는 위치에 있음(176쪽 참조)을 통감할 것이다 ― 그러기 바란다, 그래야 한다 ― 라고 간주하고 있을 것이다. 그건 당연한 것이다. 환자 가족의 이런 기대에 부응하는 의미에서도 독특하게 양의적이고 애매한 의미를 갖는 "I'm sorry"나 "스미마셍(죄송합니다)" 같은 말이 여기서는 커뮤니케이션의 기점으로서 최적의 역할을 할 수 있는 것이다.

+ 사과에서 발견할 수 있는 또 한 가지 특징 ― 진상 공개와 규명에 대한 의지

단지 공감을 표명할 뿐이라고 한다면 딱히 당사자가 아니라도 가능하다. 트럭 사례 같은 극단적인 케이스에서조차 바꿀 수 없는 경험을 하고 다른 누구도 대신할 수 없는 위치에 선 당사자는 자신이 한 일에 일종의 책임을 느끼고 그에 부응한 행동을 한다. 하물며 예를 들어 치료 프로세스 진행 중 환자가 사망한 케이스 등에서는 더욱 그렇다. 왜냐하면 이런 종류의 사태가 발생한 경우 적어도 그 후 얼마간은 당사자인 담당 의료자를 제외하고는 ― 때로 그 의료자 자신에게도 ― 사건의 진상이 확실치 않은 경우가 많기 때문이다. 따라서 환자가 사망했다는 사실을 환자 가족에게 보고하는 것만으로 끝날 수 없으며 그 이상의 행동을 취할 것을 요구받게 된다.

구체적으로는 "I'm sorry"나 "죄송합니다" 같은 말을 상대에게 발화함으로써 상대뿐 아니라 자기 자신에게도 중대한 사태가 일어났다는 인식을 표명하는 것을 시작으로 하여 진상을 밝히는 정보를 공개하거나 진상 자체를 규명해 가는 행동이다. 즉, 이런 장면에서 "I'm sorry"나 "죄송합니다" 등이라고 말하는 행위는 중대한 손해가 발생한 사태의 성립에 깊이 관여한 당사자로서 책임을 느끼고 진상 공개·규명과 관련하여 상대와 커뮤니케이션을 하는 역할을 새롭게 떠맡는다는 의미에서 자신의 책임을 승인하는 행위이기도 한 것이다.

+ 충분한 진상 규명에서 유효한 배상 추구로

이처럼 사과라는 행위 – 혹은 영어로 "I'm sorry"라고 말하는 경우처럼 사과인지 아닌지 때로 애매한 행위 – 에는 초점이 되는 사건의 내용이 확실하지 않은 경우에도 그 사건을 그야말로 명확히 밝혀 갈 의지를 보인다는 특징이 포함될 수 있다. 따라서 앞서 표11(168쪽)에서 제시한 사과의 중요 특징 중 **사과의 내용이 되는 사건 인식**에는 별로 적합하지 않은 특징을 사과라는 행위는 때로 갖게 된다. 왜냐하면 지금 그야말로 확인한 것은 "죄송합니다"나 "면목없습니다" 등이라고 말함으로써 사람은 자신(들)이 무엇을 했는지 – 혹은 무엇을 하지 않았는지 – 가 불명확할 때 그 진상을 규명할 책임을 떠맡는 경우도 있기 때문이다. (나아가 이런 종류의 사과에서는 책임 소재도 당연히 불명확하기 때문에 **자**

기에 대한 책임 귀속이나 **후회·자책, 피해자에 대한 보상** 같은 여러 특징도 적합하지 않게 된다.)

그리고 실제로 진상을 규명해 가는 과정에서 자신(들)에게 잘못이 있었음이 명확해져서 다시 〈무거운 사과〉를 해야 하는 상황이 되는 케이스도 있을 것이다. 병원 사례에서 말하자면 수술을 담당한 간호사 중 한 명이 큰 미스를 했음이 판명되는 케이스이다. 단, 더욱 그 원인을 파고들어 보면 의료자 개인보다 병원 조직 전체의 문제임이 밝혀질지 모른다. 예를 들어 그 간호사가 너무 가혹한 근무 상황에 놓여 있었다거나 병원이 정해 놓은 안전관리 체제가 매우 엉성했다 등이다.

물론 이상사례 발생에 관해 당사자 중 누군가에게 명확한 인과 책임이 있다면 그 당사자는 무언가 보상을 할 필요가 있을 것이다. 하지만 단지 무언가를 보상한다고 되는 건 아니고 그 보상의 의의나 유효성도 고려할 필요가 있다. 예를 들어 앞으로 똑같은 의료사고가 일어나는 걸 막기 위해 어떻게 하면 좋은가라는 고려이다. 그리고 그 결과 병원 스태프의 근무 체제와 안전관리 체제를 개선하는 것이 병원측에 의한 〈무거운 사과〉 속에 포함될지 모른다.

워체식 자신의 경험에서도 혹은 본서에서 다룬 범죄 피해 케이스(102쪽)에서도 피해자는 종종 자신들과 똑같은 일을 당하는 사람이 더이상 나오지 않기를 진지하게 소망하여 프로세스 개선을 향한 구체적 방법 제시를 요구한다. 단지 '매듭 짓는다'거나 '책임자를 벌한다'라는 것만으로는 반드시 성의 있는 대응이라고 할 수는 없는 것이다.

+본 절의 마무리

이제까지 본 절에서는 Sorry Works! 운동의 취지를 비판적으로 검토하면서 이상사례 발생 시 사건의 진상과 책임 소재 등이 불명확할 때 그런 것을 둘러싼 커뮤니케이션의 기점으로서 사과 – 혹은 사과인지 아닌지 애매한 행위 – 가 할 수 있는 역할을 개괄하였다. (또 본 절에서 구체적으로 다룬 것은 의료 분쟁을 둘러싼 사례에 한정되지만 동일한 포인트는 다른 장면에도 광범위하게 적용될 것이다.)

워체식 등은 말이 갖는 양의성과 애매성을 배제하여 〈"I'm sorry"는 공감 표명만을 의미한다〉 등이라고 정의하고 〈이상사례가 일어났을 때는 우선 "I'm sorry"라고 말하고 "I apologize"라고는 말하지 않는다〉는 식의 하우투 매뉴얼을 구체화하고자 했다. 물론 그런 단순화된 도식을 제시하고 의료자가 그 도식을 머리에 넣는 것은 현실의 복잡한 문제를 다룰 때의 실마리로서는 유익한 경우도 있을 것이다. 예를 들어 "죄송합니다"나 "I'm sorry" 같은 발화에는 공감 표명이라는 측면도 있다는 점을 알게 되는 것은 "죄송합니다"나 "I'm sorry"라고 말했기 때문에 무조건 책임지고 보상하지 않으면 안 된다 – 따라서 이런 말을 절대 환자측에 해서는 안 된다 – 같은 좁고 얄팍한 관점에서 벗어나는 하나의 계기는 될 수 있을 것이다.

그러나 그것뿐이다. 설사 알기 쉬워진다 해도 말의 의미를 사전에 정해버리는 것에는 상당히 신중해야 한다. "I'm sorry"나 "I regret…", 혹은 "죄송합니다", "면목없습니다", "미안합니다" 같은 말에는 독특한 양의성·애매성이 있으며 그것이 있기 때문에 이런 말로만 표현할 수 있는 생각, 이 말이 가장 잘 들어맞는 생각이라는 게 있다. 예를 들어 반드시 과실 인정을 포함하지는 않는 후회나 면목없음 같은 심정이다.

말 자체를 규제하거나 말의 의미를 무리하게 한정함으로써 "죄송합니다"를 비롯한 말이 때와 장소에 따라 얼마나 다양하고 복잡한 사항을 의미할 수 있는지를 고려하지 못한다면 중대한 사태에 직면했을 때 당사자들이 당연히 가져야 할 생각이나 심정이 불합리한 것이라고 간주되어 무리하게 합리화되고 억압될 수 있다. "과실을 인정하지 않았는데도 면목없다고 생각하는 등의 행동은 불합리하다. 그때 당신이 말한 '죄송합니다'는 실제로는 공감을 표명하고 있을 뿐인 것이다"라는 식이다.

모든 일을 도식적으로 단순화하고 구분하는 매뉴얼화는 종종 사람의 사고를 정지시키고 현실을 왜곡한다. 중요한 것은 사과의 다양한 측면에 주목하고 유연하게 파악하는 것이며, "죄송합니다" 등의 발화가 숨쉬는 그때그때의 문맥을 전후의 언어와 행동을 통해 명확히 해 가는 것이다. 그렇게 했을 때 비로소 우리는 서로의 마음과 생각 등을 이해하고 서로의 관계를 비롯한 다양한 차원의 복원에 힘쓸 수 있다. 그리고 Sorry Works! 운동을 시작한 워체식의 원래 동기도 그야말로 그런 이해와 복원 실현에 있었을 것이다.

에필로그

+ 사과의 전모

본서는 사과의 다양한 측면을 파고들면서 사과란 무엇인가라는 질문을 탐구하였다. 그 핵심 결과는 아래의 포인트로 정리될 수 있을 것이다.

그림1 및 표2(33-34쪽)에서 제시한 사과 이외의 행위(호소, 감사 등)에서 〈가벼운 사과〉 그리고 〈무거운 사과〉에 이르는 단계.

표11(167쪽)에 정리한 사과의 '비본질적'이면서 중요한 여러 특징. 그리고 그중 특히 '피해자 복원'이라는 항목에 관하여 표7(100쪽)에 정리한 여러 특징.

그리고 이런 여러 특징이 적합하지 않은 비유형적 사과의 사례를 분석함으로써 명확히 드러난 사과의 한층 중요한 여러 특징. 즉, 사과는 당사자 사이에서 이루어진다는 것(제4장 제1절). 또 그 '당사자'는 때로 확장되거나 애매해지거나 다중화한다는 것(제4장 제2절). 그리고 사과는 커뮤니케이션의 기점으로서 기능한다는 것(제4장 제1~3절).

이상의 포인트를 모두 돌아보고 조망함으로써 '사과'라는 말로 묶여지는 다양한 행위의 가족 유사성(133쪽)을 간파하고 다양한 종류의 행위가 완만하게 연결되는 이 개념의 전모를 파악할 수 있을 것이다.

+ 실천적 힌트

 그리고 본서의 이런 탐구에서는 예를 들어, 현재 일본 사회에서 사과의 실패를 어떻게 하면 피할 수 있을까라는 위기 관리적 과제에 관해 몇 가지 실천적 힌트를 추출할 수도 있다. 이미 166-167쪽에서 자신이 지금 하고자 하는 사과가 표11의 여러 특징 중 어느 것에 해당하는가 – 혹은 어느 특징이 특히 초점이 되는가 – 를 파악하는 것의 중요성을 언급했는데 그 외의 힌트를 아래에 열거해 보자.

 [정형적 표현에만 의지하지 않는다] 사과에는 의례적 측면이 있으며 특히 〈가벼운 사과〉는 의례적 행위에 가깝다(28-29쪽). 이것은 뒤집어 말하면 흔한 정형적 언어 사용이나 행위로 일관된 사과는 가벼운 것으로 간주될 수 있다는 것이기도 하다.

 예를 들어 "지난번에는 죄송했습니다"라고 목청을 높이고 90도로 허리를 굽히고 10초간 고개를 숙인다 – 이런 틀에 박힌 표현을 받는 쪽은 이 사람이 정말 죄송하다고 생각하고 있을까라는 의문을 가질 수 있다. "당신은 아까부터 '죄송합니다'는 말만 하고 있는데 정말 미안하다고 생각하고 있는가!?"라는 식이다.

 물론, 정형적 표현을 완전히 배제하면 애초에 사과하고 있는지 어떤지 알기 어려워진다. 단, 그런 표현에만 의지해 자기 자신의 지금 생각을 성의껏 이야기하려는 노력을 게을리 해도 역시 나쁜 사과가 될 것이다(152-154쪽).

[사과의 이유로 자신이 무엇을 말하고 있는지 주의한다] 위의 정형적 표현의 문제와도 깊이 관련되는 것인데, 사람은 사과하고자 할 때 자신의 책임을 작게 보이기 위하여 – 혹은 애초에 딱히 깊이 생각하지 않고 – "불쾌함을 드려서 죄송합니다"라거나, "오해를 초래했다면 죄송합니다" 같은 상투적 문구를 사용하는 경우가 많다. 하지만 〈사과란 초점이 되는 사건을 자신이 어떻게 인식하고 있는지 (인식 자체가 불명료하다면 그것도 포함하여) 표명하는 것을 포함한다〉라는 본서 전체의 논점을 감안해도 이런 표현에는 충분히 주의하지 않으면 안 된다.

우선 "불쾌함을 드려서 죄송합니다"나 "심려를 끼쳐서 죄송합니다", "소란을 일으켜서 죄송합니다" 같은, 매우 자주 사용되는 표현에 대해 생각해 보자. 이런 종류의 표현은 종종 자신이 사과해야 하는 이유는 상대를 불쾌하게 한 것이나, 걱정하게 한 것이나, 소란을 일으킨 것이지, 자신이 저지른 죄나 잘못이 아니라는 인식을 표명하고 있는 듯이 들릴 수 있다. 예를 들어 뺑소니친 인물이 사과 회견 자리에서 "여러분에게 불쾌함을 드려서…"라고 했다면 그 인물은 자신이 법과 도덕에 어긋난 행위를 한 것과 피해자를 부당하게 상처 입힌 것 등을 사과하는 게 아니라는 식으로 많은 사람이 받아들일 것이다.

더하여, 불쾌함을 준 것이 만일 그것만으로 사과 이유가 된다면, 예를 들어 동성애자나 동성혼에 대해 불쾌함을 호소하고 있는 사람(121–122쪽)이 사과하는 쪽이 아니라 사과받는 쪽이 될 수도 있다. 따라서 불쾌함을 주었기 때문에 사과하는 경우에는 단지 그것뿐 아니라 어떤 이유에 의해 불쾌함을 주었는가라는 점까지 포함하여 자신의 인식을 표명할 필요가 있는 것이다.

그 외에도 주의해야 할 상투적 문구는 많다. 예를 들어 비난받아야 할 일을 왜 했는가라고 질문 받았을 때의 "저의 나약함으로…" 라든가 "저의 미숙함으로 인해…" 같은 말 혹은 "저의 부덕의 소치로…" 같은 종류의 말이다. 이런 상투적 문구는 모두 자신이 왜 그것을 했는지에 대한 구체적 설명을 거부하는 뉘앙스 혹은 자신이 한 일이 주체적이고 의도적인 것이었음을 부정하는 뉘앙스를 띠기 쉽다. 즉, 자신이 그때 굳은 마음을 먹거나 성숙해 있거나 덕을 제대로 갖추고 있기만 했다면 그런 일을 굳이 스스로 하고자 하지는 않았을 것이다, 자신의 성격 탓에 어쩔 수 없이 저지른 것이다 – 그런 변명의 뉘앙스이다.

마찬가지로 변명의 뉘앙스 혹은 책임 전가의 뉘앙스를 띠기 쉬운 대표적인 상투적 문구로는 "여러분의 오해를 초래했다면 죄송합니다"라든가 "그렇게 받아들이셨다면 죄송합니다" 같은 표현을 들 수 있다. 왜냐하면 이렇게 말하면 "당신들이 오해했을(그렇게 받아들였을) 뿐 나는 비난받아야 할 일을 했다고는 생각하지 않는다"라고 말하고 있는 게 되기 때문이다.

그리고 이 "오해를 초래했다면…"이라는 표현도 포함하여 조건부 표현을 하는 사과를 종종 볼 수 있는데, 그런 종류의 표현은 기본적으로 피하는 것이 적당하다. 예를 들어 "당신에게 상처를 주었다면 사과드립니다" 같은 표현이다. 이것은 초점이 되는 사건이 어떤 것이었는가라는 근본적인 포인트에 관하여 그 판단 내지 인식을 상대에게 떠넘기고 자기 자신의 인식을 표명하는 것을 거부하는 게 된다. 그렇기 때문에 이런 그야말로 무책임한 표현은 사과가 사과로서 성립하기 위한 요건조차 만족시키지 못하는 것이다.

[정당화나 변명과의 구별을 명확히 한다] 자신이 한 일에 대해 해명하는 행위는 사과 외에 변명, 정당화, 부인 같은 것으로 나눌 수 있다(126, 150-151쪽). 앞서 언급한 "오해를 초래했다면 죄송합니다"라는 상투적 문구는 사과하고 있는 듯 하면서 실제로는 자신은 비난받아야 할 일은 하지 않았다고 주장하고 있다 – 즉 정당화 내지 부인을 하고 있다 – 고도 받아들여진다. 이런 혼란스런 메시지 혹은 얼버무림이라고 받아들여지기 쉬운 메시지는 그 자체가 불성실한 태도로서 한층 더 비난의 대상이 될 수 있다. 예를 들어 자신이 한 일에는 좋은 면도 있었다거나 자신 이외에도 원인이 있다거나 상대에게도 나쁜 부분이 있었다 등의 메시지이다. 설사 그런 것들이 사실이라 해도 사과하는 국면에서는 그런 자기 정당화나 책임 전가로 이어지는 가치 평가를 직접 언급해서는 안 될 것이다. 필요에 따라 사실은 사실로서 정확히 설명하면서도 그때마다 책임은 어디까지나 자신에게 있다는 점을 명확히 나타낼 필요가 있다.

또 현재의 일본 사회, 특히 정치 등의 공적 영역에서는 자신의 행위를 후회하고 죄송하다고 확실하게 사과해야 하는 장면에서 "진심으로 유감스럽게 생각합니다" 같은 표현이 사용되는 경우가 있다. 하지만 예를 들어 영어의 'sorry'와 달리 '유감'이라는 말은 '면목없다'거나 '죄송하다' 같은 의미는 없고 오직 '기대한 대로 되지 않아 마음에 걸린다. 아쉽게 생각한다'([일본국어대사전] 제2판)를 의미한다. 따라서 사과가 기대되고 있는 장면에서 이 말을 사용하는 것은 자신은 비난받아야 할 일을 했다고 생각하지 않는다는 부인(否認)을 의미하게 된다.

중요한 것은 자신이 변명이나 정당화나 부인이 아니라 그야말로 사과를 하고 있다는 것을 상대에게 인정받으려는 경우에는 그런 것들과 사과의 구별을 명확히 하도록 노력하지 않으면 안 된다는 점이다. 예를 들어 실언(失言) 사건 후에 매우 자주 사용되는 "제대로 말씀드리지 못해 죄송합니다", "설명이 부족해서 죄송합니다", "표현이 적절하지 않아 죄송합니다" 등등의 상투적 문구는 많은 경우 "자신은 비난받아야 할 내용을 말했다고는 생각하지 않지만 제대로 명확하고 상세히 말하지 못한 탓에 여러분이 오해를 하게 되었다"라고 말하고 있는 듯이 들리게 된다. 이렇게 되면 사과를 할 마음이 있는지 여부를 의심받아도 어쩔 수 없다.

또 사과 시에 충분히 표현하고 설명하는 것은 많은 케이스에서 중요하다고 할 수 있지만, 설명한다는 행위는 변명하고 있다(해명하고 있다, 정당화하고 있다)는 식으로도 받아들여지기 쉽다. 따라서 상세한 설명을 하는 경우에는 역시 그때마다 책임은 어디까지나 자신에게 있음을 동시에 강조하여 해명·정당화와의 구별을 명확히 할 필요가 있다.

[가능한 한 신속하게 한다] 24-28쪽에서 확인한 바와 같이 단지 "사과드립니다"(혹은 "죄송합니다", "미안합니다" 등)라고 말하는 것만으로

는 사과가 되지 않으며, 이런 말들은 적절한 상황에서 적절한 방식으로 발화하지 않으면 안 된다. 또 많은 케이스에서 사과는 타자에게 재촉받지 않고 자발적으로 하는 것이 기대되고 있다(154쪽).

이것에서 끌어낼 수 있는 중요한 포인트는 사과는 기본적으로 가능한 한 신속하게 하는 게 좋다는 것이다. 예를 들어 자신에게 귀책되는 이상 사례가 일어난 후에 시간이 지나면 지날수록, 또 문제가 심각하면 심각할수록 사과를 요구하는 주위의 목소리가 커지는 경향이 있으며 사과를 하지 않는 것 자체에 대한 비난도 커지는 경향이 있다. 그리고 그렇게 된 후에 사과해도 그것은 자발적으로 행해진 것이 아니라 주위의 압력에 밀려서 어쩔 수 없이 한 것이다 — 그리고 적어도 그런 점에서 성의가 부족한 것이다 — 라는 식으로 받아들여지기 쉽다. 그렇게 되는 걸 피하고 효과적인 사과를 하기 위해서는 가능한 한 신속함이 필요해진다. 또 사건의 진상이 더 명확해졌을 때 등 상황 변화에 따라 다시 사과하는 것도 때로는 필요해질 것이다.

[졸속한 개심(改心) 호소나 무리한 약속은 피한다] 사과는 가능한 한 신속하게 해야 한다고 하지만, 그때는 졸속하게 일을 진행하지 않도록 주의할 필요도 있다.

예를 들어 그야말로 의도적으로 나쁜 짓을 하고 얼마 되지 않은 단계에서 자신은 이제 개심(改心)했다고 호소하는 것은 전혀 상책이 아니다. 상식적으로 사람은 그렇게 간단히 마음을 바꿔먹을 수 없기 때문이다

(118-119쪽). 오히려 이제부터 어떻게 마음을 바꿔먹어 갈지, 자신의 신념과 가치관을 개선해 갈지 구체적으로 설명하는 편이 성의 있는 태도라고 간주될 수 있다.

그리고 이행하기 어려운 일에 대해 안이하게 "이제 두 번 다시 ○○하지 않겠습니다"라든가, "이제부터는 절대로 ○○할 것을 맹세합니다"라는 식으로 약속하는 것도 피해야 한다. 명백하게 무리한 약속을 하면 사과 자체의 성의가 의심받으며, 또 약속을 어긴 경우에는 소급해서 사과가 무효라고 간주될 수 있을 뿐 아니라 나아가 크게 신용을 잃을 우려조차 있기 때문이다(120-121, 140쪽 이하).

['자신이 편해지고 싶을 뿐이다'라고 생각되지 않도록 한다] 사과하는 것은 피해자뿐 아니라 가해자 복원에도 도움되는 경우가 있는데(108-111쪽) 그중에는 사과함으로써 어깨의 짐이 내려지거나 자신의 기분이 편해진다(마음이 놓인다)는 점도 포함된다(162, 165쪽).

사과의 이런 이기적이라고도 할 수 있는 측면이 전면에 너무 드러나게 되면 역시 사과의 동기나 성의가 의심받게 된다. 예를 들어 사과의 일환으로 책임지고 사직한다거나 임원직을 사퇴하는 것 등을 표명했다 해도 그것이 당사자에게 그다지 엄한 처벌이 아니라고 간주된다면 "편해지고 싶었을 뿐이잖아"라거나, "결국 도망친 게 아닌가" 등이라고 받아들여질 수도 있다. 오히려 사임이 왜 필요한 것인가, 그것이 왜 보상이나 제재가 되는 것인가, 사임할 때까지 무엇을 하여 보상할 것인가 같은 내용을 분명히 제시하는 것이야말로 중요하다.

[사과할 상대와 순서를 명확히 한다] 이것은 이미 202-205쪽에서 지적한 점인데, 사과할 상대는 때로는 광범위하거나 불특정 다수인 경우도 있고 서로 다른 사람이나 집단에 대해 각각 서로 다른 이유로 사과하는 경우 등도 있다. 그런 경우 자신이 지금 도대체 누구에게 무엇을 사과하는 것인가, 또 누구에게 먼저 사과할 것인가라는 인식과 선택을 잘못하면 한층 더 비난을 초래하게 된다. 이 점에도 주의가 필요하다.

[누가 사과하고 있는지 명확히 한다] 또 제4장 제2절의 후반(206쪽 이하)에서 확인한 바와 같이 사과 주체도 때로 확장되거나 애매해지거나 다중화할 수 있다. 그렇기 때문에 자신이 지금 어떤 '입장'에 선 자로서 사과하고자 하는지 의식하지 않으면 안 된다. 예를 들어 부모로서인가, 자녀로서인가, 기업의 사원으로서인가, 사장으로서인가 같은 것이다.

[필요에 따라 제3자를 세운다] 가해자와 피해자가 얼굴을 마주하며 사과를 기점으로 화해와 용서에 이르는 것은 특히 그 손해가 중대한 것일수록 상당히 어려운 과정이 된다. 사과 기회 설정 자체를 가능하게 하기 위해서도, 예를 들어 회복적 사법이 중시하는 미디에이션 프로세스(111쪽)는 효과적일 것이다. 실제로 지금 의료 분쟁도 포함한 광범위한 자리에서 전문 교육을 받은 미디에이터(중개자·매개자)를 사이

에 둠으로써 서로에게 보이지 않는 상대의 사정이나 깊은 생각을 이해하고 각각의 인식을 바꿔 가는 실천이 행해지고 있다(와다(和田)·나카니시(中西) 2011). 일상의 장면에서도 때로는 가해자에게도 피해자에게도 너무 치우치지 않는 제3자를 개재시킴으로써 상호 이해의 통로를 만드는 게 유효해질 것이다.

+ 좋은 사과를 향한 첫걸음으로서 사과 행위의 복잡함과 어려움에 대한 이해

그 외에도 실천적 포인트는 다양하게 추출할 수 있을 것이다. 또 필요 이상으로 정중하게 사과하거나, 표정과 음색과 타이밍 등을 연구해서 성의 있는 듯이 보이게 하거나, 성실한 사람처럼 보이게 하는 연출 테크닉도 여러 가지 있을 것이다. 단, 그런 것을 아무리 모아도 결국 하우투 매뉴얼 이상의 것은 되지 않는다. 그리고 그런 매뉴얼화가 가진 문제의 일단은 앞서 제4장 제3절에서 다뤘다.

현실에는 매뉴얼이 적용되지 않는 상황이나 매뉴얼이 오히려 장애가 되는 상황이 얼마든지 존재한다. 예를 들어 지나친 사과가 오히려 불성실하다는 인상을 주는 한편, 애초에 사과하지 않고 자신의 신념에 기반하여 자신의 행위를 정당화하는 해명을 의연하게 수행하는 편이 성실한 태도 혹은 진지한 자세라고 간주되는 경우도 있을 것이다. 또 정중히 사과함으로써 상대가 비로소 사태를 중대하다고 인식하게 됨에 따라 간단히 끝낼 수 없게 되는 경우도 있을 것이다. 그리고 예를 들어 "불쾌함을 드려서…"라든가 "심려를 끼쳐서…" 등의 말은 어떤 때에도 절대 사용해서는 안 되는 건 아니다. 불쾌함을 준 것이나 걱정을 끼친 것이 그야말로 사과의 이유로서 적당한 경우도 있을 수 있기 때문이다.

  오히려 가장 중요한 것은 매뉴얼로는 전부 대처할 수 없는 현실의 어려움에 대해 수고를 아끼지 않고 정면으로 마주하고 깊이 생각하는 것이다. 본서에서는 이제까지 사과를 어렵게 만드는 요소를 다양하게 다루어 왔다. 예를 들어 손해 메꾸기의 어려움(=손해 만회의 어려움), 화해와 용서의 어려움, 마음으로부터 반성하고 개심하기의 어려움, 사과 객체의 확장성·애매성·다중성에 관련된 어려움, 누군가와 함께 - 혹은 누군가의 대리나 대표로서 - 사과하기의 어려움. 그리고 성의 증명하기의 어려움 등이 그것이다.

  상대에게 압력을 주어 문제 해결을 도모하는 것 - 계속 무릎 꿇고 조아리거나 주위의 동정을 사서 화해와 용서를 상대에게 사실상 강요하는 것 등 - 은 이런 어려움으로부터 도망치고 진지한 사과를 포기하는 것이다. 또 사과하는 쪽뿐만 아니라 사과를 요구하는 쪽도 이런 어려움을 무시함으로써 진지함을 잃을 우려가 있다. 예를 들어 무엇이 손상되고 무엇이 메꿔져야 하는 것인가? 왜 다른 행위가 아니라 사과를 요구하는 것인가? 왜 그 사람 내지 그 집단에게 사과를 요구하는 것인가? - 이런 점들을 전혀 고려하지 않고 사과를 요구해도 문제 해결의 실마리를 찾기는 곤란하다. 또 그런 터무니없는 요구는, 239쪽에서도 언급하였듯이 부당한 압력이나 협박이나 폭력이 되기 쉽다.

사과라는 행위는 그것을 하는 것도, 그것을 요구하는 것이나 받는 것도 결코 단순하다고 할 수 없다. 이 점을 우선 이해하는 것이 좋은 사과를 하기 위한 첫걸음임에 틀림없다.

+ 왜 아이에게 사과 방법을 가르치는 것은 어려운가

그리고 이 점으로부터 본서의 프롤로그에서 제시한 질문에 대답할 수 있을 것이다.

아이에게 사과 방법을 가르치는 게 어려운 건 당연하다. 왜냐하면 그것은 그야말로 이 사회에서 타자와 함께 살아가는 방법을 가르치는 것이기 때문이다. 예를 들어 지하철에서 무엇은 해도 되고, 무엇은 해서는 안 되는가 같은 사회의 규칙(매너, 도덕, 법 등), 무엇이 중대한 사건인가 혹은 사람이 무엇에 상처입는가 등에 대한 지식이나 감각, 대체할 수 있는 것과 대체할 수 없는 것의 구별, 약속 방법, 책임이란 무엇인가, 성실함이란 무엇인가 등의 문제가 모두 포함되는 것이다.

따라서 본서에서 추적한 사과의 복잡한 구조 전부를 아이에게 한꺼번에 완벽하게 가르치려 해서는 안 되며 그런 것은 애초에 불가능하다. 매너와 〈가벼운 사과〉의 경계에 있는 장면 – 단지 "미안합니다"라고 하면 되는 장면 – 에서 시작하여 "미안합니다, 다시는 하지 않겠습니다"라고 약속하지 않으면 안 되는 장면 등 아이는 그때그때 상황별로 '사과'

라는 개념의 다양한 측면을 하나하나 서서히 배워갈 수밖에 없다. 그것이야말로 트럼프 놀이와 야구, 체스, 컴퓨터 게임을 하나하나 배우는 동안 이윽고 가족 유사성에 의해 완만히 윤곽지어진 '게임'이라는 개념의 전모를 조망하는 기초가 만들어지는 것과 마찬가지이다.

본서는 아이가 점차로 어른으로 성장해 사과의 여러 측면과 그 관계를 배우고 이윽고 사과하기의 진정한 어려움과 중요성을 아는 지점까지 그 과정을 새롭게 찾아가는 여정이었다고 할 수 있다. 본서의 말미에 이르러 우리가 지금 서 있는 것도 바로 이 지점이다.

[주]

1. [일본국어대사전] 제2판에는 실제로는 '赦'가 아니라, '許'라는 한자가 사용되고 있는데, (1)상대가 무언가 하는 걸 허가하는 것과 (2)상대의 죄 등을 더이상 책망하지 않고 끝내는 것의 혼동을 피하기 위해 본서에서는 이곳 이외에서도 (1)의 의미의 '허가한다(유루스)'는 許す, (2)의 의미의 '용서한다(유루스)'는 赦す라고 표기하여 구별을 명확히 하고 있다. 이 점에 대해서는 본문의 89쪽과 93쪽도 참고하라.

2. 일본어의 '와비루(侘びる, 詫びる)'라는 말의 다의성에 관해서는 제2장 제3절에서 다시 주제로 다룬다.

3. 이것은 바꿔 말하면 사과가 성립할지 여부와 그것이 좋은 사과인지 여부는 반드시 명확히 구별할 수 있는 것이 아니며 이 2가지 요소는 종종 서로 섞여 있어 분리하기 어렵다는 것이다. (예를 들어 〈사과에 실패했다〉거나 〈사과가 부적절한 것이었다〉는 건 애초에 사과하지 않았음을 의미하는 것일까? 아니면 형편없는 사과였음을 의미하는 것일까? 양자를 구별하기는 많은 경우 곤란할 것이다.)

  본서에서는 기본적으로 양자를 무리하게 나누기보다 양자의 구별 자체에 그다지 중점을 두지 않는 형태로 논의를 진행해 간다. 단, 에필로그를 비롯한 몇몇 곳에서는 좋은 사과의 나쁜 사과를 둘러싼 실천적 포인트도 언급하였다.

4. 오스틴도 '사과드립니다'나 '죄송합니다' 같은 행위수행적 발화의 부

적절함이란 종종 불성실함(insincerity)임을 시사하고 있다(Austin 1962: 80/126). 또 사과의 성실함이라는 논점은 본서에서 이후 종종 얼굴을 드러내게 되는데 특히 제3장 제3절에서 이 논점을 주제로 다루어 검토한다.

5. 일본어에서 감사와 사과의 언어 표현에 종종 연속체적 구조가 있음에 주목하여 그것을 발화자의 심리라는 관점에서 분석하고 있는 논문으로 사쿠마(佐久間)(1983)가 있다.

6. 이 점에 관해서는 제3장 제2절(150-152쪽)에서 주제로 다룬다.

7. 철학자 이케다 타카시(池田喬)는 와츠지(和辻)의 이런 사과론에서, Schuld(책망, 빚)라는 관점을 바탕으로 도덕성을 파악하고자 하는, 하이데거의 사고와 공통성을 확인하고 있다(이케다 2021: 292-294).

8. 와츠지(和辻)의 행위론의 상세한 내용에 관해서는 예를 들어 이지마(飯嶋)(2019)의 특히 제7장을 참조하라.

9. 일본어학자 나가노 마사루(永野賢)는 '스미마셍'이 감사의 의미로 사용되게 된 것은 "쇼와(昭和)(1926~1989) 첫해 무렵, 일러도 타이쇼(大正)(1912~1926)시대"(나가노 1969: 133)라고 추정하고 있지만 [일본국어대사전] 제2판에는 이런 용법으로 메이지(明治)(1868~1912) 시대 중기 무렵의 예도 실려 있다. 어찌되었든 감사의 '스미마셍'이 거의 100년 이전부터 확산된 용법임은 확실할 것이다.

10. 단, 와츠지 자신은 베네딕트의 『국화와 칼』의 전체 논지에 대해서는 부정적이다. 와츠지는, 특히 『국화와 칼』 제2~3장의 논술에 대해,

제2차 대전에 이르는 고작 10여 년간 맹위를 떨친 군부의 이데올로기를 '일본' 혹은 '일본인'의 사고방식으로서 채택하고 있다고 비판하고 있다(와츠지 1950).

11. 예를 들어 사과론의 문맥에서 베네딕트와 도이(土居)의 논의를 함께 다루면서 비판적으로 검토하고 있는 것 중 하나로 Tavuchis(1991)의, 특히 43-47쪽의 논의를 들 수 있다.

12. 사쿠마(佐久間)(1983), 미야케(三宅)(1993), 모리야마(森山)(1999), 오바나(尾鼻)(2015) 등.

13. https://www.bunka.go.jp/seisaku/kokugo_nihongo/kyoiku/handbook/

14. 단, 하트 자신이 이런 용법에 담은 의미와 (a) 및 (b)의 설명이 정확히 일치하고 있지는 않다. 하트에 의한 책임 개념 분석의 상세 내용과 그것이 가진 여러 문제에 관해서는 타키가와(滝川)(2003: 26 이하)를 참조하라.

15. 이 효과를 오부치 겐이치(大渕憲一)는 "일종의 감정 유화(宥和) 효과"(오부치 2010: 70)라고 특징짓고 있다.

16. 사과라는 행위와 관련해 스트로슨의 논의 - 특히 '반응적 태도'를 둘러싼 그의 논의 - 에 주목하고 있는 논문으로는 Radzik(2009: 183-184) 및 Radzik(2016: 111-112)도 참조하라.

17. 단, 이것은 (스트로슨 자신의 생각은 어떠하든) 반응적 태도가 인간 이외의 대상을 결코 향하지 않음을 의미하지는 않는다. 예를 들어

불곰에게 가족이 살해된 사람이 그 불곰에게 강한 분노를 느끼고 복수를 맹세한다 같은 경우도 있다.

또 '반응적 태도'를 둘러싼 스트로슨의 논의 자체는 결정론과 자유의지의 대립이라는 철학의 전통적 논쟁의 문맥에서 제시된 것인데 그 후 다양한 비판적 검토를 받았다. 그 구체적 내용에 대해서는 타카사키(高崎)(2022)의 제7장을 참조하라.

18. 예를 들어 오부치(大渕)(2010: 36)에 소개되어 있는 실증적 심리실험에서 사과에는 상대의 분노를 비교적 빨리 저감시키는 효과가 있음이 확인되었다(Anderson et al. 2006).

19. 불합리한 사건이나 사고에 휘말린 피해자가 자신의 주의가 부족했다, 자신에게 허물이 있었다, 자신이 잘못했다는 식으로 지나치게 자신을 책망하는 케이스는 사회심리학 분야에서 '피해자 비난(victim blaming)'이라고 불리는 것을 피해자가 자기 자신에게 향하는 케이스라고 할 수 있을 것이다. '피해자 비난'으로 이어지기 쉬운 인간의 심적 경향 및 그것과 관련된 '공정 세상 신념'이나 '공정 추론' 같은 개념에 관해서는 사회심리학자 무라야마 아야(村山綾)가 알기 쉽게 정리했다(무라야마 2023: 제2장).

20. 이 점에 관하여 아렌트는 예를 들어 나치 독일의 유대인 대량 학살 같은 전쟁범죄는 어디까지나 용서할 수 없는 죄이며 그렇기 때문에 공공적 활동으로서 '벌한다'는 형태로 그 죄에 종지부를 찍을 수도 없다고 주장하고 있다(Arendt [1958]1998: 241/377; Arendt

[1964]2003: 26/45). 이런 그녀의 논의에 비판적 검토를 덧붙여 용서라는 계기의 무조건성과 예견 불가능성을 강조하는 대표적 논의로 Derrida(2012)를 참조하라.

21. 이 공통점은 제어의 대표 저서 *Changing Lenses*의 제2판(1995년 간행)까지의 단계에서는 강조되지 않았으며 그때까지는 오히려 응보적 사법과 회복적 사법의 차이가 날카롭게 강조되어 있었다. 전환점이 된 것은 주로 C. G. 브렁크에 의한 비판(Brunk 2001)이었는데, 이것을 받아들여 제어는 응보적 사법과 회복적 사법 사이에 명확한 선을 긋는 초기의 입장을 철회하게 되었다(*Changing Lenses*의 제3판 이후에는 이런 방향 전환이 반영되어 있다). 또 회복적 사법 이론 자체는 본 절에서 개관하는 제어의 입장이 원류가 되었는데 그 후 구체적 실시 형태도, 또 애초의 사고방식도 실로 다양하게 분화되었다. 이 점에 관해서는 예를 들어 혼마(本間)(2014)에 회복적 사법의 종교적 배경도 포함하여 상세하고 간명하게 정리되어 있다.

22. '미디에이션'과, 일본 법원이 주도하는 민사조정이나 가사조정 같은 '조정'의 차이에 대해 예를 들어 안도(安藤)·타나카(田中)(2015)에는 다음과 같이 설명되어 있다. 우선 "미디에이션은 대립하는 당사자가… 문제되고 있는 감정이나 사항을 당사자 자신이 대화를 통해 서로 이해하려는 자리에서 인간관계 복원 및 거기서 일어나고 있는 문제 해결을 시도하는 방법"(ibid. 4)이다. 그 자리에는 훈련받은 미디에이터가 제3자로서 동석하여 "당사자 간 커뮤니케이션 자리를

만들어 당사자의 이해와 인지 변용을 지원"(ibid. 13)하게 된다. 한편 조정은 원칙적으로 당사자는 동석하지 않고 재판소가 정한 규칙 아래 조정위원이 주도하여 주로 법적 요건에 초점을 맞춘 형태로 화해 가능성을 모색하는 방법이다(ibid. 5-9).

23. 아사히신문(朝日新聞) 디지털 2022년 10월 4일부 배포 기사(https://www.asahi.com/articles/ASQB44R58QB4OIPE006.html)

24. 토카이테레비(東海テレビ) 2023년 2월 28일부 배포 기사(https://www.tokai-tv.com/tokainews/article_20230228_25586)

25. 카와사키(川﨑)는 실제로는 (1)을 '사건 인지'라고 표기하고 있는데, 본서 속 주요 표현과 정합시켜 독자를 쓸데없이 혼란시키지 않기 위해 '인지'를 '인식'이라고 바꿔 썼다. 또 카와사키는 (2)를 '책임 귀속'이라고만 표기하고 있는데 누구에 대한 귀속인지 명확히 하기 위해 본서에서는 '자기에 대한'이라는 표현을 추가했다.

26. 예를 들어 철학자 A. I. 코엔은 광의의 "시정 제안(offer to correct)"으로서 사과를 파악하는 입장을 강력하게 추진하고 있는데 동시에 이 입장은 "사과 이론에서 몇 가지 요소의 개요를 제시하는 데 불과한 불완전한 것으로, 여러 사과에서 보이는 많은 특징을 놓치고 있다"(Cohen 2020: 16)고 인정하고 있다.

또 사과의 특징은 본문에 열거한 것 이외에도 수많이 발견할 수 있다. 예를 들어 대개의 사과는 이미 일어난 사태에 대해 행해지는 것이다. 이것은 당연하다고 생각될지 모르지만 실제로는 앞으로 일어날 사태에 대해 미리 사과가 행해지는 케이스도 없지 않다(소음 발생이 예상되는 공사 전에 영향받을 가능성이 높은 관계자에게 책임자가 사과하고 다닌다 등)

27. 스미스는 이런 종류의 사과를 "정언적 사과(categorical apology)"라고 부르고 있다. 그에 따르면 정언적 사과란 이상적 사과의 모델이 되는 것이며 다른 사과를 평가하기 위한 기준(benchmark)으로서의 역할을 하는 것이라고 한다(Smith 2008: 142).

28. 이 점은 Cohen(2020: 30)에서도 지적되고 있다.

29. 물론, 사과 속에 정당화나 변명 같은 요소가 포함되는 경우는 있으며("정말 면목없다. 하지만 이것에는 이런저런 사정이 있었다는 것도 이해해 주기 바란다" 등) 또 거꾸로 변명 속에 사과 등의 요소가 포함되는 경우도 있다("이것에는 이렇게 하지 않으면 안 되는 이유가 있었는데 그 부분에 대해서는 면목없게 생각하고 있다" 등). 즉, 이 4종류의 해명은 반드시 서로 배타적인 게 아니라, 그때그때 해명의 주안점을 특징짓는 분류라고 할 수 있을 것이다.

또 변명이라는 행위의 특징 및 사과와의 차이에 대해서는 어빙 고프먼의 정리도 참조하라(본서 126-127쪽).

30. 철학자 코테가와 쇼지로(小手川正二郎)는, 에마뉘엘 레비나스의 논의도 참조하면서, '책임을 진다'는 것과 '책임을 느낀다'는 것의 차이에 대해 더 상세한 분석을 하고 있다(코테가와 2016).

31. 실제 오부치(大渕) 자신도 "순수한 비전략적 해명도 때로 있을지도

모르지만, 아마 매우 드물 것이다"(오부치 2010: 96-97)라고 말하고 있다.

32. 이하의 '트럭 사례'와 그것에 대한 분석은 후루타(古田)(2013: 179 이하)에서 전개한 것을 기반으로 하고 있다.

33. 이것과 비슷하지만 다른 것으로서 어떤 나쁜 짓을 저지른 자가 그것에 대해 사과하는 게 아니라 예를 들어 다음같이 변명하는 케이스가 있다. "나는 조직의 톱니바퀴가 되어 움직였을 뿐이다. 누구나 내 입장에 놓인다면 똑같은 일을 했을 것이다. 나에게는 책임이 없다".

34. 『에고이스트(エゴイスト)』는 애초 2010년에 '아사다 마코토(浅田マコト)' 명의로 쇼가쿠칸(小学館)에서 단행본으로 간행되었는데, 그 후 '타카야마 마코토(高山真)'로 변경하여 e북과 문고가 출간되었다.

35. 인간의 이런 일반적 경향성에 대해서는 무라야마(村山)(2023)의 제1장을 참조하라. 또 앞의 주19에서 다룬 '피해자 비난'과 '공정 세계 신념' 같은 개념도 이 경향성과 깊이 관련되어 있다.

36. 소설 『에고이스트(エゴイスト)』에서 "미안합니다"라는 말은 이 소설 전체와 관련된 다양하고 상징적인 역할을 떠맡고 있는데 그것은 본서의 한정된 지면에서 전부 소개할 수 있는 게 아니다. 예를 들어 코스케는 어머니의 불단 앞 등에서 종종 "미안합니다"라는 말을 반복한다. 류타 어머니도 코스케에게 기회가 있을 때마다 "미안합니다"라고 말한다. 본서에서는 이 소설 세계 속에서 "미안합니다"가 함의하는 깊고 복잡한 의미의 일부만을 절취하고 있을 뿐이다.

37. 그 외에도 사람은 때로 애완동물 등 동물에게 사과하거나 유유아(乳幼兒)에게 사과하기도 한다. 또 상대의 응답이 (반드시) 전제되지 않는 사과로는 신(神)이나 부처 같은 초월적 존재에게 사과하는 행위도 들 수 있다. 단, 이런 종류의 사과는 본서에서 다루지 않는다.
38. 물론, 누군가의 대리 내지 대표가 되기 위한 조건이 모든 종류의 행위에 존재한다고 할 수는 없다. 여기서 문제되고 있는 것은 다음 같은 사항이다. 누군가의 대신에 – 혹은 누군가를 대표하여 – 특히 사과라는 행위를 하는 이유나 동기를 사람이 가지는 건 일반적으로 어떤 경우인가? 또 누군가의 대리 내지 대표로서 사과하는 자에게 "왜 당신이 사과하는가"라는 의문을 제기하거나 "당신에게 사과받을 이유는 없다" 같은 비판을 하기 어려운 건 일반적으로 어떤 경우인가?
39. BBC News 2020년 12월 6일부 배포 기사(https://www.bbc.com/news/entertainment-arts-55205354), BBC News Japan 2020년 12월 7일부 배포 기사(https://www.bbc.com/japanese/55211350)
40. 단, 이것은 〈기업 그 자체가 행위 주체로서 존재한다〉는 형이상학적 주장을 함의하지는 않는다. 본서에서는 이 문제에 깊이 들어가지 않는데, 집단 자체가 사과 행위의 주체가 될 수 있는가라는 물음과 관련해서는 예를 들어 Cohen(2020: Chap. 7)을 참조하라.
41. 단, 이 점에 관해 아렌트 자신은 명확히 논하고 있지 않으며 다른 곳에서는 개개의 집합적 책임으로부터 벗어나기 위해 개개의 공동체로부터 이탈할 수 있는 가능성에 대해 언급하기도 하였다(Arendt

[1978]2003: 150/279). 또 그녀는 집합적 책임이란 정치적 책임으로, 이 책임을 지는 자에게 죄(guilt)가 있는 게 아니며 죄를 느낀다고 해도 그것은 비유적 의미에 지나지 않는다고도 주장하고 있는데(ibid.: 147/274-275) 이 점도 포함하여 그녀의 독자적인 '집합적 책임' 개념의 의미와 '죄'의 특징에 관해 본서는 이 이상 깊이 들어가지 않는다.

42. 철학자 벳쇼 요시미(別所良美)는 이 점을 단죄와 사과의 차이로서 부각시키고 있다. 그리고 비평가 카토 노리히로(加藤典洋)가 『패전후론(敗戰後論)』(카토[1997]2015)을 비롯한 여러 논의에서 주장해 온 〈일본인의 인격 분열〉 및 〈일본인으로서 사과할 논리의 부재〉를 이 점으로부터 해석하고 있다(벳쇼 1999: 131-132).

43. 역사학자 테사 모리스 스즈키는 선행 세대에서 후속 세대로 이어지는 'implication(연루(連累), 연좌, 밀접한 관계·관련)'이라는 개념을 제창하면서 선행 세대가 저지른 부정의(不正義)를 후속 세대가 바로잡지 않고 차별이나 배제 등을 잔존시켜 그 재생산을 허용하는 것을 법률용어인 '사후공범' - 어떤 범죄가 행해진 후 어떤 사람을 범인인 줄 알면서 숨기는 등의 행위를 하여 처벌로부터 도망치도록 지원하는 자 - 에 비유하고 있다(모리스 스즈키 [2001]2013: 65-68). 하지만 그런 재생산을 멈추고 부정의를 바로잡는 일 자체에 적어도 후속 세대에 의한 사과라는 행위가 필수적이라고 할 수는 없다.

44. 1997년 5월 26일 연설의 정부 공식 기록(https://pmtranscripts.

pmc.gov.au/release/transcript-10361)

45. 2008년 2월 13일 연설의 정부 공식 기록(https://pmtranscripts.pmc.gov.au/release/transcript-15758)

46. INPS Japan 2008년 2월 25일부 배포 기사(https://inpsjapan.com/news/australia-apology-to-stolen-generation-a-good-start)

47. AFPBB News 2008년 2월 13일 배포 기사(https://www.afpbb.com/articles/-/2350297) 외에 이하의 기사 및 논문도 참조하라. INPS Japan 2008년 2월 25일부 배포 기사(https://inpsjapan.com/news/australia-apology-to-stolen-generations-a-good-start/), 쿠보타(窪田)(2021: 75).

48. 정치철학자 I. M. 영은 선행 세대가 저지른 선주민 박해 등에 대해 후속 세대가 "누구도 자신들을 책망할 수는 없다"고 말하는 건 정당하다고 인정하면서도 "[후속 세대가] 현재 어떻게 과거를 이야기하는지에는 책임이 있다"(Young 2011: 182/277)고 지적한다. 그리고 이렇게 덧붙이고 있다. "사회 속 개인이나 집단이 과거의 부정의를 어떻게 이야기하고 부정의와 현재의 관계 혹은 결별에 대해 어떻게 이야기할지 결정하는 것은, 사회 구성원이 지금 서로 어떻게 관계하고 어떻게 더 공정한 미래를 만들어낼 수 있을지에 대해 많은 것을 설명한다"(ibid.)

단, 영은 그처럼 과거 역사를 문제시하는 것은 "비난하거나 처벌하거나 피해 보상을 요구하기 위해서가 아니다"(ibid.: 173/265)라고 논하고, 예를 들어 "현재의 미국인, 특히 백인 미국인이 노예제의 역사적 부정의에 대해 지는 책임에 관해 이야기하기 위해 비난, 죄, 부채, 보상 같은 용어를 사용하는 것에는 의미가 없다"(ibid.: 174/266)고까지 말하고 있다. 하지만 적어도 보상은, 똑같은 금액이나 내용이더라도, 투자나 급부 등과는 의미가 달라 사람들 사이에 (화해도 포함하여) 새로운 관계를 구축하고 공정한 미래를 만들어내는 데 중요한 역할을 할 수 있는 것이다. 그리고 사과는 많은 경우 보상의 전제를 이룸과 동시에 보상도 종종 사과의 일환 내지는 '사과의 표시'로서의 역할을 한다.

49. 지지통신(時事通信) 2023년 2월 13일부 배포 기사(https://www.jiji.com/jc/article?k=2023021300684&g=int)

50. 로이터통신 2021년 2월 15일부 배포 기사(https://jp.reuters.com/article/australia-politics-indigenous-idJPKBN2AF0G0)

51. 단, 워체식 등은 실제 이 종류의 법이 제정되기 전에도 후에도 의사가 "I'm sorry"라고 말한 것이 그 후 재판 등에서 불리한 증거로 활용된 경우는 일단 없음을 시사하고 있으며(Wojcieszak et al. 2010: 90/102) "소위 사과를 면책하는 법은 실제로 법적으로 거의 가치를 갖지 않는다"(ibid.: 83/96)고까지 단언하고 있다.
또 일본에서도 의료소송 32개 사례를 조사한 보고에 따르면 "사과함으로써 곧바로 소송에서 불리한 입장이 된다고는 할 수 없으며 사안에 따라서는 오히려 사과하지 않음으로써 불리한 입장이 된다"(야마자키 2007: 106)는 결론이 도출되었다고 한다.

52. 동정(sympathy)과 공감(empathy)의 구별 및 양자의 관계에 관해서는 예를 들어 Slote(2007: Chap. 1)를 참조하라.

[일본 문헌]

- 安藤信明・田中圭子(二〇一五):『調停にかかわる人にも役立つメディエーション入門』、和田仁孝[監修]、弘文堂
- 飯嶋裕治(二〇一九):『和辻哲郎の解釈学的倫理学』、東京大学出版会。
- 池田喬(二〇二一):『ハイデガー『存在と時間』を解き明かす』、NHKブックス。
- 井田良(二〇一八):『講義刑法学・総論(第2版)』、有斐閣。
- 大坪陽子・荒神裕之・雑賀智也(二〇一八):『看護の現場ですぐに役立つ医療安全のキホン』、秀和システム。
- 大渕憲一(二〇一〇):『謝罪の研究—釈明の心理とはたらき』、東北大学出版会。
- 尾鼻靖子(二〇一五):「感謝表現としての「ありがとう」と「すみません」の境界線—シンボリック相互作用理論を適用して」、『言語と文化』18、15−28頁。
- 加藤典洋([一九九七]二〇一五):『敗戦後論』、ちくま学芸文庫。(初刊:講談社、一九九七年)
- 川﨑惣一(二〇一九):「人はなぜ謝罪するのか」、『宮城教育大学紀要』53、37−47頁。
- 川瀬貴之(二〇一一):「国民国家の集団的責任と過去の不正義の補償」、『千葉大学法学論集』26(3)、1−60頁。
- 窪田幸子(二〇二一):「先住民族との和解にむけて—謝罪、補償とトラウマの修復」、『アイヌ・先住民研究』1、67−82頁。
- 熊谷智子(一九九三):「研究対象としての謝罪—いくつかの切り口について」、『日本語学』12(12)、明治書院、4−12頁。
- 小手川正二郎(二〇一六):「「責任を負うこと」と「責任を感じること」—レヴィナスの責任論の意義」『國學院大學紀要』54、29−42頁。
- 斎藤純一(一九九九):「政治的責任の二つの位相—集合的責任と普遍的責任」、『戦争責任と「われわれ」—「「歴史主体」論争」をめぐって』、安彦一恵・魚住洋一・中

岡成文［編］、ナカニシヤ出版、76－98頁。

- 佐久間勝彦（一九八三）：「感謝と詫び」、『話しことばの表現』〈講座　日本語の表現3〉、水谷修［編］、筑摩書房、54－66頁。
- 司法研修所［編］（二〇一二）：『裁判員裁判における量刑評議の在り方について』、法曹会。
- 高崎将平（二〇二二）：『そうしないことはありえたか？―自由論入門』、青土社。
- 滝川裕英（二〇〇三）：『責任の意味と制度―負担から応答へ』、勁草書房。
- 土井健郎（［一九七一］二〇〇七）：『「甘え」の構造（増補普及版）』、弘文堂。（初刊：一九七一年）
- 三宅和子（一九九三）：「感謝の意味で使われる詫び表現の選択メカニズム―Coulmas(1981)のindebtedness「借り」の概念からの社会言語的展開」、『筑波大学留学生センター日本語教育論集』8、19－38頁。
- モーリス＝スズキ、テッサ（［二〇〇一］二〇一三）：「批判的想像力の危機」、『批判的想像力のために―グローバル化時代の日本』、平凡社ライブラリー、44－71頁。（初刊：『世界』683、二〇〇一年）
- 永野賢（一九六九）：『にっぽん語風俗学』、明治書院。
- 林範彦（二〇一六）：「罵声とあやまり」、『日本文化事典』、神崎宣武・白幡洋三郎・土井章一［編］、丸善出版、102－103頁。
- 藤田眞幸（二〇二二）：「医師として必ず心得ておくべき医事紛争回避のための視点」、『週刊医学界新聞』3477、医学書院。
- 古田徹也（二〇一三）：『それは私がしたことなのか―行為の哲学入門』、新曜社。
- 別所良美（一九九九）：「「日本人として」謝罪する論理」、『戦争責任と「われわれ」――「「歴史主体」論争」をめぐって』、安彦一恵・魚住洋一・中岡成文［編］、ナカニシヤ出版、115－139頁。
- 本間美穂（二〇一四）：「修復的司法論における諸宗教解釈―「起源神話」と「霊性的根源」プロジェクトを中心に」、『東京大学宗教学年報』31、101－120頁。

- 村山綾(二〇二三):『「心のクセ」に気づくには―社会心理学から考える』、ちくまプリマ―新書。
- 森山卓郎(一九九九):「お礼とお詫び―関係修復のシステムとして」、『國文學―解釈と教材の研究』44(6)、78−82頁。
- 山口厚(二〇〇八):『刑法入門』、岩波新書。
- 山﨑祥光(二〇〇七):「医療紛争と謝罪 "Sorry Works Movement" 第3回　謝罪が訴訟に及ぼす影響」、『医療安全』13、102−107頁。
- 和田仁孝(二〇〇七):「医療紛争と謝罪 "Sorry Works Movement" 第1回　謝罪とはなにか?」、『医療安全』11、84−88頁。
- 和田仁孝・中西淑美(二〇一一):『医療メディエーション―コンフリクト・マネジメントへのナラティヴ・アプローチ』、シーニュ。
- 和辻哲郎([一九三七]二〇〇七a):『倫理学(一)』、岩波文庫。(初刊:『倫理学』上巻、岩波書店、一九三七年)
- 和辻哲郎([一九三七]二〇〇七b):『倫理学(二)』、岩波文庫。(初刊:『倫理学』上巻、岩波書店、一九三七年)
- 和辻哲郎(一九五〇):「科学的価値に対する疑問」、『民族學研究』14(4)、23−27頁。

[서양 문헌]

- Anderson, J. C. & Linden, W. & Habra, M. E.(2006): "Influence of Apologies and Trait Hostility on Recovery from Anger" in *Journal of Behavioral Medicine*, 29(4), pp.347-358.
- Arendt, Hannah([1958]1998): *The Human Condition*, 2nd Edition, University of Chicago Press. (First published in 1958). (アレント『人間の条件』、志水速雄[訳]、

ちくま学芸文庫、一九九四年）

- Arendt, Hannah([1964]2003): "Personal Responsibiity Under Dictatorship" in her *Responsibility and Judgment*, Jerome Kohn (ed.), Schocken Books, pp.17-48. (First delivered in 1964.)（アレント「独裁体制のもとでの個人の責任」、『責任と判断』、中山元［訳］、ちくま学芸文庫、二〇一六年、30－82頁）

- Arendt, Hannah([1968]2003): "Collective Responsibility" in her *Responsibility and Judgment*, Jerome Kohn (ed.), Schoken Books, pp.147-158. (First delivered in 1968.)（アレント「集団責任」、『責任と判断』、274－294頁）

- Austin, J. L.([1956]1970): "Performative Utterances" in his *Philosophical Papers*, 2nd Edition, J. O. Urmson & G. J. Warnock (eds.) Clarendon Press, pp.233-252. (First delivered in 1956.)（オースティン「行為遂行的発言」、中才敏郎［訳］、『オースティン哲学論文集』、坂本百大［監訳］、勁草書房、一九九一年、379－409頁）

- Austin, J. L.(1962): *How To Do Things With Words*, Clarendon Press.（オースティン『言語と行為—いかにして言葉でものごとを行うか』、飯野勝己［訳］、講談社学術文庫、二〇一九年、ほか）

- Benedict, Ruth(1946): The Chrysanthemum and The Sword: Patterns of Japanese Culture, Houghton Mifflin.（ベネディクト『菊と刀』、角田安正［訳］、光文社古典新訳文庫、二〇一九年、ほか）

- Brunk, C. G.(2001) "Restorative Justice and the Philosophical Theories of Criminal Punishment" in *The Spiritual Roots of Restorative Justice*, M. L. Hadley (ed.), State University of New York Press, p.31-56.

- Cohen, A. I.(2020): *Apologies and Moral Repair: Rights, Duties, and Corrective Justice*, Routledge.

- Corlett, J. A.(2010): *Heirs of Oppression: Racism and Reparations*, Rowman & Littlefield.

- Derrida, Jaques(2012): *Pardonner: L'impardonnable et l'mprescriptible*, Éditions

Galilée. （デリダ『赦すこと―赦し得ぬものと時効にかかり得ぬもの』、守中高明[訳]、未来社、二〇一五年）

- Gill, Kathleen(2000): "The Moral Functions of an Apology" in *The Philosophical Forum*, 31(1), pp.11-27.
- Goffman, Erving(1971): *Relations in Public: Microstudies of the Public Order*, Allen Lane.
- Gruber, M. C.(2014): *I'm Sorry for What I've Done: The Language of Courtroom Apologies*, Oxford University Press.
- Hart, H. L. A.(1968): *Punishment and Responsibility*, Oxford University Press.
- Joyce, Richard(1999). "Apologizing" in *Public Affairs Quarterly*, 13(2), pp.159-173.
- Kirchhoff, J., Wagner, U., & Strack, M.(2012): "Apologies: Words of Magic? The Role of Verbal Components, Anger Reduction, and Offence Severity" in *Peace and Conflict: Journal of Peace Psychology*, 18(2), pp.109-130.
- Kort, L. F.(1975): "What is an Apology?" in *Philosophy Research Archives*, 1, pp.78-87.
- Mann, Thomas(1957): *Sorge um Deutschland: Sechs Essays*, S. Fischer, S.73-93. （マン「ドイツとドイツ人」、『講演集　ドイツとドイツ人　他五編』、青木順三訳、岩波文庫、一九九〇年、5－38頁）
- Miller, David(2007): *National Responsibility and Global Justice*, Oxford University Press. （ミラー『国際正義とは何か―グローバル化とネーションとしての責任』、富沢克・伊藤恭彦・長谷川一年・施光恒・竹島博之[訳]、風行社、二〇一一年）
- Owen, Marion(1983): *Apologies and Remedial Interchanges: A Study of Language Use in Social Interaction*, Mouton Publishers.
- Pettigrove, Glen & Collins, Jordan(2011): "Apologizaing for Who I Am" in *Journal of Applied Philosophy*, 28(2), pp.137-150.

- Radzik, Linda(2009): *Making Amends: Atonement in Morality, Law, and Politics*, Oxford University Press.
- Radzik, Linda(2016): "Relationships and Respect for Persons" in *Windsor Studies in Argumentation*, 4, pp.105-127.
- Risen, J. L. & Gilovich, T.(2007): "Target and Observer Differences in the Acceptance of Questionable Apologies" in *Journal of Personality and Social Psychology*, 92(3), pp.418-433.
- Slote, Michael(2007): *The Ethics of Care and Empathy*, Routledge. (スロート『ケアの倫理と共感』、早川正祐・松田一郎［訳］、勁草書房、二〇二一年)
- Smith, Nick(2008): *I Was Wrong: The Meanings of Apologies*, Cambridge University Press.
- Smith, Nick(2014): Justice through Apologies: Remorse, Reform, and Punishment, Cambridge University Press.
- Strawson, P. F.([1962]2008): "Freedom and Resentment" in his *Freedom and Resentment and Other Essays*, Routledge, pp.1-28. (First published in Proceedings of the British Academy, 48, 1962.) (ストローソン「自由と怒り」、法野谷俊哉［訳］、『自由と行為の哲学』、門脇俊介・野矢茂樹［編・監修］、春秋社、二〇一〇年、31－80頁)
- Tavuchis, Nicholas(1991): *Mea Culpa: A Sociology of Apology and Reconciliation*, Stanford University Press.
- Williams, Bernard(1981): "Moral Luck" in his *Moral Luck*, Cambridge University Press, pp.20-39. (ウィリアムズ「道徳的な運」、鶴田尚美［訳］、『道徳的な運』、伊勢田哲治［監訳］、勁草書房、二〇一九年、33－65頁)
- Wittgenstein, Ludwig([1953]2009): *Philosophical Investigations*, revised 4th ed., P. M. S. Hacker & J. Schulte (eds.), Wiley-Blackwell. (First published in 1953.) (ウィトゲンシュタイン『哲学探究』、鬼界彰夫［訳］、講談社、二〇二〇年)

- Wojcieszak, D. & Saxton, J. W. & Finkelstein, M. M.(2010): *Sorry Works! 2.0: Disclosure, Apology, and Relationships Prevent Medical Malpractice Claims*, Authorhouse. （ヴォイチェサック＆サクストン＆フィンケルスティーン『ソーリー・ワークス！─医療紛争をなくすための共感の表明・情報開示・謝罪プログラム』、前田正一［監訳］、児玉聡・高島響子［訳］、医学書院、二〇一一年）
- Young, I. M.(2001): *Responsibility for Justice*, Oxford University Press. （ヤング『正義への責任』、岡野八代・池田直子［訳］、岩波書店、二〇一四年）
- Zehr, Howard([1990]2015): *Changing Lenses: Restorative Justice for Our Times*, MennoMedia. (First published as *Changing Lenses: A New Focus for Crime and Justice*, Herald Press, 1990.) （ゼア『修復的司法とは何か─応報から関係修復へ』、西村春夫・細井洋子・高橋則夫［監訳］、新泉社、二〇〇三年）

후기

 이전부터 사과라는 것 – 특히 그 애매함, 포착하기 힘듦, 어려움 – 에 흥미가 있었다. 14년 전, 몇 개 대학에서 기업 윤리와 관련된 주제를 포함하는 강의를 담당하기 시작했을 때에도 문제를 일으킨 기업의 회견을 몇 가지 비교해 보고 사과 방법이나 내용의 어디에 문제가 있는지 검토하는 등의 시도를 했다. 그 연장선 위에서 2015년 3월에는 기업 연수 현장에 불려가서 "'잘못했다'에서 시작하는 커뮤니케이션 – 기업·단체에 의한 '사과'를 소재로 하여"라는 제목의 강연을 한 적도 있다. 본서에서도 커뮤니케이션의 기점으로서의 사과의 측면에 몇 번인가 초점을 맞추었는데 이 관점은 늦어도 그 강연의 시점에서 명확해져 있었던 것 같다.

 단, 본서를 쓰려고 했던 직접적인 계기는 2012년에 출판한 『일상 언어를 철학한다』(아사히신쇼(朝日新書))라는 책 속에 "'죄송합니다'라는 말로는 끝나지 않는다"라는 제목의 논문을 수록한 것이다. 그것은 5천 글자도 되지 않는 소논문인데 본서의 용어로 말하자면 〈무거운 사과〉에 초점을 맞춰 그 여러 특징을 가능한 한 간결하게 제시한 것이다. 그런 만큼 거기서는 생략하거나 단순화한 사항이 많아 새롭게 사과의 전모를 충분히 그려내고 싶다고 생각하게 됐다. 그런 의미에서는 그 소논문을 단편, 본서를 장편이라고 자리매김할 수도 있을 것이다.

어찌되었든 사과를 둘러싼 문제가 일상적으로 분출하고 있는 현재 사회에서 본서가 도대체 사과란 무엇인가를 다시 묻는 계기가 되고 사과의 적절성과 필요성을 둘러싼 하나의 참조기준으로서의 역할을 맡기를 소망한다.

본서는 다방면의 지원에 의해 성립되었다. 우선, 본서와 관련된 연구의 일부는 JSPS과학연구조성금22K18446 및 23H00558의 도움을 받았다. 또 교열·교정을 담당하신 분의 도움도 얻었다. 이를 기록하여 감사를 전한다.

그리고 특히 본서의 내용에 관해서는 초고 전체 혹은 그 대부분을 이케다 타카시(池田喬) 씨, 쿠라조노 사토시(倉園哲) 씨, 코테가와 쇼지로(小手川正二郎) 씨, 요시카와 타카시(吉川孝) 씨가 봐 주셨다. 또 하야카와 세스케(早川正祐) 씨가 주최하고 있는 '행위론 연구회'에서도 초고의 일부를 검토해 주셨다. 그 덕분에 본서의 내용은 대폭 개선되었다. 여러분의 귀중한 시간을 주신 것, 또 중요한 조언을 수없이 받은 것에 깊은 감사를 드리고 싶다.

그리고 의사인 하세가와 츠요시(長谷川剛) 씨는 앞서 언급한 소논문 "'죄송합니다'로는 끝나지 않는다"와 졸저『그것은 내가 한 것인가』(신요샤, 2013년)에 주목해 주시고 그것을 계기로 일본의료분쟁관리학회 학술대회에서 사과에 관해 강연하는 기회를 주셨다. 또 그 회의 등의 과정에서 하세가와 씨와 대화하는 기회를 얻고 매우 많은 것을 배웠다. 이 자리를 빌어 하세가와 씨에게 마음으로부터 감사를 전하고 싶다. (또 본서의 내용과 주장에 관한 책임은 물론, 전부 필자에게 있음을 덧붙인다.)

본서는 편집자인 아마노 준페이(天野潤平) 씨와 협력해서 만들었다. 아마노 씨는 정말 수고를 마다하지 않는 사람으로 엄청난 노력을 들여 하나하나의 공정을 정성껏 그리고 신속히 진행해 주셨다. 또 무엇보다도 내용에 관하여 풍부한 지식과 깊은 이해를 바탕으로 중요한 제안과 지적을 몇 가지나 해주셨다. 아마노 씨가 없었다면 본서의 수준은 지금보다 훨씬 초라하게 되었을 것이 틀림없다.

열정 넘치는 편집자와 함께 일하는 건 즐겁다. 아마노 씨에게 배우고 격려를 받으면서 책을 만들어 가는 충실한 날들이 이제 끝나가는 게 섭섭하기도 하지만, 본서를 아마노 씨가 담당해 주셨다는 행운을 지금은 기뻐하고 싶다.

2023년 7월

후루타 테츠야(古田徹也)

색인

[가]

가벼운 사과 ·················· 20, 30, 33-35, 44, 52, 54, 72, 75, 76, 98,
    132, 135, 149, 162, 167, 168, 180, 182, 263, 264, 274

가족 유사성 ··· 137, 139, 263

강도 사례 ···················· 78, 81, 101, 118, 120, 128, 149, 166

객관적 태도(objective attitude) ································· 82-84

개심(改心)(개전(改悛)) ···················· 87, 98, 110, 119, 128, 269

공정 세계 신념, 공정 추론 ····································· 279, 283

'공감 표명 사과'와 '책임 승인 사과' ······························ 248, 250

과대 포함과 과소 포함의 우려 ····································· 236, 239

꽃병 사례 ··· 62, 76, 126, 128, 149

[다]

당사자성 ··· 166, 177, 184

대리(representative) ············· 98-199, 214-215, 238, 250, 284

대신할 수 없는, 대체할 수 없는 ············· 175, 176, 185, 258, 274

도게자(무릎 꿇고 조아리기) ··············· 22-23, 30, 94, 96-98, 190, 273

도덕에 대한 다짐 ··· 145, 167, 238

동해보복(탈리오) ··· 103, 149, 168

대표(representative) ··· 215, 266

[마]

매너 · 33, 34, 126, 274

목적형론 · 103, 105, 108

문화간 차이 · 37, 56-57, 256, 257

미디에이션, 미디에이터 · 115-117, 271, 280, 286

[바]

병원 사례 · 243

복수 · 98, 155, 204

부인(否認) · 150, 151, 157, 267, 268

부채(負債) · 40, 41, 51, 55

북쪽 고향에서 '92 독립' · 162, 185, 198, 206

변명(account) · 51, 126, 129, 150, 151, 157, 267, 282

[사]

사과의 표시 · 70, 72, 162, 165

사실 확인적(constative) 발화 · 23

성의의 표시 · 72, 165

신뢰 · 35, 38-40, 42, 149

[아]

역할 책임 · 65-66, 182, 206

에고이스트(『에고이스트』) · · · · · · · · 187-188, 192, 195, 198, 202, 203, 249, 283

위기관리 · 157, 264

위치 · 35-36, 38, 62, 68, 197

응보형론 · 103, 107-108

응보적 사법 · 109, 113, 149

인과 책임 · 66 – 68, 182

일단락, 매듭 · 95, 101, 260

의례(儀禮), 의례적(儀禮的) · · · · · 27 – 30, 32 – 33, 40, 42 – 43, 57, 62, 183, 264

이기성(利己性), 이기적(利己的) · 152 – 153, 162, 165

요청(request) · 126, 168

[자]

자발성, 자주성 · 154, 168

정당화 · 150 – 151, 157, 267

정형적 문구, 상투적 문구 · 266

존엄, 자존심 · 86 – 88, 100, 168

진상 공개 · 규명 · 254, 258 – 259, 260

진정한 사과 · 160

집합적 책임(collective responsibility) · · · · · · · · · · · · · · · 6, 220 – 221, 224, 285

[카]

커뮤니케이션의 기점(起點) · 166, 186, 227, 239

컨트롤, 컨트롤 가능성 · 90, 171, 172, 181, 226, 252

[타]

트럭 사례 · 170 – 184, 187, 195, 258, 283

[파]

패러독스 · 159

표면적(타산적, 전략적) 사과 · 160

피해자 비난 · 279, 283

[하]

해명 · 51, 150–151, 154, 157–159, 268, 282

행위 수행적(performative) 발화 · 23

형벌 · 99, 103, 105–108, 123

화해 · 6, 115, 123, 149, 242, 243

회복적 사법(restorative justice) · · · · · · · · · · · · · · 108–110, 113–116, 149, 280

회의(懷疑), 회의론(懷疑論) · 124, 130, 156, 254, 297

[인명]

고프만, 어빙(Erving, E.) ···································· 126, 282

그루버, M. C.(Gruber, M. C.) ······························ 152, 293

나가노 마사루(永野賢) ·· 277

달, 로알드(Dahl, R.) ·· 213

도이 타케오(土居健郎) ···································· 55, 278

러드, 케빈(Rudd, K.) ······················· 230, 232-233, 236

만, 토마스(Mann, T.) ·· 225, 293

모리스 스즈키, 테사(Morris-Suzuki, T.) ················· 285

무라야마 아야(村山綾) ································ 279, 283

밀러, 데이빗(Miller, D.) ············· 201, 207, 209, 229, 293

베네딕트, 루스(Benedict, R.) ·························· 54-55, 292

벳쇼 요시미(別所良美) ·· 285

브렁크, C. G.(Brunk, C. G.) ································· 292

비트겐슈타인, 루트비히(Wittgenstein, L.) ············· 137

사이토 준이치(斎藤純一) ································ 221, 222

스미스, 닉(Smith, N.) ············ 50, 133, 137, 141, 148, 282, 294

스트로슨, P. F.(Strawson, P. F.) ············ 81, 83, 104, 112, 278, 294

아렌트, 한나(Arendt, H.) ······································· 95

아우구스티누스(Augustinus) ································· 10

야마구치 아츠시(山口厚) ························· 104, 105, 107

영, I. M.(Young, I. M.) ···································· 286, 295

오부치 켄이치(大渕憲一) ············ 150-151, 157-160, 217, 235-236, 278-279, 282-283

오스틴, J. L.(Austion, J. L.) ······························· 20-23

오웬, 마리온(Owen, M.) ··· 154
와츠지 테츠로(和辻哲郎) ······················· 35, 36, 38, 41, 55, 277-278
워체식, 더그(Wojcieszak, D.) ···················· 241, 243, 245-261, 287
윌리엄스, 버나드(Williams, B.) ································ 170, 173-176
이케다 타카시(池田喬) ··· 277, 297
제어, 하워드(Zehr, H.) ································· 109, 114-116, 295
질, 캐슬린(Gill, K.) ·· 133, 146, 162
카와사키 소이치(川﨑惣一) ···················· 69, 132-133, 148, 281
카토 노리히로(加藤典洋) ·· 285
코엔, A. I.(Cohen, A. I.) ······················· 140-143, 281, 289
코테가와 쇼지로(小手川正二郎) ································ 282, 297
코트, L. F.(Kort, L. F.) ··································· 129-130, 293
콜린스, 조던(Collins, J.) ··· 145-146
쿠마가이 토모코(熊谷智子) ··· 148
타부치스, 니콜라스(Tavuchis, N.) ············· 69, 75, 145, 151, 278, 294
타키가와 히로히데(滝川裕英) ······································ 117, 278
페티그로브, 글렌(Pettigrove, G.) ·························· 145, 146, 293
하야시 노리히코(林範彦) ·· 57
하워드, 존(Howard, J.) ··· 230, 232
하트, H. L. A.(Hart, H. L. A.) ································· 65, 293

후루타 테츠야(古田徹也)

1979년 쿠마모토현(熊本県) 출생. 도쿄대학 대학원 인문사회계연구과 부교수. 도쿄대학 문학부 졸업, 도쿄대학 대학원 인문사회계연구과 박사과정 졸업. 박사(문학). 니가타(新潟)대학 교육학부 부교수, 센슈(専修)대학 문학부 부교수를 거쳐 현재 직위. 전공은 철학·윤리학. 『언어 영혼의 철학』으로 제41회 산토리 학예상 수상. 기타 저서에 『그것은 내가 한 것인가』(신요샤(新曜社)), 『비트겐슈타인 논리철학논고』(카도가와센쇼(角川選書)), 『부도덕적 윤리학 강의』(치쿠마신쇼(ちくま新書)), 『처음 배우는 비트겐슈타인』(NHK북스), 『일상 언어를 철학한다』(아사히신쇼(朝日新書)), 『이 게임에는 골이 없다』(치쿠마쇼보(筑摩書房)) 등. 번역서로 비트겐슈타인 『라스트 라이팅스』(코단샤(講談社)) 등.

사죄론 謝罪論
사과는 어떻게 하는가

초판 1쇄 인쇄 2025년 11월 3일
초판 1쇄 발행 2025년 11월 10일

저　　자 | 후루타 테츠야(古田徹也)
번 역 자 | 김철용, 정동명
펴 낸 이 | 정동명
디 자 인 | 서재선
인 쇄 소 | (주)재능인쇄

펴 낸 곳 | (주)동명북미디어 도서출판 정다와
주　　소 | 경기도 과천시 뒷골1로 6 용마라이프 B동 2층
전　　화 | 02)3481-6801
팩　　스 | 02)6499-2082
홈페이지 | www.dmbook.co.kr / www.kmpnews.co.kr

출판신고번호 | 2008-000161
ISBN | 978-89-6991-052-3
정가 22,000원

이 책의 한국어판 번역권은 에릭양 에이젼시(Eric Yang Agency)을 통해 KASHIWASHOBO PUBLISHING CO., LTD와 독점 계약한 (주)동명북미디어 도서출판 정다와에 있습니다. 저작권법에 의하여 한국 내에서 보호를 받는 저작물이므로 무단 전제와 복제를 금합니다.

謝罪論(古田徹也)
SHAZAIRON AYAMARU TOWA NANI WO SURU KOTO NANOKA
Copyright © Tetsuya Furuta 2023
Korean translation rights arranged with KASHIWASHOBO PUBLISHING CO., LTD
through Japan UNI Agency, Inc., Tokyo and ERIC YANG AGENCY, Seoul

※ 이 도서의 국립중앙도서관 출판예정도서목록(CIP)은 서지정보유통지원시스템 홈페이지(http://seoji.nl.go.kr)와 국가자료공동목록 시스템(http://www.nl.go.kr/kolisnet)에서 이용하실 수 있습니다.(CIP제어번호: CIP)

※ 잘못된 책은 구입하신 서점에서 바꿔 드립니다.